U0362104

国家社科基金后期资助项目（17FSH005）

重大工程项目
社会稳定风险评估机制研究

向鹏成　著

南开大学出版社

天津

图书在版编目(CIP)数据

重大工程项目社会稳定风险评估机制研究 / 向鹏成
著. —天津:南开大学出版社,2022.3
ISBN 978-7-310-06234-8

Ⅰ.①重… Ⅱ.①向… Ⅲ.①重大建设项目—社会稳
定—风险评价—研究—中国 Ⅳ.①F284

中国版本图书馆 CIP 数据核字(2021)第 260351 号

版权所有 侵权必究

重大工程项目社会稳定风险评估机制研究
ZHONGDA GONGCHENG XIANGMU SHEHUI
WENDING FENGXIAN PINGGU JIZHI YANJIU

南开大学出版社出版发行
出版人:陈 敬
地址:天津市南开区卫津路 94 号　邮政编码:300071
营销部电话:(022)23508339　营销部传真:(022)23508542
https://nkup.nankai.edu.cn

河北文曲印刷有限公司印刷　全国各地新华书店经销
2022 年 3 月第 1 版　2022 年 3 月第 1 次印刷
238×165 毫米　16 开本　20.5 印张　2 插页　353 千字
定价:108.00 元

如遇图书印装质量问题,请与本社营销部联系调换,电话:(022)23508339

国家社科基金后期资助项目出版说明

后期资助项目是国家社科基金设立的一类重要项目，旨在鼓励广大社科研究者潜心治学，支持基础研究多出优秀成果。它是经过严格评审，从接近完成的科研成果中遴选立项的。为扩大后期资助项目的影响，更好地推动学术发展，促进成果转化，全国哲学社会科学工作办公室按照"统一设计、统一标识、统一版式、形成系列"的总体要求，组织出版国家社科基金后期资助项目成果。

全国哲学社会科学工作办公室

前　言

党的十九大报告指出，要坚决打好防范化解重大风险、精准脱贫、污染防治的攻坚战，使全面建成小康社会得到人民认可、经得起历史检验。随着我国经济的高速发展，一系列重大工程项目相继启动，给我国的经济发展带来了巨大的效益。但其在促进经济发展的同时涉及大量的征地拆迁、移民安置、生态环境改变、文物破坏等问题，对项目所在地的经济、环境及社会稳定发展等产生深远影响。特别是近年来由于重大工程项目建设推进力度的加速和强化，涉及重点项目的政府招投标、征地拆迁、环境保护等领域的争议频发，数量不断攀升，规模日益扩大，表现形式趋于激烈，而且这些争议与其他社会矛盾集聚交汇，引发了不少群体性事件，使社会稳定面临空前压力。因此，如何对重大工程项目所引发的社会稳定风险事故进行妥善处理，已成为当前我国政府在构建和谐社会的道路上的棘手要事。研究重大工程项目建设的社会稳定风险评估机制，可以为政府制定重大工程项目社会稳定风险的防范化解策略提供依据，从而提高政府管理水平和决策水平，实现民主决策、科学决策、依法决策，维护人民根本利益和促进社会和谐稳定发展。

本书以"重大工程项目社会稳定风险评估机制设计"为研究主线，系统阐述重大工程项目社会稳定风险评估机制相关理论知识，深入分析重大工程项目社会稳定风险的生成机理与演化机制，合理构建社会稳定风险评价指标体系与社会稳定风险评价模型，重点研究我国重大工程项目社会稳定风险评估现状及存在的问题，科学构建重大工程项目社会稳定风险评估体系与运行机制，力求从源头化解社会矛盾，为政府有关部门进行重大工程项目社会稳定风险管理提供支撑。

本书得到了"国家社科基金后期资助项目（17FSH005）"的支持。在此，对全国哲学社会科学工作办公室表示衷心感谢！

在课题研究过程中，我指导的研究生卢橙以《重大工程项目征地拆迁社会稳定风险演化及防范研究》为题，完成了硕士论文；王锦以《重大工程项目的移民社会稳定风险的演化规律与评估制度研究》为题，完成了硕士论文；王玉姣以《基于结构方程模型的工程项目社会影响评价研究》为题，完成了硕士论文；罗玉苹以《重大工程项目社会稳定风险综合评价与评估机制研究》为题，完成了硕士论文；杨迅以《重大工程项目社会稳定风险评估组织及其运行机制研究》为题，完成了硕士论文；谭清霞以《城郊征地拆迁利益冲突分析与防范》为题，完成了硕士论文；张寒冰以《重大环境污染型工程项目社会稳定风险生成路径与防范研究》为题，完成了硕士论文；李高敏以《基于多部门协同视角的重大工程项目社会稳定风险评估研究》为题，完成了硕士论文；张媛以《基于复杂网络的重大工程项目社会稳定风险评估与防范研究》为题，完成了硕士论文；罗斯雨以《"高铁争夺战"的演化机理及治理对策研究》为题，完成了硕士论文；吴柏廷以《城市更新项目的社会稳定风险演化机理及防范机制研究》为题，完成了硕士论文；薛雨桐以《我国高铁项目社会稳定风险生成机理及控制研究》为题，完成了硕士论文；王一鸣以《城市更新过程中多元利益相关者冲突机理与协调机制研究》为题，完成了博士论文。他们的学位论文紧紧围绕重大工程项目社会稳定风险评估与防范这一核心问题进行探讨，其研究成果在本书的第 4、5、6、7、8、9、10、13 等章节得到了一定体现。同时，贾富源、陈丹、郭缙、李元莉、夏鑫等博士生和武雪子、徐静、范青松、武薛睿、蔡奇钢等硕士生参与了本书撰写和校对工作。在此，特别感谢他们为课题研究和本书做出的贡献！

在课题研究过程中，得到了任宏教授、申立银教授、刘贵文教授、王林教授、叶堃晖教授、叶晓甦教授、曾德珩教授、赵艳玲副教授等老师的大力支持，他们在课题申请和课题完成阶段都提出了大量宝贵意见。在此，由衷地感谢各位老师，在百忙之中抽出时间参与课题的讨论和研究。

在课题研究过程中，引用了大量前人的研究成果，在书中都一一列举了具体的文献来源，在此向他们表示诚挚的感谢！但是由于篇幅和资料搜集等方面的原因，难免有所遗漏，在此向原作者致以歉意和感谢！

　　还要感谢各位评审专家对课题申请、结题报告提出的宝贵意见，你们的意见为本书的顺利完稿奠定了良好的基础。感谢南开大学出版社王冰老师和其他编辑在本书出版过程中付出的辛勤劳动！

　　最后，我还要特别感谢我的夫人和可爱的女儿，有她们的理解与支持，我才得以安心完成此书。

向鹏成

2021 年 5 月于重庆大学

目　录

1 绪论

1.1 研究背景

城镇化水平是衡量全社会发展水平的一大重要指标，近几来年我国城镇化率平均每年提高 1.2%，至 2018 年底达到了 59.58%[1]。伴随着城镇化的不断发展，越来越多的重大工程项目也随之出现。然而，伴随这些工程项目所引发的社会稳定风险也逐年增加，激化各类群体性事件，引起政府及社会各界的广泛关注。比如，对于三峡工程等水利类建设项目而言，牵涉的工程移民数量大、收入低、生活稳定性差、利益一致性强，加上我国当前社会经济发展的限制性以及移民规划的不完善性，容易引起暴力拆迁等诸多问题，严重时甚至导致集体上访、游行示威，危害社会稳定。又如，当前全国各地大兴土地开发，从而引起大量的征地拆迁，社会矛盾日益突出，相关信访案件急剧增多。一旦处理不善，很容易引发围堵交通、静坐示威、罢工罢产等重大民愤事故，从而影响社会稳定。因此，如何应对和防范重大工程项目所引发的社会稳定风险，已成为当前我国政府在构建和谐社会道路上亟须解决的棘手问题。

为了解决这些问题，我国各地政府逐步开启了重大工程项目社会稳定风险评估工作。2005 年初，针对一些容易引发群体性事件的重大建设工程项目，四川省遂宁市在全国率先出台了《重大工程建设项目稳定风险预测评估制度》，明确规定新工程项目未经稳定风险评估不得盲目开工，评估出的严重隐患未得到妥善化解不得擅自开工。2006 年，遂宁市将评估范围扩大到做决策、定政策、搞改革和其他事关群众切身利益的重大事项。遂宁市的这一做法被称为"遂宁模式"，并于 2007 年在四川省全省范围内推广。随后几年，上海、江苏、浙江、辽宁、山东、陕西、河南等省市也陆续开展社会稳定风险评估工作，并制定了相应的评估办法。

2010 年 4 月，中央综治办下发《关于切实做好矛盾纠纷大排查大调解工作的意见》指出，要积极推动地方重大决策、重大工程项目的社会稳定风险评估工作，防止和减少因决策失误引发矛盾纠纷。2010 年 10 月，《国务院关于加强法治政府建设的意见》将社会稳定风险评估列入政府依法行政的重要内容，作为做出决策和开展重大事项前必须遵守的必要程序。该意见也指出，凡是有关经济社会发展和人民群众切身利益的重大政策、重大项目等决策事项，都要进行合法性、合理性、可行性和可控性评估，重点进行社会稳定、环境、经济等方面的风险评估；要把风险评估结果作为决策的重要依据，未经风险评估的，一律不得做出决策。2010 年 10 月，党的十七届五中全会，审议通过了《中共中央关于制定国民经济和社会发展第十二个五年规划的建议》，建议指出畅通和规范群众诉求表达、利益协调、权益保障渠道，建立重大工程项目建设和重大政策制定的社会稳定风险评估机制，正确处理人民内部矛盾，把各种不稳定因素化解在基层和萌芽状态。2011 年 3 月，第十一届全国人民代表大会第四次会议批准的《中华人民共和国国民经济和社会发展第十二个五年规划纲要》强调，建立重大工程项目建设和重大政策制定的社会稳定风险评估机制。

在此背景下，中央和相关部门先后出台了几个关于"社会稳定风险评估"的重要文件。2012 年 1 月，中共中央办公厅、国务院办公厅在《关于建立健全重大决策社会稳定风险评估机制的指导意见（试行）》（中办发〔2012〕2 号）中指出，"开展重大决策社会稳定风险评估，对于促进科学决策、民主决策、依法决策，预防和化解社会矛盾，构造社会主义和谐社会具有重要意义"。意见强调，凡是直接关系人民群众切身利益且涉及面广、容易引发社会稳定问题的重大决策事项，包括涉及征地拆迁、农民负担、国有企业改制、环境影响、社会保障、公益事业等方面的重大工程项目建设、重大决策制定以及对社会稳定有较大影响的重大决策事项，党政机关做出决策前都要进行社会稳定风险评估。2012 年 8 月，为建立和规范重大固定资产投资项目社会稳定风险评估机制，国家发展改革委制定了《重大固定资产投资项目社会稳定风险评估暂行办法》（发改投资〔2012〕2492号），该办法明确指出国家发展改革委审批、核准或者核报国务院审批、核准的在中华人民共和国境内建设实施的固定资产投资项目，都要求进行社会稳定风险评估工作。2014 年 1 月，中央维稳办印发《关于贯彻中办发〔2012〕2 号文件的具体意见》（中稳发〔2014〕1 号），对"应评尽评、评估主体及其责任、关于确定风险等级、关于考核与督查、关于维稳部门职责等"问题进行了进一步解答和界定。2014 年 2 月，国务院办公厅印发《关于创新群众工作方法解决信访突出问题的意见》，意见强调"健全重大决策社会稳定风险评估机制，把社会稳定风险评估作为重大决策出台的前置程序和刚性门槛，健全决策纠错改正机制，实时跟踪决策实施情况，及时了解利益相关方和社会公众对决策实施的意见和建议，全面评估决策执行效果，适时决定是否对决策予以调整或者停止执行"。

中国共产党第十八次全国代表大会以来，中央高度重视社会稳定风险评估工作。2012 年 11 月，党的十八大报告中指出，建立健全重大决策社会稳定风险评估机制。2013 年 11 月，党的十八届三中全会通过的《中共中央关于全面深化改革若干重大问题的决定》中指出，创新有效预防和化解社会矛盾体制，健全重大决策社会稳定风险评估机制，建立畅通有序的诉求表达、心理干预、矛盾调处、权益保障机制，使群众问题能反映、矛盾能化解、权益有保障。2014 年 10 月，党的十八届四中全会通过的《中共中央关于全面推进依法治国若干重大问题的决定》中亦提出健全依法决策机制，把公众参与、专家论证、风险评估、合法性审查、集体讨论决定确定为重大行政决策法定程序，确保决策制度科学、程序正当、过程公开、责任明确。

2017 年 10 月，习近平总书记在中国共产党第十九次全国代表大会上的报告指出，我们面临不少困难和挑战，社会矛盾和问题交织叠加，全面依法治国任务依然繁重，国家治理体系和治理能力有待加强；加强预防和化解社会矛盾机制建设，正确处理人民内部矛盾。从现在到 2020 年，是全面建成小康社会决胜阶段，特别是要坚决打好防范化解重大风险、精准脱贫、污染防治的攻坚战，使全面建成小康社会得到人民认可、经得起历史检验。2018 年 3 月，李克强总理在政府工作报告中指出，2018 年要坚决打好三大攻坚战，推动重大风险防范化解取得明显进展。2019 年 1 月 21 日，省部级主要领导干部坚持底线思维着力防范化解重大风险专题研讨班在中央党校开班，习近平总书记在开班式上发表重要讲话。习近平总书记强调，要强化风险意识，提高风险化解能力，要完善风险防控机制，建立健全风险研判机制、决策风险评估机制、风险防控协同机制、风险防控责任机制。

由此可见，重大工程项目社会稳定风险的防范与化解，社会稳定评估机制的建立，已成为社会各界广泛关注的焦点问题和亟待解决的重要问题。

基于以上背景，对重大工程项目社会稳定风险因素进行识别，揭示其生成机理与演化规律，分析重大工程项目建设的社会稳定风险评估现状及问题，建立重大工程项目建设的社会稳定风险评估机制，可以为政府制定政策提供依据，从而提高政府管理水平和决策水平，实现民主决策、科学决策、依法决策，维护人民根本利益。将有助于从源头上防范和化解社会矛盾，最大限度地促进社会稳定，维护社会和谐稳定发展。

1.2 研究目的及意义

1.2.1 研究目的

通过构建和运行重大工程项目社会稳定风险评估机制，为政府有关部门进行重大工程项目社会稳定风险管理提供以下几点技术支撑：

1. 对重大工程项目社会稳定风险进行深入分析，识别其风险源、风险因素、风险事件以及风险结果，并生成重大工程项目社会稳定风险清单。

2. 构建重大工程项目社会稳定风险网络，研究各风险之间以及风险内部在内外环境影响下的相互耦合和传导，从而形成重大工程项目社会稳定风险演化规律。

3. 构建重大工程项目社会稳定风险评估的多维度指标体系，建立评估模型，对重大工程项目社会稳定风险进行综合度量。

4. 建立以"政府主导"为主，充分结合"专家咨询"以及"公众参与"的重大工程项目社会稳定风险评估运行机制，明确相应机制构建原则，并提出保障措施。

5. 在重大工程项目社会稳定风险识别、演化及评估的基础上，构建基于社会稳定风险生成机理的重大工程项目社会稳定风险防范原理，有针对性地提出防范措施。

6. 通过实际案例识别社会稳定风险、构建社会稳定网络与分析社会稳定演化规律，对社会稳定风险进行综合评估并提出相应的防范措施和应急预案，从而对研究成果进行实证与反馈，并对相关理论研究进行改进。

7. 构建重大工程项目社会稳定风险多部门协同评估机制，建立适用我国重大工程项目社会稳定风险的应急管理体系，进一步完善我国重大工程项目社会稳定风险评估机制。

1.2.2 研究意义

1. 理论意义

（1）通过对重大工程项目社会稳定风险生成机理的研究，对于认识和把握重大工程项目社会稳定风险的形成路径，全面识别重大工程项目社会稳定风险因素，有利于建立健全重大工程项目社会稳定风险管理的理论框架。

（2）引入政治学、社会学、行为经济学、博弈论等经典学科理论方法，不仅丰富了社会风险管理理论，同时拓展这些学科的运用范畴和促进多学科的交叉融合。

2. 实践意义

（1）通过全面识别、深入分析由重大工程项目建设引发的社会稳定风险，揭示其生成机理与演化规律，从不同的角度分析引起社会稳定风险的原因，将社会稳定风险管理的关口移至项目开始前，从源头上防范化解社会矛盾，最大程度促进社会稳定。

（2）建立社会稳定风险评估机制，提高政府管理水平，为政府在相关政策上的制定和推行提供依据，有助于推动科学决策、民主决策、依法决策；建立社会稳定风险评估机制，进行社会稳定风险评价并结合评价结果采取有效应对措施；协调各个利益主体间的内在联系，从而建立起利益主体间的协调与防范机制，防止群体性冲突的产生和暴发。

（3）提出社会稳定风险防范措施，为重大工程项目的社会稳定风险管理提供新模式、新方法，有利于新型城镇化建设的实施，促进社会经济健康可持续发展。

（4）构建重大工程项目社会稳定风险的多部门协同评估机制，实现前后衔接、左右协调、上下联动的评估格局。

1.3 研究的主要内容

本研究旨在探索重大工程项目社会稳定风险评估机制。对重大工程项目社会稳定风险因素进行深入分析，对社会稳定风险的生成机理与演化规律进行分析；建立社会稳定风险评估指标体系与社会稳定风险评估方法；对我国重大工程项目社会稳定风险评估现状及存在的问题进行重点研究，构建重大工程项目社会稳定风险评估体系与运行机制，从源头出发，化解社会矛盾。基于此，本研究的主要内容包括：

1. 重大工程项目社会稳定风险生成机理与风险识别

借鉴风险链的概念，通过文献研究、案例分析等方法，提取重大工程项目社会稳定风险源、风险事件、风险结果；重点识别和分类重大工程项目社会稳定风险源、风险因素、风险事件、风险后果、风险损失等，从而形成重大工程项目社会稳定风险清单。

2. 重大工程项目社会稳定风险网络构建与演化规律

基于风险因果倒逼（风险损失→风险后果→风险事件→风险因素→风险源）的逻辑，以重大工程项目社会稳定风险为网络的节点，以风险之间相互关联映射节点之间的连接边，基于复杂网络理论、系统动力学建立重大工程项目社会稳定风险网络拓扑结构；结合结构方程模型，定量研究重大工程项目社会稳定关键风险链和关键节点，从而对重大工程项目社会稳定风险动态演化规律进行揭示。

3. 重大工程项目社会稳定风险评估机制现状及存在的问题

从国家政策与各地实践两个层面，总结了我国重大工程项目社会稳定风险评估机制的发展历程及取得的成果。从文献及政策文本两方面入手，找出我国重大工程项目社会稳定风险评估机制存在的问题并在此基础上，探索问题的根本原因。

4. 重大工程项目社会稳定风险评估组织设计

完善重大工程项目社会稳定风险评估组织，同时能够为组织运行机制建立基础和对重大工程项目社会稳定风险评估起到加强组织领导、更好地开展并改进评估工作、利于决策。本研究对重大工程项目社会稳定风险评估组织的设计原则、设计环境、组织职能进行了阐述，并以省级政府为例对重大工程项目社会稳定风险评估组织架构进行了设计。

5. 重大工程项目社会稳定风险评估内容与方法

通过查阅文献资料以及各地颁布的有关评估文件，对现有重大工程项目社会稳定风险评估指标体系进行了深入分析，探讨现行指标体系存在的问题和不足；在现行指标体系的基础上，从合理性、合法性、可行性、可持续性等方面探讨重大工程项目社会稳定风险评估内容，从而构建新的重大工程项目社会稳定风险评估指标体系，并从风险发生概率、造成影响、风险可控性三个维度综合度量重大工程项目社会稳定风险，得到重大工程项目的总体社会稳定风险值和单个风险因素的风险值，为重大工程项目社会稳定风险防范、应急提供基础。

6. 重大工程项目社会稳定风险评估运行机制

建立一个与我国目前行政管理体制相符的社会稳定风险评估系统运行机制，形成了"政府主导、公众参与、专家咨询"的社会稳定风险评估运行机制。其中，"政府主导"的研究是从明确评估主体选择、评估的指导思想和基本原则、评估范围、制定评估的流程与方法等几个方面进行；"专家咨询"的分析是从咨询专家的选择、工作内容等方面进行；"公众参与"

是从公众参与的范围、方式和过程进行梳理。

7. 重大工程项目社会稳定风险防范措施

根据事故致因理论，只要切断风险生成过程中的任何一个环节，都可以阻碍风险的传导。因此本研究基于社会稳定风险生成机理，在风险识别的基础上，提出基于生成机理的风险防范措施，做到消灭风险源，在风险源形成的情况下，采取有效措施避免个别事件发生，个别事件发生的情况下阻止不稳定事件进一步扩大。

8. 重大工程项目社会稳定风险评估应用研究

本研究选取了投资规模大、不确定性因素多、影响范围广、影响程度大，涉及征地拆迁等极易引发各类社会矛盾的重大工程项目——沙坪坝铁路综合交通枢纽工程作为研究对象，对该项目建设的社会稳定风险评估开展应用研究。

9. 重大工程项目社会稳定风险评估政策建议

在对应急管理概念、原则和内容进行研究的基础上，基于"一案三制"的应急管理体系，即重大工程项目社会稳定风险应急预案、重大工程项目社会稳定风险应急管理体制、重大工程项目社会稳定风险应急管理机制及重大工程项目社会稳定风险应急管理法制四个方面，阐述重大工程项目社会稳定风险应急管理；从评估组织和评估运行两方面研究如何促进评估过程中政府多部门的协同，并提出相应的保障措施，保障重大工程项目的顺利进行，从而控制社会稳定风险。

1.4 研究方法与技术路线

1.4.1 研究方法

本研究采取文献研究、调查访问、定性分析与定量分析相结合、规范研究与实证研究相结合等多种方法。每一部分内容的研究方法具体如下：

1. 文献研究法。利用 elsevier、web of science、scopus、CNKI、万方等大型互联网数据库，查阅相关书籍杂志，国内外有关风险管理、社会风险以及社会风险评估、组织设计、组织运行等相关文献，整理、分析其中涉及的相关信息，总结关于组织设计及运行的相关国内外研究成果，形成文章的知识体系与理论基础。对于一些较好的方法，对其进行借鉴，结合实际情况运用到研究中。

2. 案例研究法。一是搜集近年来全国各地因重大工程项目所引发的社会不稳定事件，比如向家坝水电站、厦门 PX 项目、四川汉源事件等，以风险因素—风险事件—风险结果的思路为导向，全面识别重大工程项目的社会稳定风险，并进一步归纳与整合，得到重大工程项目社会稳定风险清单。二是对全国各地的重大事项社会稳定风险评估工作开展现状等相关资料进行搜集，最终确定了四川遂宁、浙江定海、江苏淮安和山东烟台四个代表模式，并对其相关资料进行了处理，分析我国重大工程项目社会稳定风险评估机制在评估组织、对象、内容、流程和问责制度等五个方面的现状。

3. 深度访谈法。在已有研究的基础上，围绕社会稳定风险评估，选取相关政府部门、相关重大工程项目，通过实地调研、专家访谈、数据搜集发现问题，了解目前重庆市重大工程项目社会稳定风险评估工作以及存在的问题，为研究提供实践基础。在这些问题中认真分析并找出关键问题，为研究解决问题的方法提供支撑。

4. 专家打分法。在政府部门、咨询机构、项目单位等参与主体中发放调查问卷，通过问卷进行风险因素的识别，收集问题，以评估机制现状，为研究增加理性基础。

5. 实证分析法。本部分内容着重实证研究，突出实用价值，将以沙坪坝铁路综合交通枢纽工程作为研究对象，对构建的社会稳定风险评估机制进行实证分析；在实证分析的基础上，通过反馈机制持续改进和不断完善社会稳定风险评估机制。

1.4.2 技术路线

本研究分为理论基础篇、演化规律篇、评估机制篇和防范应用篇四大部分内容。在理论基础篇，通过现实问题和文献分析，提出研究问题；依据相关理论综述，界定基本概念和研究范围，建立本研究框架，提供理论依据。在演化规律篇，重点识别引起社会不稳定的各种风险因素，分析社会稳定风险产生的动因及生成机理；构建重大工程项目社会稳定风险网络，并基于复杂网络理论，分析得到重大工程项目社会稳定风险关键风险因素和关键风险关系。在评估机制篇，对我国重大工程项目社会稳定风险评估机制存在问题进行分析，构建重大工程项目社会稳定风险评估组织，从合理性、合法性、可行性、可持续性等方面构建新的评价指标体系，建立基于风险发生概率、造成影响、风险可控性三个维度的重大工程项目社会稳定风险综合度量模型，建立了以"政府主导"为主，充分结合"专家咨询"以及"公众参与"的重大工程项目社会稳定风险评估运行机制。在防范应用篇，基于社会稳定风险生成机理提出重大工程项目社会稳定风险的防范措施，从应急管理和多部门协同两方面提出政策建议，并以沙坪坝铁路综合交通枢纽工程为例进行实证研究，并提出了相应的风险防范措施。研究思路与技术路线如图1.1所示。

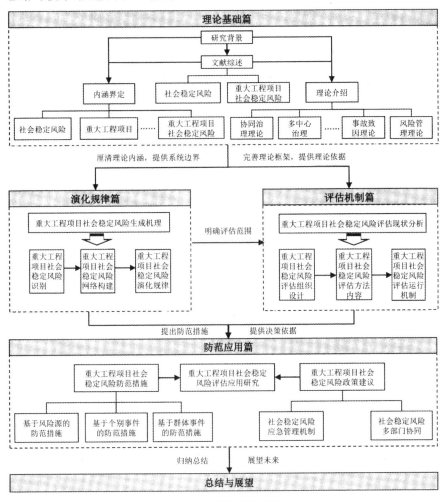

图1.1　研究技术路线

1.5　研究创新点

1. 分析重大工程项目建设的社会稳定风险因素链是依据风险传导、风险放大等理论，探讨社会稳定风险的传导路径和模式，揭示社会稳定风险的演化机制。

2. 从文献及政策文本两方面，得出了我国重大工程项目社会稳定风险评估机制存在的问题，两点原因：一是我国重大项目社会稳定风险评估起步于 2005 年，已经形成了一些比较成熟的学术成果；二是各地评估工作的流程、方法等均是参照政策文件进行制定，因此政府颁布的文件从源头体现了各地评估的现状或存在的问题。

3. 组织所面临的各种社会关系的总和是组织环境，组织结构的选择和设计应当结合着组织所处的环境进行。在组织设计原则的基础上，对重大工程项目社会稳定风险评估组织所面临的内部、外部环境因素进行着重探讨。

4. 依据国家及各地政府颁布的有关文件，完善了重大工程项目社会稳定风险评估指标体系，并在风险评估中引入多维度评价方法，更加全面地对风险进行综合度量。

5. 对重大工程项目社会稳定风险评估的决策过程更加关注，而决策过程是需要政府进行主导并进行内部协调才能够保证决策的正确性的，对于"民众参与"以及"专家咨询"这两方面的有效实施，前提是只有在政府主导下才能够得到。

6. 从系统的角度分析社会稳定风险的防范原理，依据事故致因理论，针对识别出的重大风险源、个别事件、群体事件，分别定性地提出基于生成机理的风险防范措施。

7. 以中国应急管理体系建设的核心内容——"一案三制"为基础，从应急预案、应急法制、应急体制和应急机制四个方面对如何建设一个适用于我国重大工程项目社会稳定风险的应急管理体系进行重点阐述。

8. 依据组织设计原理，构建社会稳定风险多部门协同评估机制，对风险进行联动评估、跟踪监测，从源头上化解由重大工程项目引发的社会稳定风险，广泛征求民意，科学决策。

1.6 本章小结

本章在研究背景的基础上，阐述了研究目的和意义，围绕本研究的总体目标，提出了本研究的主要研究内容，对研究方法进行了详细介绍，并基于研究思路绘制了研究技术路线图，为本研究奠定了基础。

2 国内外相关研究现状分析

2.1 国外相关研究现状分析

社会、政治体制以及国情上的差异，致使国外对社会稳定风险的研究往往更加宽泛。在概念上，国外学者往往将社会稳定风险等同于广义的社会风险；在范围上，不仅仅局限于重大工程项目，而是涉及社会的方方面面。国外关于社会风险的研究始于 20 世纪后半期，其研究主要体现在以下几方面。

2.1.1 社会风险研究

国外学者多使用社会风险（Social Risk）一词进行研究，国内学者在进行研究时在其中加入了"稳定"二字，是由于我国国情的特殊性。国外研究的社会风险不仅仅局限于危害社会稳定的风险，相比"社会稳定风险"其范围要大，含义也要广。总体来看，国外是 20 世纪 50 年代开始关于社会风险的研究，主要包括下几个方面：

第一，不同学者从不同学科、不同视角对社会风险进行研究，从而形成社会风险的有关理论。刘易斯·科塞（Lewis Coser，1956）在《社会冲突的功能》一书中，提出"安全阀"制度，认为人们的矛盾情绪需要打开类似"安全阀"的机制，从而起到适当发泄的作用[2]。乌尔里希·贝克（2004）最早提出了"风险社会"（Risk Society）的概念，他认为当代社会已经完全脱离了古典工业社会，逐步形成工业型风险社会，工业社会通过其体制而使自身变得不稳定，因此风险是工业时代自身的结构和产物[3]。吉登斯（Giddens，1999）认为"风险社会"不意味着会产生更多的危害与危险，他将风险分为"人为风险"和"外部风险"两种类型[4]。卢曼（Luhmann，1993）以政治学为基础，提出了风险的社会学理论[5]。卡斯帕森等学者

（Kasperson et al., 1988；Renn et al., 1992）提出了风险的社会放大理论，认为风险在传播的过程中，心理、文化、政治、社会等均受到不同程度的影响，从而导致公众对风险事件产生的反应情绪的增大或减弱，继而导致次生影响[6,7]。亨廷顿（Huntington, 1996）则关注于社会稳定与和谐[8]，从世界银行的角度来看，社会风险往往与发展有着紧密的联系，由此会给弱势群体和社区带来不利影响[9]。巴斯比等学者（Busby et al., 2012）通过放大社会风险，从而对人畜共患疾病的暴发进行探讨[10]。吉川和秀子（Yoshikawa & Hidekazu, 2004）以核能开发企业为主体，通过信息系统的建立来进行社会风险管理相关部门的信息沟通，从而更为有效地管理、控制、防范风险[11]。从对社会造成的影响这一角度出发，部分学者对社会影响评价进行了研究。贝克尔（Becker, 2001）率先对社会影响评价（Social Impact Assessment, SIA）进行了概念的界定与讨论，他把社会影响评价定义为"对当前或即将发生的，与个人、组织、社会宏观系统有关的行动对未来造成的影响进行识别的过程"[12]。随后，许多学者对 SIA 进行了深入的研究。在理论方面：戴尔等学者（Dale et al., 2001）指出社会影响评价是用于分析地区项目开发实施等给区域所带来的影响或者给地区居民带来的冲击，并要加强项目实施对居民的利益影响[13]。万斯莱（Vanclay, 2006）指出社会影响评价的内容也在不断改变，并且可能会规避一些负面影响的问题，也可能会涵盖社会资本的建立、能力的建设、良好的治理、社区的参与和社会包容性等内容[14]。赵和姚（Zhao & Yao, 2011）指出社会影响评价与快速的经济增长相比，在中国的发展还是相对滞后的，并且提出其方法上的缺陷和对项目管理的可行性研究、项目实施和性能进行评价，要集中力量去发现社会影响评价的适当指标和管理体系，实现社会影响评价的可持续发展[15]。在评价方法和实证研究方面：沃克等研究人员（Walker et al., 2000）以具体的案例验证了在项目的前期进行社会影响评价的重要性[16]。陈和丁（Chen & Ding, 2007）提出了基于社会成本效益的分析模型来进行社会影响评价[17]。郑和张（Zheng & Zhang, 2009）提出了基于社会经济、环境等的高速公路评估系统，应用了模糊层次分析和计算灰色评价系数与灰色关联分析取得的灰色评估权重和模糊权重矩阵进行数据分析[18]。陈等学者（Chen et al., 2011）提出要在宏观方面扩大社会影响的范围，他认为社会影响存在于任何事物之中，从个人的微观环境到整个社区的宏观环境，他提出了一种"缩放"方法，这种方法可以把个人和社会之间的变化联系起来，并且他把这种方法应用在澳大利亚东南部的一个奶牛养殖场进行验证[19]。王和麦克拉伦（Wang & Maclaren, 2012）从不同的家庭调查数据出发研究了退耕还林的社会影响，便于政府做出有针对性的决策，利于项目的可持续发展[20]。普伦泽尔和万斯莱（Prenzel and Vanclay，2014）认为在项目中，潜在冲突无法避免甚至常常升级，他们基于博弈论中的囚徒困境理论，构建了冲突升级的仿真模型[21]。阿尔塞斯-戈麦斯等（Arce-Gomez et al.，2015）以社会影响评价流程的"国际原则"为基础，结合参与式防范，使流程得以升级和优化[22]。王和霍（Wang and Ho，2015）构建了项目社会影响评价从业者的角色框架[23]。艾森等学者（Eisen et al.，2017）等从行为学的角度出发，对人类自杀行为的社会因素进行了研究，通过对男性和女性的不稳定因素进行评估，可以进一步识别容易自杀的个体[24]。

第二，工程项目所带来的社会风险引起关注。甘宁汉（Gunningham，2004）就环境保护这一问题对社会许可进行了实证研究，得出社会许可在工程项目中的重要性[25]。国际反贫穷工程师协会（EAP）提出，在工程项目的策划阶段就应该周详地考虑项目的社会风险因素，以降低项目引发社会风险的可能性（Holzmann et al. 2001）[26]。此外，国外一些学者把社会风险视为风险管理中的关键因素，凌和霍伊（Ling & Hoi，2006）以印度为例，指出了印度建筑、工程设计和施工项目中社会风险的防范措施，例如尊重东道国宗教信仰、文化习俗等[27]。杜等学者（Du et al.，2009）也认为，由于国际工程项目涉及多国国别博弈、多边政治关系、文化差异等，承包商所面临的环境更加复杂，应该更加注重社会风险的管理和防范[28]。埃德蒙兹等人（Edmundas et al.，2010）认为社会风险是一个在项目中从政治和社会压力方面来说政党不感兴趣的领域，但在风险分担中的地位越来越重要，它对于项目能否顺利实施有着很大的影响[29]。沙弗里克和瓦西里奥斯（Schafrik & Vassilios，2011）从文化与环境两个方面研究了矿业项目开发所带来的社会风险[30]。杨和周（Yang & Zou，2014）指出，当涉及项目管理时，社会风险与承包商、雇员、公众与社区等利益相关者是紧密相连的[31]。丘普利加和卡蓬（Ciupuliga and Cuppen，2013）认为在项目实施过程中的风险化解与社会可接受程度及公众意愿有关，更多地表现在从长远的角度来看利益相关者的利益如何持续地受到影响[32]。多明戈斯（Domínguez-Gómez，2016）呼吁在当前社会越来越复杂和动态的情况下，在发展项目社会环境风险及其影响评价中应当形成社会参与的方法论基础，作为一种概念方法应对其进行支撑[33]。豪厄尔（Howell，2012）以能源基础设施项目为研究对象进行社会风险研究，并推广社会风险管理在这类项目中的运用[34]。邓禄普等学者（Dunlop et al.，2012）从国际油气项目出发，基于社会风险管理理论，提出了前期阶段对社会风险进行评估的重要性[35]。陈等学者（Chen et al., 2012）在征地拆迁的背景下，指出了社会风险定性和定量评估的重要性[36]。于等学者（Yu et al., 2017）运用网络分析法对中国旧城改造过程中导致的社会稳定风险进行了定量分析，指出有效的社会保障计划、资金使用计划、合理的政策法规以及适当的公众参与对减轻社会稳定风险具有良好的效果[37]。

　　第三，提出了社会风险管理的一般理念、指标及模型。亨廷顿和王冠华（1989）提出了加快政治制度化等几项建议，为维护社会和谐提供了有效可行的途径[38]。古普塔（Gupta, 2011）以印度农业为例，通过转基因修改现有的生物安全管理系统，以民主决策的科学化来降低社会风险[39]。麦金农（McKinnon, 2004）通过比较发达国家与发展中国家的差异，说明社会风险管理在不同社会的不同构建形式[40]。康契和彭斯（Conchie & Burns, 2008）通过大样本的实验数据，得到沟通能消除信息不对称，从而降低社会风险的结论[41]。戴维斯（Davis, 1998）基于 J 型曲线理论指出，人类贪婪的欲望是社会不稳定的根本原因，人的满足程度与其欲望值之间差距越大，社会稳定就越容易受到破坏[42]。世界银行提出了社会风险管理这一全新理念，形成了采用综合的风险控制和管理方法合理地分配政府、市场、民间组织及个人的风险管理责任的社会风险管理制度框架，从而有效处置社会风险（Holzmann and Jorgensen, 1999; Mckinnon, 2004）[40, 43]。博霍克斯（Bohorquez, 2011）把社会风险管理定义为一种制度与社会过程，使政策、有关主体、相关策略以及行动能够有效结合，减少潜在破坏性事件中能够引发社会群体脆弱性的条件或因素[44]。梅和吴（Mei and Wu, 2012）以脆弱性理论为基础，创建了尾矿池项目社会风险评估指标体系，再运用德尔菲法进行定量评估[45]。库等学者（Kuo et al., 2011）在信息安全审计方面，提出了动态的社会风险评估模型[46]。同样地，利希蒂等学者（Lichti et al., 2013）在生物领域，以生物免疫危险理论为基础，提出了信息安全风险评估模型[47]；陈和李（Chen & Li, 2011）利用熵权法和人工神经网络，建立了海外工程项目社会风险预警系统[48]；帕斯曼和弗里金（Pasman and Vrijling, 2003）提出了社会风险评估的概率论方法，同时指出这一精确方法的局限在于实现难度较大[49]；马哈茂迪等学者（Mahmoudi et al., 2013）提出了把社会影响评价（social impact assessment, SIA）与社会风险评价（social risk assessment, SIA）相结合的"风险与社会影响评价（risk and social impact assessment, RSIA）"混合模型，用以提高社会影响评价和社会风险管理的效率，拓宽了社会影响评价对较大风险的项目如核能与自然灾害的社会影响评估和管理作用[50]。弗勒贝和朱伯（Fleurbaey & Zuber，2017）提供了一种新的社会风险管理方法，并指出该方法可以合理地运用于管理由宏观经济波动导致的失业风险以及气候变化导致的各种自然灾害[51]。

2.1.2 重大工程项目的风险研究

重大工程项目与一般工程项目相比，具有投资规模大、建设周期长、技术复合度高等特点，对国民经济、区域经济和社会发展产生重大深远影响，重大工程项目是一个复杂系统，不仅面临的风险多，同时风险造成的影响大、风险受体广。国外的许多学者对重大工程项目以及与其具有相同特点的大型工程项目、复杂工程项目、巨项目等进行了一系列风险管理方面的研究。对于重大工程项目内部风险来说主要是项目绩效层面的成本、进度、安全等风险。

首先，在成本风险方面，巴洛伊和普赖斯（Baloi & Price，2003）讨论了影响重大工程项目成本的风险因素，为承包商从项目层面处理影响项目成本的风险因素，建立了一个模糊决策框架[52]；詹宁斯（Jennings，2012）指出大型工程项目成本超支是一个严重的问题，并以伦敦奥运会为例探讨了成本超支的原因是政府内部对风险的不重视、决策时对信息评估和使用的偏见、项目管理的不确定性等[53]；有的研究人员（Eybpoosh et al.，2011）通过对项目风险因素之间相互关系的研究，采用结构方程模型的方法，以166个国际项目为案例，识别了与成本相关的风险因素[54]；也有研究人员（Cha & Shin，2011）识别出了49个与成本相关的风险因素，并量化了各因素的相对影响[55]。薛（Xue et al.，2018）等研究发现利益相关者的合作效率对工程项目的成本管理呈积极效应，同时，成本效率也是驱动利益相关者进行合作的重要因素[56]。

其次，在进度风险方面，阿萨夫等（Assaf & Al-Hejji，2006）通过问卷调查的研究方法，详细识别了引起大型项目工期延迟的风险因素，并对主要风险因素进行了分析[57]；韩等研究人员（Han et al.，2009）对韩国高铁项目进行了深入研究，发现业主能力缺乏、工程变更较多等五大造成进度拖延的原因[58]；卡里巴等（Kaliba et al.，2009）通过文献分析、专家访谈与问卷调查，对赞比亚公路项目进度拖延的原因进行了分析，发现了付款拖延、合同变更等12个主要因素[59]；博尔多利和鲍德温（Bordoli & Baldwin，1998）对已有的进度风险评价方法做了综述，发现传统方法的三个局限性，并在此基础上提出了一种新的评价方法[60]；杨等研究人员（Yang and Kao，2012）对已有的延迟分析方法进行了优化与创新，提出了一种基于效应的延误分析法（EDAM），通过关键路径的分析来计算项目最终的延迟[61]；姆巴巴齐等（Mbabazi et al.，2005）重点考虑了多个因素共同影响下的进度拖延，提出了一种新的进度拖延分析模型，并通过实际案例证明了该模型的科学性与合理性[62]；奥利弗罗斯和法耶克（Oliveros & Fayek，2005）运用模糊逻辑思维，构建了一种可用于建设项目进度拖延模拟与监控的模型，该模型包括数据库、清单、程序等七大功能板块[63]；赫加齐和门德斯（Hegazy & Menesi，2008）从计算仿真科学角度，对工程项目进度风险进行了研究，提出了一种基于计算机的计划分析模型，并通过实证研究，证明了该模型的有效性[64]。阿布萨勒姆（Abusalem，2017）对约旦地区基础设施建设工程成本超支及工期延误的影响因素进行了研究，发现地形和天气条件是造成约旦基础设施项目竣工延误和成本超支的主要因素[65]。

最后，对于安全风险，哈洛韦尔等（Hallowell et al.，2011）针对高速公路项目，对施工过程中安全风险的相互作用关系进行了识别，并量化了其对项目目标的影响[66]；李等研究人员（Le & Chang，2013）在故障树的基础上，建立了贝叶斯网络，通过安全风险的概率计算及基于贝叶斯网络的事故原因分析，极大提高工地安全管理能力，并通过来自6个钢结构项目的安全检查记录验证了基于贝叶斯网络的安全风险评估模型的正确性[67]；张等研究人员（Zhang et al.，2014）对复杂环境下地铁建设进行安全风险分析并研究概率决策方法，通过提出重要度指标和模糊重要性指标对基本事件进行敏感性分析，以此显示对于降低风险限制的关键基本风险，并以武汉长江地铁隧道建设作为案例，结果表明所提出方法的可行性和应用潜力[68]；韩等研究人员（Han et al.，2014）提出检验生产压力对安全行为的影响，提出概念上的环路图证实日程安排与安全行为和安全程序的组件关系，通过案例研究并构建系统动力学模型得出进程延误和重新返工是影响事故发生的关键因素[69]。王和陈（Wang & Chen，2017）提出了一种模糊综合贝叶斯网络评价方法，用于帮助工程师对地铁工程中的安全风险进行动态监测、预警和控制[70]。

2.1.3 重大工程项目建设的社会风险研究

在国外，工程项目风险管理研究往往将社会风险视为重要风险因素之一。国际反贫穷工程师协会（EAP）提出，对工程项目社会风险的识别、评估和控制应该贯穿整个项目的全寿命周期，从项目前期筹划阶段就开始介入。凌等研究人员（Ling et al.，2006）以印度为例，指出了印度建筑、工程设计和施工项目中社会风险的防范措施，例如尊重东道国宗教信仰、文化习俗等[27]。基姆等研究人员（Kim et al., 2009）也认为，由于国际工程项目涉及多国博弈、多边政治关系、文化差异等，承包商所面临的环境更加复杂，应该更加注重社会风险的管理和防范[28]。甘宁汉（Gunningham，2004）则从业主的角度出发，认为工程项目业主对社会风险的防范可以从获得运营的社会许可这一渠道开展[25]。豪厄尔（Howell，2012）以能源基础设施项目为研究对象进行社会风险研究，并推广社会风险管理在这类项目中的运用[34]。曲和王（Qu & Wang，2011）基于风险传导理论，创建系统风险传导机制，从风险来源、风险载体、风险传导路径等逐步进行研究[71]。邓禄普等研究人员（Dunlop et al.，2012）从国际油气项目出发，基于社会风险管理理论，指出前期阶段对社会风险评估的重要性[35]。陈和林（Chen & Lin，2012）在征地拆迁的背景下，指出了社会风险定性和定量评估的重要性[36]。李等研究人员（Lee et al.，2017）指出重大工程项目的社会稳定风险包括五种冲突场景：项目终止、早期缓解、后期缓解、项目执行和后期发生[72]。

2.1.4 重大工程项目社会稳定风险评估机制研究

风险评估这一概念最早源于西方的保险业，如今随着更多的国家和行业引入这一概念，关于风险大小度量这一问题随之产生。美国化学公司（DOW）在 1964 年提出化学火灾、爆炸危险指数评价法，这一举动极大地推动了风险评估的发展。1976 年，随着模糊数学被引入我国，模糊评估法在国内迅速发展。模糊综合评估法，即通过科学推理，将模糊的输入条件进行量化处理，之后再对其进行评价。美国学者埃·蒂里阿基安对社会稳定评估体系进行了最早的系统研究，并于 1961 年提出了社会动荡的经验指标：性的混乱程度、都市化水平、社会限制能力的丧失以及非制度化宗教的增长等，以此来测定社会的不稳定性[73]，同时他还认为社会是同质道德的统一体，这些经验指标可表示社会结构分解的风险，而风险作为不确定性的体现，是社会风险和群体性事故发生的前期预兆。德罗尔为确立 12 项评价指标体系，倡导将相关政策与社会稳定风险评估相结合，提出了"系统群研究"的分析方法。艾斯特斯和摩根将社会目标、社会资源水平、个人需求水平、政治稳定程度、家庭稳定性及文化因素总结为"六项指标"，并且提出历史传统、价值观、风俗习惯对社会稳定性的影响都是该指标体系所注重的[74]。理查德提出了供求矛盾严重程度、家庭稳定性、政治稳定性、权力集中程度、资源稀缺程度以及文化影响力等风险因素[75]。

在 20 世纪五六十年代，国外学者最早开始关注来自工程项目中的社会风险因素。2009 年，系统的社会风险管理体系由世界银行提出，该体系包括实施工程项目之前和之后两个阶段的风险防范，以可持续为主要目标，并侧重评估不易量化的非物质性指标，同时强调了对项目建设过程中敏感性群体的分析，具体包括不同宗教信仰的群体、贫困人群、弱势群体以及老人、儿童等群体，其评估指标囊括了公众参与程度、性别公平度、信息公开度、就业率、教育机会、资源获得程度以及地区文化状况等因素对工程项目的适应程度[76]。总体而言，财务评价、社会成本效益分析（SCBA 评价）、环境评价和社会评价四个阶段是国外风险评估经历的发展过程，体现了评估关注点的不断变化，从单纯关注经济利益过渡到关注公众效益，再过渡到重视环境保护，最后关注以人为本，即从单一的经济评价转变为技术、经济、社会和环境等多方面综合评价的过程[77]。

2.2 国内相关研究现状分析

2.2.1 社会稳定风险研究

我国有关社会风险的研究始于 20 世纪 80 年代。主要研究有：改革中的社会风险（梁鸿，2000）[78]、政治变革中的社会风险（柳建文，2005）[79]、现代社会风险（刘婧，2005）[80]、移民社会风险（陈绍军、于浩淼，2008）[81]、公共财政风险（周红云，2013）[82]、中国社会边缘群体游民意识风险（张红显，2013）[83]、基于社会学广义与狭义双重角度的社会风险（王伟勤，2013）[84]、当今的社会是风险社会（潘斌，2012）[85]等。针对各类社会风险，国内学者相继提出了社会风险早期警报系统和中国社会风险预警系统（宋林飞，1999）[74]、社会风险预警机制（邓伟志，2003）[86]、社会稳定预警预控管理系统和社会稳定风险前馈控制机制（阎耀军，2004、2006）[87, 88]、社会稳定与风险预警机制（李殿伟、赵黎明，2006）[89]、高风险社会中的公共政策（张海波、童星，2009）[90]、农村社会稳定风险防范（王斌旺，2014）[91]、转型期中国社会风险形成机理（汤爱爱，2015）[92]、社会风险视角的危机管理（牛小波，2015）[93]；社会风险治理知识体系（黄新华，2016）[94]；"对抗式"社会稳定风险评估模式（廖秀健，2018）[95]。

近年来，国内学者对社会稳定风险也进行了探索性的研究。探讨了建立与完善重大决策和重大工程项目社会稳定风险评估的重要性与紧迫性

（吴智文等，2009；陈静，2010；张玉磊、徐贵权，2010；童星，2010）[96-99]；建立了社会稳定风险的模型、指标或评估体系（罗成琳等，2009；郭秀云，2012；曹峰等，2014；高玫、何雄伟，2015）[100-103]；对群体性事件演化规律进行了研究（魏玖长等，2011；文卫勇等，2012）[104,105]；提出了化解社会稳定风险的措施（魏依娜，2012；李树德，2012；化涛，2014；朱德米，2015）[106-109]；提出了不同项目的社会稳定风险因素（何孝贵，2005；张婕等，2008；杨守涛等，2012；向鹏成等，2015）[110-113]；建立了重大项目社会稳定风险评价指标体系（吴贤国等，2009；杨雄、刘程，2010；王智勇，2010；杨芳勇，2012；何德文、黄真谛，2013；黄德春，2013；幸昆仑，2015；王波等，2015）[114-121]；提出了包括社会稳定风险评估的原则、内容、主体、程序、组织等评估框架（吴智文等，2009；陈静，2010；杨雄、刘程，2010；王智勇，2010；杨芳勇，2011；徐成彬等，2014）[96 97,115 116,122,123]；同时，从不同角度提出了完善社会稳定风险评估制度的思路和对策（董幼鸿，2011；陈曦，2011；郭秀云，2012；李永超，2012；常健等，2013；孙明奇，2013；张玉磊，2014；田柏栋等，2014；黄杰等，2015）[124-132]；基于焦虑视角对邻避项目社会稳定风险的生成进行了探讨（谭爽，2013）[133]，基于不同的视角进行了社会稳定风险评估的研究（武胜伟，2014；黄杰等，2015）[134,135]，或是借鉴了国外的社会风险管理研究成果（钟开斌，2011；洪富艳，2014）[136,137]。也有学者通过案例对某项目的社会稳定风险评估过程进行了深入研究，如通过对某一个水利基础设施项目探讨了在城镇化进程中对于基础设施项目如何识别社会风险、如何管理社会风险（Shi et al.，2015）[138]；通过一个工业园项目揭示了当地政府是如何发挥其主导作用进行社会稳定风险评估及管理（Liu et al.，2016）[139]。

2.2.2 重大工程项目建设的风险研究

与国外的研究情况相比，国内对重大工程项目风险的研究较晚，但由于近年来重大项目的快速发展，引起了更多学者的关注，也积累了一定的研究成果。国内研究主要集中在大型项目、大型工程项目、复杂工程项目等，学者在研究中更注重风险管理方法，即采用定量或定性的方法以及风险识别、风险评价、风险控制等方法。

第一，重大工程项目风险识别方面：常见的方法包括文献研究、问卷调查、专家访谈、案例研究等（亓霞等，2009；王家远等，2006）[140,141]。一些学者也提出了一些新的方法和技术，如基于风险链和风险地图、工作分解结构（WBS）与风险分解结构（RBS）、系统动力学、故障树法等（全吉等，2014；王振强、钟登华，2004；袁永博等，2010；吕周洋等，2009）[142-145]；基于项目成本、工期、质量、安全等目标风险的分类方式成为主流（祝迪飞等，2006；周国华等，2009）[146,147]；此外，一些学者多从重大工程项目特征出发，其风险主要包括政治风险、经济风险、社会风险、自然风险、合同风险、技术风险、人员风险、环境风险等（李金海等，2005；任宏、秦基胜，2007）[148,149]。一些学者也针对特定项目的风险进行了识别，比如宋艳和钱卫（2017）针对现代煤化工项目前期工作关键节点的风险进行了识别[150]。

第二，重大工程项目风险相互关系方面：在探讨项目风险因素之间的关系时，最普遍使用的方法是贝叶斯网络推理（Bayesian Network Reasoning，BNR），研究表明，当多个风险因素同时发生变化对活动产生的影响为非叠加性影响（刘俊艳、王卓甫，2011；王勇胜、冷亚军，2011）[151,152]。此外，还包括结构方程模型（郭晓等，2011）[153]、ISM-HHM混合方法（乌云娜等，2013）[154]等方法。随着影响图（石晓军、任志安，2000）[155]、风险链（西宝、李一军，2002）[156]、关键链技术（王元明、赵道致，2008）[157]等概念和技术陆续用于风险相互关系分析中，使得从风险网络的角度去探讨风险问题已成为一种趋势；考虑重大工程项目风险的形成具有典型的复杂网络特征，在基于复杂网络理论方法分析了重大工程项目风险之间的相互关系的基础上，相关研究构建了风险演化模型以及风险演化拓扑结构模型，从而揭示了重大工程项目风险的演化规律（赵贤利等，2013）[158]。

第三，重大工程项目风险的多维描述方面：一些学者将项目风险表征为各种风险发生概率与对项目目标影响程度的乘积的累加（戴大双等，2005）[159]，或者构建一套项目风险评价指标体系对其风险进行综合度量（何德文、黄真谛，2013）[160]，但仍然没有脱离传统风险度量的二维模式甚至变成了单一维度。在此基础上，项目风险的多维描述和度量方法被提出（张建设、钟登华，2002）[161]，甚至有学者指出在风险度量中应当考虑决策者的风险态度（王家远等，2014）[162]。脆弱性理论在风险评价中得到了很好的运用（张宏亮，2007；李荣平等，2011；王志如等，2013）[163-165]。一些风险度量的方法也顺应提出，如基于"脆弱性—能力"视角的风险度量方法（朱正威等，2011）[166]。

第四，重大工程项目风险评价和度量方面：将一些新的评价方法用于重大工程项目风险评价与度量，熵决策模型（马丽仪等，2010）[167]，BP人工神经网络模型、主成分分析与遗传算法改进BP神经网络、粗集神经网络等神经网络方法（赵辉、王雪青，2010；杨明、张科，2011）[168, 169]。此外，将多种方法有机结合对重大工程项目风险进行综合评价成为一种趋势。针对重大工程项目风险因素、风险信息、风险损失之间的复杂联系，构建重大工程项目风险网络，分别采用贝叶斯网络推理（BNR）和网络层次分析法（NAP）获得风险发生概率和风险量的估计，从而提出基于风险网络的重大工程项目风险度量方法，该方法充分考虑了重大工程项目风险的网络特征（李良、戎凯，2010）[170]；一些学者利用云模型定性定量的转化功能，把评价主体主观定性概念定量化，充分考虑风险的模糊性和随机性，提出了基于云模型的多级模糊综合评价方法对项目群风险进行评价（张秋文等，2014；徐征捷等，2014；江新等，2015）[171-173]。

第五，重大工程项目风险管理制度方面：重大工程项目风险管理集成方法、集成风险管理模式等相继提出（杨建平、杜端甫，1996；杨乃定等，2004）[174, 175]。但在实际运行中，重大工程项目风险管理应当建立相应的运行机制，强调风险集成系统各体系的整合和系统动态控制（周福洲等，2008；高志强等，2009；雷丽彩等，2011）[176-178]。与此同时，基于项目风险治理思想的风险管理制度开始受到重视（张宁、丁荣贵，2014）[179]；王爱民（2013）从治理风险视角提出了复杂项目网格化治理模式，该模式各方关系人在授权范围内的信息共享与对软、硬件资源的互操作，可以保证复杂项目统一、透明、动态的治理运作，实现柔性、高效、动态、敏捷的内外部监管，提高治理效率[180]。但是，当前我国工程项目风险管理制度还存在不少问题，如利益主体不均衡、风险责任主体缺失、缺乏相应的责任追究制度等（张伟、朱宏亮，2008；李艳飞、戚安邦，2010；冯周卓、张叶，2017；朱正威、吴佳，2017）[181-184]；相关实证研究表明重大工程项目风险管理制度尚未形成体系（刘俊颖等，2012）[185]。赵佳红等（2017）指出项目风险管理机制体系由 7 个主要机制构成，即综合决策机制、社会参与机制、预警预控机制、应急机制、补偿机制、后评价机制和监督保障机制[186]。

2.2.3　重大工程项目建设的社会稳定风险研究

中华人民共和国成立初期，所有的工程项目管理与评价基本上只考虑经济效益。随着社会的发展，项目所表现的社会性越来越强，为了使项目建设与社会发展和谐共融，建设部门开始重视和开展项目的环境效益评价和社会效益评价。2004 年我国第一次将社会风险引入工程管理领域，当时仅仅侧重于项目对经济和社会发展的贡献度。

徐颖馨（2007）通过研究分析城市里的环保节能项目，提出在社会评价中的风险应该包括内在风险和外在风险在内的八项风险[187]；何孝贵等（2005）研究铁路工程项目的特点并对项目前期及实施过程中社会因素做了进一步的探讨，并指出移民、贫困、少数民族、社会性别等因素是导致社会稳定风险的主要因素[188]；余建林等（2006）通过研究社会评价的定义和内容，指出非自愿移民、公平、妇女与贫困、参与以及持续性问题、利益相关者协调是项目社会评价中研究、评价的重点[189]；张婕和王慧敏（2008）基于风险社会理论视角，分析我国南水北调工程在具体的实施运行中具有的社会风险，并指出其中可能引发社会问题的风险点[111]；程箭（2012）以上海市长清路工程为例，对该工程的社会稳定风险进行了分析评估，提出了市政工程建设存在的社会稳定风险致因点[190]；毛子明等（2013）对水利建设项目社会稳定风险因素进行了识别[191]；赵振亭（2014）运用等级全息建模的方法对社会稳定风险的风险因素进行识别，列举出可能引发社会稳定风险事件的风险因素[192]；陈晓庆等（2015）根据移民安置三阶段（即规划设计阶段、搬迁安置期和生计恢复与发展阶段）的工作内容和重心不同，分析了各个阶段的主要社会稳定风险因素[193]；鞠学利（2015）对公路建设项目进行社会稳定风险因素分析，找出了主要风险因素[194]；吴庆东（2015）认为从社会学角度来看，从规划到实施阶段，水库移民涉及安置方案变更、移民安置进度、移民超规搬迁、物价上涨和移民搬迁期管理等社会风险[195]。张玉磊和贾振芬（2017）基于利益相关者理论对重大决策中的政府、公众、企业、专业机构、专家、媒体等利益相关者的复杂关系进行了讨论，并对"稳评"利益相关者分类，构建"稳评""利益相关者/维度"矩阵[196]。向鹏成等（2017）等从合理性、合法性、可行性、可持续性四个维度探讨了重大工程项目社会稳定风险的评价方法[197]。华坚和李晶晶（2017）利用系统动力学对重大水利工程项目决策社会稳定风险评估的有效性进行了分析[198]。

2.2.4 重大工程项目社会稳定风险评估机制研究

刘靖华（2011）认为当前的重大项目社会稳定风险评估工作存在走过场的问题，尚未落到实处，应当重点进行研究，加强制度建设，充分发挥该制度程序性的规范作用，解决评估工作流于形式的问题。因此，研究有关重大项目社会稳定风险的评估机制，不仅为"稳评"的实践提供了理论支撑，也对加强民主化建设、促进科学决策有着极其重要的现实意义[199]。大多数学者和专家在评估过程中鼓励将重心放在评价内容和评价程序等方面。但是，仍有一些学者指出，社会稳定风险是法律尚未健全以及传统的社会管理模式失败的综合产物。张振生认为在重大项目社会稳定风险评估过程中，存在以下六个亟待解决的问题：（1）尚需提高对建设项目"稳评"的认识，进一步知晓"稳评"的重要意义；（2）需要拓宽关于社会稳定风险评估的民意调查渠道；（3）缺乏安抚、赔偿等措施的统一标准；（4）需将社会评价、社会稳定风险和社会影响评价等整合起来；（5）亟须改变评估市场垄断等现象；（6）分析方法并未真正指导具体实践过程，存在理论与实践脱节的问题[200]。廉如鉴和黄加亮认为我国重大事项社会稳定风险的评估水平较为低下，仍停留在不断完善相关制度的初级阶段。同时指出制约"稳评"机制发展的根本原因是：对社会稳定风险评估的认知存在误区，缺少专门的"第三方"评估机构，评价指标体系与相应的理论框架不成熟等[201]。为解决上述问题，可以从以下三方面入手：第一，增强"稳评"涉及干部的培训力度；第二，设立和发展专门的"第三方"评估机构，并加强对其的考核与管理；第三，夯实理论基础，更多地进行社会稳定风险评估的理论与应用研究。陈红爱（2012）指出，通过借鉴社会评价的方法，社会稳定风险评估机制需从确定评估主体与对象、建立评价指标体系、量化评估结果、完善相关法律、健全责任追究机制、搭建信息共享平台等方面进一步完善[202]。蒋俊杰（2014）认为传统"维稳模式"之所以存在诸多问题，主要原因在于：其一，缺乏"稳评"机制的理论研究，理论支撑不够；其二，"稳评"主体不够多元化且中立性不足；其三，"稳评"程序前后衔接不到位；其四，"稳评"结果的应用性与实际指导意义不强；其五，地方干部对"稳评"的认识尚存在一定误区，重视程度不够。最后总结得出：地方政府需要将建立健全重大事项的"稳评"机制作为一个重要的突破口来克服我国当前面临的维稳困境[203]。黄杰和朱正威（2015）在对目前"稳评"的评估对象、评估特点、评估模式、评估制度及第三方评估的现状进行评述的基础上，强调应在消除认知误区、促进官学沟通的同时进一步健全"稳评"机制，解决好评估主体确定、评估模式选择等六方面的问题[204]。刘白等（2016）在对大数据互联网时代背景下重大行政决策"稳评"机制的内涵及现状进行分析的基础上，提出构建基于大数据的重大行政决策"稳评"机制对解决目前重大行政决策社会稳定风险评估存在的问题具有显著作用[205]。

2.3 研究现状分析小结

　　分析国外的研究现状发现，国外学者在社会风险领域的研究较国内学者起步较早，通过不同的研究视角和研究方法，成果较为丰富。特别是在风险演化方面较为先进，具有一整套的模型和研究体系做支撑。国外学者对重大工程项目建设的风险研究范围更为广泛，注重非物质性质的影响，侧重在项目进行中的社会评价。但由于国内外经济发展差异、社会制度不同，导致很多优秀的研究成果不适合对中国工程项目进行评价。

　　分析国内的研究现状发现，在重大工程项目社会稳定风险演化研究方面，国内学者的研究领域主要在征地拆迁、移民、生态环境等方面，研究集中在风险识别和评价阶段，而中后期的风险生成和演化阶段的相关研究较少。在重大工程项目社会稳定风险评价方法研究方面，现有的风险评价主要依靠一些数学方法进行定量评价，通过建立整体的评价体系来求得。但是，现有的研究方法仍存在缺陷，如建立的风险指标评价体系大同小异，评价指标不够全面科学、不够细化，在社会发展进程中，没有得到进一步改进，评价体系的运用效果并不理想。在重大工程项目社会稳定风险评估组织、评估运行及制度保障研究方面，关于社会稳定风险评估的研究多集中于社会稳定风险的评估主体、评估必要性、评估现状研究及评估指标体系、评价方法等，而对政府、专家和公众三方协同的研究较少涉及。而在政府主导方面，关于政府多部门协同主导评估的研究相对较少，即基于政府多部门协同视角对重大工程项目引起的社会稳定风险的评估机制研究相对较少。虽然目前对于协同学的研究成果已经较为丰富，但是较少涉及将协同和评估机制及风险控制进行充分结合。关于多部门协同评估理论的研究，尚未形成系统、成熟的理论体系，将政府多部门协同应用于重大工程项目社会稳定风险评估的研究也相对较少，还有许多可挖掘、探讨的空间。

　　国内外研究现状为本研究提供了依据和参考。本研究试图克服国内外现有研究成果的不足，从重大工程项目的风险来源揭示风险本质、形成机理和演化机理，建立重大工程项目社会稳定风险评价指标体系和评价模型，研究重大工程项目社会稳定风险评价方法，并通过完善改进研究思路和方法对其总体风险进行综合评价，探索其运行机制和系统体系，实现对重大工程项目社会稳定风险的有效管理。

　　因此，本研究在理论上和实践上都是十分必要的。

2.4 本章小结

　　本章主要是对国内外相关研究进行分析，分别从社会风险（社会稳定风险）、重大工程项目建设风险、重大工程项目社会稳定风险、重大工程项目社会稳定风险评估机制四个方面对国内外的研究现状进行了详细的分析，并总结了国内外研究的问题与不足，为本研究提供了理论基础。

3 相关概述及理论基础

3.1 相关概述

3.1.1 风险

风险（risk）是由法语 Rispue 翻译而来，最早应用于保险交易。到目前为止，学术界还没有关于风险概念的统一定义。1960 年，鲍尔（Bauer）首次跳出心理学范畴将风险认知引入消费者行为学研究中。他认为，消费者的任何消费，都可能产生与其预期不一致的结果，而这种不确定性就是最初的风险认知。1967 年，康宁汉（Cunningham）修改和完善了风险认知的定义，他认为不确定性和后果两部分即某个结果发生的主观可能性和一旦发生所导致的危害性，共同构成风险。实证分析显示，对行为决策所带来的不确定性和结果重视程度越高的消费者，其风险认知度越高。1991 年，穆雷（Murray）丰富了风险认知的概念，加入了对购买决策的利益认知和购买失利后的潜在损失认知两方面，细化了风险认知的实际利益、行为等内容的描述。1995 年，学者们逐渐发现社会心理因素在风险认知中扮演重要的角色。一方面，人们对外界事物各种客观风险所形成的主观感受和评价构成了风险认知；另一方面，个体积累的信息和经验也会对风险认知产生多重影响。目前对风险的概念和评估方法的研究主要集中在保险精算学、统计学、工程学、经济学、社会学等学科。保险精算、统计学一般把风险定义为实际结果与预期结果的偏离程度。在保险学中，许谨良认为，风险是表征一个事件的实际结果偏离预期结果的客观概率[206]。加法里（Jaafari）认为，风险是目标函数不能达到预期目标值的概率[207]。在工业生产方面，学者们对风险内涵的共同观点是，在特定条件下，不好的事情发生的概率以及由此导致的危害与后果。风险表示不确定性及其后果，即在决策和规划情况下缺乏对结构和结果的可预见性，此定义采用了成本—收益逻辑。我国学者冯必扬认为，在风险的不确定性和损失性两种属性中，损失性是更为根本的属性，风险的本质应该是损失的不确定性[208]。还有一些学者认为风险是事件发生的可能性和造成损失的大小，表现为事件发生的可能性与损失发生的概率和程度。也有学者认为风险是其基本要素相互影响的结果，依据风险的基本要素以及生成机理描述风险，风险的基本要素为风险源、风险事件和风险结果。另一部分学者则认为风险是事件导致预期结果与实际结果之间的差异，风险就是在特定的条件下，由于错误决策而导致的预期损失和预期实验成本之间的差异。

本研究对风险的定义可以概括为：风险是指在某一特定环境下、在某一特定时间段内，活动或事件发生的潜在可能性以及由此所导致的实际结果和预期结果之间的差异变化的大小程度。也就是说，风险在风险因素的作用下从而发生风险事件的可能性以及所造成损失的大小。

3.1.2 社会风险

社会风险，从字面上可以理解为风险的一种类型，是与政治风险、经济风险等并列的一种风险类型。从 20 世纪后半期开始，社会风险逐渐被社会学界所关注，并形成了一系列相关理论。最先提出社会风险理论的是德国社会学家乌尔里希·贝克，他提出的"风险社会"是理解现代性社会的核心概念[209]。关于社会风险的内涵，国内比较有代表性的是林义教授（2002）的定义，即危及社会稳定、平衡与持续发展的不确定性[210]。宋林飞（1999）教授认为，社会风险是社会所难于承受的损失或影响[74]。张辉旺（1991）、金润生（1990）指出，社会风险是指个人行为或社会集团的行为所造成的风险[211，212]。冯必扬认为，社会风险是指个人或团体反叛社会行为所引起的社会秩序和社会混乱的可能性[213]。

狭义的社会风险是与政治风险和经济风险相对应的一种风险，是指由于"所得分配不均、发生天灾、政府施政对抗、结社群斗、失业人口增加造成社会不安、宗教纠纷、社会各阶级对立、社会发生内争等因素引发的风险"[213]。由于政治、经济、文化等方面均是整个社会的组成部分，因此在广义上社会风险可以看成整个社会环境下的风险，在这种理解下，社会风险才具有意义。由于社会所包含的范围太广泛，因此若要对社会风险进行精确的界定是很困难的，也没有太大意义。按照本研究对风险的定义，社会风险是指在社会系统中，由于各种风险因素相互作用而导致的，如社会秩序混乱、社会结构受损、社会冲突等对社会的运行产生不良影响的风险事件发生的可能性和造成损失的大小。

3.1.3 社会稳定风险

至于社会稳定的风险，国际上的普遍说法是社会风险。由于我国对社会风险缺乏重视，社会风险的概念在 21 世纪初才在我国得到了广泛的传播。而社会稳定风险中添加的"稳定"一词是在中国的治理理念下产生的。由于经济、政治、文化、生态和环境子系统对大型社会系统的依赖，任何一个领域的风险都会影响整个社会，成为社会稳定的风险。社会稳定风险的判断没有普遍性的客观根据，因而无法做客观实证性的分析，需要从哲学和社会学角度厘清社会稳定风险的概念。最初，学术界认为是利益冲突和决策机制不科学导致的社会冲突问题[98]。随着研究的不断深入，陈晓正等（2013）认为应将风险作为一个将来时态，引入预期概念，基于社会预期的视角展开评估[214]。朱德米（2012）认为政策不一致是引起社会矛盾冲突和社会稳定风险的主要原因，提出了政策缝隙的概念，从而可以实现源头治理[215]。单飞跃等（2010）在社会冲突问题的基础上，用社会的无序、失稳及动乱，与燃烧现象开展比较，提出了社会燃烧理论[216]。李肖聪（2015）认为社会稳定风险主要是指当社会系统中存在的社会风险逐渐累积并达到一定程度时，就会影响到社会环境的和谐，使社会环境中出现无序化状况的一类风险[217]。

本研究认为社会稳定风险是由于群众利益得不到满足或担心项目开展会影响其个人利益而产生，最初只是群众因被不公平对待而产生的不满情绪，在诉求无果的情况下群众的不满情绪将会进一步扩大，进而引发小规模的群体性事件，若政府对群众诉求置之不理，不及时采取有效的应对措施，将会引发更大规模的群体性事件，造成财产损失甚至人员伤亡，导致社会稳定被破坏。因而，将这种可能使社会秩序遭到破坏，引发大规模群体事件的风险称为社会稳定风险，实质就是政治权威在未来受损的不确定性。

3.1.4 重大工程项目

重大工程项目指的是具有一定的投资和建设规模，通常会对周边区域的社会、经济发展具有重要意义，甚至对当地传统、文化造成深远影响等的项目。重大工程项目包括一般列入国家重点投资计划，投资额巨大，建设周期长，由中央政府全部或部分投资参与的水电站、核电站，基础设施领域的高速公路、高铁等大型建设工程，例如三峡工程、南水北调工程、西气东送工程、青藏铁路、京沪高铁等。其他一些工程项目如对社会经济影响很大，同样是重大工程项目，国家大剧院工程就是其中之一。另外有些工程由政府投资，投资额巨大、影响范围广的项目，例如亚运会工程建设，主要由北京市政府投资的工程，其投资计划是经过国家批准的，也属于重大工程项目。

划分重大工程项目的建设是由不同区域的政府和部门依据工程项目的投资规模、建设规模和对当地社会经济发展的影响等来进行。重大工程项目除具有一般工程项目的特定性、目标性、约束性、整体性及不可逆性等特点外，还具有投资大、规模大、时间跨度长、对经济社会及生态环境影响大等特点。因此，它所面临的风险是多种多样的，各种风险之间的关系是错综复杂的，往往会有扰民，影响群众利益等问题出现，存在导致社会不稳定的可能。

3.1.5 重大工程项目社会稳定风险

社会稳定风险具有造成社会冲突、危害社会稳定和社会秩序的可能性，一旦这种可能性成为现实，社会稳定风险就会变成一场社会危机，对社会稳定和社会秩序产生灾难性的影响。由于经济、政治、文化、生态、环境等子系统对大系统的依赖性，任何一个领域的风险都会影响和波及整个社会，并成为社会稳定风险。从社会稳定风险的定义出发，重大工程项目风险是指对社会重大项目实施的社会稳定和影响表面的大规模生产和生活，长期且容易造成较大社会冲突的不确定性。在这里，对社会和人民生产生活的影响包括土地征用和拆迁、移民、环境破坏等不利影响。比如，大项目在征用土地时的拆迁，必然涉及补偿、安置、就业、社会保障、环境变化等敏感问题，容易引发社会矛盾和群体性事件，成为社会稳定的风险源。特别是一些地方政府在实施重大项目的过程中，涉及社会群体利益和人民群众的根本利益，往往偏离公平和正义，由此加剧了社会矛盾，从而影响社会发展和稳定的大局。又如对于移民问题，会改变移民原有的生活生产方式，破坏移民原有的社区邻里联系和社会网络。同时，由于迁移和安置的诉求无法满足移民的需要，以及我国社会管理体制不完善，在实施重大工程项目的移民时，不能做到提前征询移民意见，缺乏实地考察，严重侵犯移民的合法权益，此时极易引发社会矛盾与群体性事件。如近年来频发的 PX 项目（指的是对二甲苯化工项目，PX 是英文 P-Xylene 的简写）事件，由于项目本身对周边环境有可能造成的极大影响，引起周边群众恐慌。

3.1.6 重大工程项目社会稳定风险评估机制

重大工程项目社会稳定风险评估机制，是指满足国家或地区的社会发展需求，以增进社会福利为目的，由政府建设的基础性或公益性重大项目，在实施前应该按照社会稳定风险评估程序要求，通过建立科学、客观的评价指标体系，并对重大工程项目实施情况进行有效评估，提前对实施重大工程项目的社会稳定风险进行预测，最终消除隐患和社会稳定风险，保证重大工程项目顺利实施，为实践提供决策依据。具体包括评估范围、评估主体、评估方法、评估内容、评估过程、评估结果、风险防范措施、运营保障体系等。

3.2 相关理论基础

3.2.1 风险管理理论

1. 风险管理的发展历程

风险管理（Risk Management）最早源于保险思想，因为保险也是风险管理方法之一，因此可以认为保险是风险管理思想的雏形。科学管理大师亨利·法约尔在《工业管理与一般管理》（General and Industrial Management）一书中，引入对商业风险进行管理的思想，不过并未形成完整的系统和方法。

在 20 世纪 30 年代初，美国爆发严重的经济危机，风险管理也因此成为经济学家研究的热点。1930 年所罗门·许布纳博士在美国管理协会的保险问题会议上第一次提出了风险管理。1931 年，美国管理协会率先提倡风险管理，1932 年保险经纪人协会在纽约建立，风险管理学科开始兴起。1937年莫布雷等人在《保险》（Insurance）一书中，系统完整地阐述风险管理[218]。1961 年，印第安纳大学赫奇斯教授成立了美国保险管理协会（ASIM）的"风险及保险学课程概念"特别委员会，并发表《风险及保险学课程概念》，为该领域的教育和培训工作提供了指引。1963 年，梅尔（Mehr）和赫奇斯（Hedges）合作的《企业风险管理》一书出版，标志着对风险管理学的研究正式开始[219]。

1975 年，美国保险管理协会（ASIM）更名为风险与保险管理协会（Risk & Insurance Management Society，RIMS），这也就表示风险管理从原来意义上用保险方式处理风险，转变为真正地按照风险管理的方式化解风险，这是风险管理学科的成熟。1983 年，在美国 RIMS 的年度会议上，来自全球的学者共同讨论且通过了"101 条风险管理准则"。1987 年，联合国公布了一份研究报告——*The Promotion of Risk Management in Developing Countries*，以促进风险管理理论在发展中国家的推广及应用，这使得风险管理推广到全世界。1995 年，新西兰和澳大利亚共同制订了 AS/NZS 4360，对风险管理的标准程序做出明确规定。

20 世纪 80 年代之后，主要是对项目风险及技术研究进行分析，并初步形成一些风险管理体系和风险分析方法。这一时期风险管理系统主要被划分为两个阶段：风险分析和风险管理。风险分析主要是在项目的早期阶段，如以可行性研究为基础决策的；在项目实施后，风险分析阶段进入风险管理阶段。这种方法是一个典型的静态项目管理思想。

20 世纪 90 年代以来，同时面向过程、动态和系统风险的概念逐渐被引入风险管理中。从这一阶段的风险管理来看，风险管理被认为是过程和项目本身的动态特性，不仅在分析上的一些技术和管理方法，风险管理和系统管理同时也得到有机结合，项目风险管理体系初步形成。

21 世纪以后，风险管理的理论与应用进一步发展，尤其是计算机技术的普及和发展，极大地支持和促进了风险管理理念和技术发展，风险管理理论和实践的研究影响也进一步扩大。未来风险管理会进一步向全过程、全方位、动态化的趋势发展。2002 年，美国 COSO* 委员会发布的《企业风险管理——整合框架》认为，应当从关注组织内部控制建设转变到关注组织风险管理建设上来。COSO 委员会在 2008 年又发布了《监控内部控制系统指南》，这是一份更加详细具体的操作指引。

2. 风险管理概述

风险管理是指对可能的风险进行预测，通过识别、评估、应对，合理使用各种技术、工具或管理方法对参与的项目进行有效的风险控制，主动采取行动，尽量减少风险发生的不利影响，使得损失最小，并保证安全，有效实现工程项目的总目标。风险管理主要包括风险识别、风险评估以及风险应对等内容。还必须对风险进行有效的控制，妥善处理好风险事件造成的损失。对项目的进展实时监控，关注风险发生动态，一旦出现问题，可以立刻对新产生的风险进行识别、评估和应对，进而采取相应的解决

---

* COSO 是美国反虚假财务报告委员会下属的发起人委员会（The Committee of Sponsoring Organizations of the Treadway Commission）的英文缩写。

措施。

（1）风险识别，判断、分析、归类潜在的和已经发生的风险。该阶段主要任务是分析风险的源头是什么，风险事件是什么，不同的风险事件造成的风险后果又是什么。

（2）风险评估，主要是对上一步骤识别的风险进行风险等级的综合度量，包括构建风险评估指标体系，选择合适的风险评估模型并对风险值进行度量，对风险值较大的风险进行重点控制。

（3）风险应对，是指在确定了风险概率及其风险影响程度的基础上，根据风险性质及主体对风险的承受能力制定具体且有针对性的风险管理方案和解决措施。应对风险的措施主要有规避风险、接受风险、降低风险和分担风险。最终目的是将剩余风险控制在主体的风险容量之内。

3.2.2 事故致因理论

1. 事故致因理论发展历程

事故致因理论（Accident-Causing Theory）是通过对大量的典型事故进行归纳整理与原因分析，分析事故形成的规律，总结和提炼出事故发生的原理及其结构模型。这些原理和模型对事故发生的规律进行了科学的研究与验证，为后期对事故进行定性与定量的分析提供了指导性的理论依据，并为预防事故伤害事件提供了预防性的实践理论，同时也为安全管理与风险控制领域的发展奠定了坚实的理论基础[220]。

事故致因理论大致经历了 3 个发展阶段，早期的事故致因理论以海因里希因果连锁论和事故频发倾向论为代表，二战之后的事故致因理论以能量意外释放论为主要代表，现代的主要关注点在系统安全理论。

事故致因理论源于 20 世纪初期，格林伍德等（Greenwood et al.）通过对工厂伤亡事故数据的调查、统计、分析，发现某些工人更容易引发事故。从这个视角出发，1929 年，法默等（Farmer et al.）基于上述现象总结出事故频发倾向论。在事故致因理论日渐成熟的基础上，事故因果连锁理论也开始发展。1936 年，海因里希（Heinrih）总结了美国工业安全问题，并详细描述了工业安全事故的因果连锁论，他认为事故是一系列因素连续发生造成的，类似于多米诺骨牌效应，这些因素分别为：遗传及环境、人的缺点、人的不安全行为、事故、危害，而安全管理工作的重心是移去中间环节的骨牌，中断多米诺骨牌效[221]。1976 年，伯德（Bird）结合现代安全理论改进了因果连锁论，提出了因果连锁论中应该包含有：工作条件和个人原因、管理失误、物的不安全状态和人的不安全行为、伤亡、事故等因素，同时指出工业安全事故发生的根本原因是管理失误，而物的不安全状态和人的不安全行为是导致事故发生的直接原因[222]。1978 年，亚当斯（Adams）对工业安全事故的因果连锁论进行了完善，主要工作是将管理失误进行细化，深究管理失误的原因，他认为技术人员的指导错误以及领导者的决策错误等管理失误直接导致了物的不安全状态和人的不安全行为。

1961 年，吉布森提出，事故是一种不需要的或不正常的能量释放，直接的伤害原因是各种形式的能量。因此，我们希望通过控制能源来防止伤害事故的发生。在此基础上，哈登在 1966 年进一步完善了能量意外释放理论，指出"某种能量转移是人类伤害的原因"并提出了逆流于人体的能量所形成伤害的分类方法。第一种是实施了全身或局部性损伤阈值的能量所引起的伤害；第二种是影响全身或局部能量交换的损伤，主要是冻伤和中毒窒息。哈登认为，在一定的条件下，某种形式的能量是否会造成人员伤亡事故损害，这取决于能量的大小、力的集中程度、接触能量时间频率和长短。根据能量意外释放理论，可以采用各种屏蔽方式防止能量意外转移，从而防止事故的发生。

20 世纪 50 年代至 60 年代期间，系统安全理论在美国研制洲际导弹的过程中应运而生。由于武器制造、核能开发等项目，而这些项目所形成的复杂的系统往往由许多步骤组成，而各步骤之间又有复杂的关系，研究制造和使用过程中也都涉及高能量，细微的差错都会带来巨大的灾难事故，造成不可挽回的巨大损失。人们现在越来越关注规模庞大的复杂系统安全性问题。因此，关于系统安全的理论和方法有很多。通过提高硬件的可靠性来提高整个系统的安全性，这改变了过去人们只关注操作员的不安全行为，忽略了硬件故障在事故致因中的作用的传统观念。人作为一个系统的组成部分，在执行其功能时会犯错误。人的错误不仅包括员工的不安全行为，还包括管理者、设计师和其他人员的错误。因此，人类因素的研究比以往更加深入。根据系统安全原则，在新系统的规划设计阶段，应注意安全工作，并在系统的整个生命周期内进行。

2. 事故致因理论概述

在事故致因理论的发展历程中，有关文献将事故致因理论分为事故因果连锁理论、能量转移论与轨迹交叉理论等类别。

（1）多米诺骨牌理论

在《工业事故预防》一书中，海因里希（Heinrich）于 1936 年最先提出了事故因果连锁理论，通过五块多米诺骨牌之间相互影响而接连碰倒以及停止等现象，形成了"事件链"的致因理论。海因里希认为，事故发生的原因是由一定的因果关系的事件所形成的一种连锁反应，导致事故发生的各种因素之间以及因素与伤害之间的关系通过相互作用而形成"事件链"[221]。可见，事故是由多种因素相互作用而导致的结果，而不是一个孤立形成的事件。同时，海因里希也进行了事故归因研究，认为事故发生包含基本原因、直接原因、间接原因三者与其所导致的事故及后果形成了事故发生与伤害发生的事件，这就是"多米诺骨牌理论"（Domino Theory）中核心的五个因素，即人的缺点、遗传及社会环境、事故及伤害、物的不安全状态、人的不安全行为。海因里希在多米诺骨牌的阵列中放置这五个因素，来验证事故发生的连锁性，如果一块骨牌被碰倒，后面接连着的骨牌也将相继倾倒而产生连锁反应，最终导致事故伤害的发生。

（2）轨迹交叉理论

轨迹交叉理论从系统论的观点出发，综合考虑人—机—环境之间相互作用的整体结果，主要任务是理顺事故发生的主要和次要因素，有效防止事故发生。1970 年，事故原因理论经过几十年的发展，在学术和实践领域更加成熟，但在一些更为复杂的事故分析中，学者们发现应用一个简单的事故因果链无法解决，轨迹交叉理论应运而生。在研究了五十万起工伤事故的基础上，日本劳动省提出了轨迹交叉理论，这次事故不是一个简单的由物的不安全状态或不安全行为的人造成的，而是在这个过程中，人与物的轨迹非正常接触交叉形成，也就是说，人的运动轨迹影响到有危险状态的物，或是物的运动轨迹直接影响到人，或是人与物相互影响都可能导致事故发生。在大多数事故中，事故的发生不是人与物质轨迹的独立发展，而是因复杂交叉现象而发生。因此，当一个事故在多重风险中时，风险之间并不是一个简单的独立发展，在特定的时间和特定的空间下，风险之间也会出现复杂的重叠现象。

（3）能量转移理论

20 世纪，在工业化革命和科学技术高度发展的时代背景下，产生了系统安全管理学。1962 年，吉布森（Gibson）提出了"生物体受到伤害的原因只能是某种能量的转变"的观点。1966 年，哈登（Hadden）提出了能量转移理论。根据能量转移理论，事故的发生是由意外或异常的能量释放并向人体转移而导致的。由能量引起的事故或伤害的概率取决于人接触能量的时间、频率、大小和能量集中度等因素。因此，对风险能量进行预防与控制成为防止事故与伤害发生的重要方法。

（4）能量释放理论

能量释放理论认为，事故是由于异常或不希望的能量释放作用在人体或设备上，并超出其承受能力，最终造成人身伤害或设备损坏的过程，所以事故发生的直接原因是能量的意外释放。每一次事故的发生都有一个能量源、一条转移路径和一个受害者，因此要预防事故的发生或者控制事故发生后的影响，可以采取减少能量源，阻断转移路径或者增强受害者的抵抗能力等防范措施。

3.2.3 复杂网络理论

1. 复杂网络理论发展历程

1736 年，以网络的方式解释世界的标志是欧拉（Eular）利用图论解决了哥尼斯堡的七桥问题。欧拉对七桥问题进行的抽象论证思想，开创了图论这一数学分支。但是在之后的很长一段时间内，图论并没有得到较大的发展，直到 1936 年才有了图论的第一部专著。1959 年，由厄多斯（Erdös）和伦伊（Rényi）建立的随机图理论（Random Graph Theory），标志着从数学角度开创了复杂网络理论的系统性研究[223]，此后其作为研究复杂理论的基本理论持续了约 40 年时间。在此期间，米尔格伦（Milgram）进行了小世界实验，该试验指出地球上任意两个人之间的平均距离是 6，即从平均数量上看，一个人能与地球上任何一个角落的人发生联系需要通过的人数为 5 人，这个推断也称为六度分离推断[224]。20 世纪 60 年代末，格兰诺维特（Granovetter）根据人们在找工作时关系亲密的朋友反而没有关系一般的人作用大，并依据这个结果提出了弱连接强度（Strength of Weak Ties）。小世界实验与弱连接强度在一定程度上均可以看作复杂网络的雏形，因为他们对事物之间的相互关系进行了分析，而这些相互关系正是日后所说的复杂网络。1998 年沃茨和斯特罗加茨（Watts & Strogatz）发表的《"小世界"网络的集体动力学》（Collective Dynamics of "Small-World" Networks），根据米尔格伦（Milgram）的小世界实验构建了小世界网络，反映了较短的平均路径长度和较高的聚类系数这一社会关系特征[225]。随后，巴拉巴斯和阿尔伯特（Barabasi & Albert）于 1999 年发表了《随机网络中标度的涌现》，提出了一个无标度网络模型，发现了复杂网络的无标度性质[226]。这两项研究的发表标志着复杂网络研究进入了网络科学的新时代，一门新的科学诞生了——复杂网络科学。复杂网络科学的两个重大发现，以及随后的实证研究表明，真实网络既不是规则，也不是随机网络，而是小世界和无标度性质，与常规网络和随机图统计性质完全不同。

2. 复杂网络理论概述

20 世纪 60 年代，随着规则网络和随机网络的诞生，网络描述的真实性得到进一步发展。20 世纪末，随着信息技术的快速发展，科学家们发现，复杂系统存在于规则网络和随机网络之间，创建复杂网络研究领域最重要、最有标志性的研究是成果小世界网络和无标度网络。此时，对复杂网络理论的探索进入了新时代，科学家对节点数众多、连接结构更加复杂的整个真实网络进行研究，开启了复杂网络理论研究领域的多学科研究热潮。

目前，学术界对复杂网络还没有统一的定义。根据国内外研究，复杂网络有三种含义：（1）复杂网络是大量结构复杂系统的拓扑抽象；（2）在表面上，复杂网络比常规网络和随机网络复杂，复杂网络具有更复杂的真实系统统计特征；（3）复杂网络的研究对"复杂系统复杂"的问题有了更明确的科学解释。综上所述，钱学森对复杂网络的定义更为全面和严格，即复杂网络是一种自组织、自相似、吸引子、小世界和无标度中部分或全部性质的网络。

复杂网络理论是通过将复杂系统抽象为网络的形式，个体抽象为网络节点，个人之间的相互关系抽象为每个节点连接边缘，以建立一个抽象的可表现复杂系统的网络模型，并且是基于网络模型，利用图论和统计物理学理论方法与工具对复杂系统的网络结构的描述方式、网络结构特点和演化机理、特定结构的网络结构的动态特性等进行研究。

如今，复杂网络的分析方法被广泛应用于现实各领域，比如对人与人之间的社会关系、交通网络、供应链网络、安全和军事应用、生物和疾病控制、物联网研究等。

3.2.4 协同治理理论

1. 协同治理理论发展历程

近年来，国内学者多从协同治理理论的目的和执行过程的特点来进行研究。杨志军（2010）认为协同治理理论应具有的一个特征是治理的直接目的是提高社会公共事务的治理效能，最终目的是最大限度地维护和增进公共利益[227]。朱纪华（2010）认为协同治理理论是指在公共生活过程中，政府、非政府组织、企业、公民个人共同参与到公共管理的实践中，在发挥各自的独特作用的同时，取长补短组建成和谐系高效的公共治理网络[228]。李辉和任晓春（2010）认为协同治理包含合作治理之义，强调合作治理的协同性，认为其包括匹配性、一致性、动态性、有序性、有效性五个特征[229]。杨清华（2011）认为协同治理是指在社会事务的管理过程中，政府、民间组织以及公民个人等子系统以法律、货币、知识、伦理等各种控制为序参量，借助系统中社会诸要素或子系统间非线性的相互协调、资源整合、持续互动，产生局部或子系统所没有的新能量，实现治理效能最大化，最终达到最大限度地维护和增进公共利益之目的[230]。孙萍和闫亭豫（2013）认为协同治理即多中心主体采用协同合作方式参与治理活动[231]。田培杰（2014）认为协同治理指的是利益相关者为解决共同的社会问题，以适当方式进行互动和决策，并分别对结果承担相应责任，他认为协同治理具备公共性、多元性、互动性、正式性、主导性、动态性六个方面的特征[232]。

2. 协同治理理论概述

对多中心主体参与治理活动方式的探索是治理理论发展的重要任务，其中，多中心治理、网络治理、整体治理、协同治理是具有代表性的相近理论。多中心治理理论秉承了治理理论的精神，以治理主体的研究为其理论之基，强调多元主体在治理中的协同合作，多中心治理亦被有些学者称为多中心协同治理。网络治理理论肯定了政府、私营企业和公民社会，在解决互联网发展及其使用所带来的问题时，应该共同参与治理并承担责任，在处理治理主体的组织关系上与协同治理理论提出的多元共治解决方案是趋同的。以政府改革为出发点的整体治理理论，讨论的是政府治理结果的整体协同问题，只不过与协同治理聚焦于公共事务不同的是，整体治理理论着重关注的是政府框架下各部门的功能整合与整体行动。由此可见，多中心治理理论、网络治理理论与整体治理理论尽管在理论研究上各有侧重，但是其主旨却共同指向同一论点，即多中心主体采用协同合作方式参与治理活动，而这正是协同治理的内涵所在。

不仅如此，协同治理除了强调政府、企业、公民社会等治理主体的多元参与之外，还涵盖了政府治理改革、非政府组织建设、公民社会发展等政治生活中的重大议题，理论研究内容丰富。其中，参与主体的多元性、治理过程的协同性以及治理结果的超越性是协同治理概念中不可或缺的核心要素。与协同治理概念相似的术语，如合作治理、协作治理、联合治理、政府协同治理、社会协同治理、官民协同治理等治理概念的提出，都是对此研究的诸多回应。因此，本研究采用的是广泛意义上包括这些近义术语在内的协同治理概念。

在研究视角上，学者们对协同治理的内涵解读，普遍基于协同科学的理论。通过借鉴协同科学的基本原理，即协同效应与支配原理等，来尝试实现协同科学与治理理论的对接，从而创新治理理论；在理论上，为协同治理提出了治理效果整体功能放大的设想。不过，协同治理不仅是一种结果，也是一个过程。因此，有学者以协同治理理论的应用为出发点，试图解释治理过程中，利益相关者彼此协作才是参与治理的有效工作方式，而对协同治理结果的界定则并不严格。该种视角的研究并不出自理论的推演，而是基于治理的实践，并以主体间协同合作为治理研究的前提，探索协同治理动态过程的模型构建与机制设计。

从过程到结果、从学理解读到理论应用，我国学者对协同治理内涵的理解是丰满且立体的。在对协同治理内涵的阐释中，展示出学者们对理想中的协同治理形态的预期。如果说对多中心主体以协同合作的方式参与治理，是对协同治理现实态的白描；那么对这种方式产生的整体功能放大的成效，则可认为是对协同治理理想态的期望。因为现实中的协同治理结果未必总能尽如人意，协同治理结果的中庸、甚至治理失败的案例仍然存在。即便这样，治理结果 1+1＞2 的成效依然是协同治理论者们的共同愿景。

此外，还有些学者借助政治哲学的理论来阐释协同合作的理想状态。持该观点的论者认为，人的个性以及人与人之间的差异是合作的前提，进而强调作为参与主体的行政人员的自主性和道德意志、自治组织通过牺牲自主性来实现合作的方式，并寄期望于合作社会的形成[[233]]。不难看出，合作共识的形成是出于人的社会依存性的需要，而对于这种合作治理的主体能够达成共识很大程度上是依靠个体的伦理和组织的道德。正如该观点的评论者所说，其基本精神所反映的是对人类社会的美好预期[234]。尽管合作社会是论者们对这个变动社会的构想，但是，随着协同治理的普遍展开与成效取得，人类向合作社会的迈进，将是一个客观的历史过程。

3.2.5 多中心治理理论

1. 多中心治理理论的发展历程

英国学者迈克尔·博兰尼在他的《自由的逻辑》一书中首次提出"多中心"的话语，他从人类科技发展的历史和市场经济优于高度集中计划经济的分析中逐步理出自有知识的逻辑，总结了"自发秩序"和"集中指导"两种自由安排的方式。他认为前者是真正的自由。在对自发秩序的进一步解释中，他看到了利益对人们在商品经济活动中的激励作用，从而洞察到"多中心"选择的存在。博兰尼认为，自由社会的特点是公共自由的程度，个人主义可以实现其社会功能，而不是社会无效的个人自由的程度。另一方面，极权主义并不想破坏私人自由，而是拒绝所有对公共自由的正当辩护。在极权主义思想中，独立的个人行为永远不能履行社会功能，而只能满足个人的欲望，所有的公共责任悉由国家承担[235]。在遵守统一法律的前提下，人们按照自己的主动性相互作用。此时，我们在社会中形成了自发的秩序体系。人们的活动依靠个人的主动性来相互合作，这种配合证明了公共立场上自由的正当性。个人主动性的聚集将导致自发秩序的建立。从事自发秩序活动的人，不能通过共同的团体，即统一集中的指挥来解决管理问题。因为在自发秩序中形成的工作任务是多中心的任务，"多中心任务只能靠相互调整的体系才能被社会管理"。自发秩序下的个体在相互自觉地调整后趋于一致，自发体系是一种基于协商的组织，科学的相互配合行为包含三种模式：协商、较为重要的竞争和劝说。博兰尼强调合作，即使是后两种方式，最后也不得不进入配合的过程，找到一致性。这种一致性并非强加于各个自由体上的一致性，而是在自发秩序完成多中心任务调整配合中达成一致，自发地自生一致性，这就是自由的逻辑。博兰尼提出"多中心"理论来分析一切，但多中心任务或秩序是否适合人类社会公共管理仍需实证检验。美国印第安纳大学的文森特·奥斯特罗姆和埃莉诺·奥斯特罗姆做了实证研究。

2. 多中心治理理论的内涵

分析"多中心"和现代"治理"的概念可以对多中心治理的意义进行描述：多中心治理在自主治理的基础上，允许多个权力中心和服务中心存在，通过共同合作给予公民更多的选择和更好的服务，减少了"搭便车"的行为，避免"公地悲剧"和"集体行动的困境"，扩大治理的公共性。多中心治理理论虽然还不成熟，但它的总体框架是在实践与各种理论的结合中形成的。

第一，多中心治理主体是政府、企业、非营利组织、公民社会、国际组织、社会组织等形成的复合主体。由于社会环境的多样性，演绎各种各样的利益和需要，在社会整合的推动下，多元化的资源分成不同的组织，不同组织之间跨越了同质与异质的区别，重叠和融合不同的利益组织与意识，组织的活动不仅源于自我激励，还依赖于其他组织的决策行为而发生，这些不同的组织构建了社会活动的多中心主体。

第二，多中心治理结构是网络型的。在公民社会中，每一个公民都被镶嵌在各种交织的社会关系网络中，而政府和企业也存在于网络中，然而，仅拥有社会网络不能实现真正治理的网络化。新闻媒体和信息技术（主要是互联网），为人民、人民和组织、组织和组织的沟通带来了便利，信息的水平化交流打破了封闭的官僚主义，真正把所有的人和组织融合进了网络世界。网络没有单一的中心，每个中心都是网络上的一个节点，每个中心和其他中心点之间的交流循环往复，跳过间接的代表性和层级性，直接表达他们自己的利益。

第三，多中心治理的目标是使公民的利益最大化，使他们的需求多样化。对政府及其官员的公共管理和公共服务绩效的评价不仅是权力的效率，更重要的是公共资源的合理有效利用是否能够满足社会发展和公民的需求。公民、社会组织和企业不仅能够有效表达自己的意愿，而且能够积极参与公共事务的治理和绩效评估。这一切都不取决于政府官员的意愿，而是通过多中心的权利结构设计、治理结构安排的多样化和民主参与的实际制度设计得以实现。

第四，多中心治理的方式是"合作—竞争—合作"。多中心治理是提供公共产品和服务，从政府到个体公民都可以提供公共产品和服务，只是由于不同的组织力量，每一个都提供了大大小小的公共产品和服务的成本。公共产品的生产、使用和维护都需要一种合作。因为每个中心都是自治的，每个人都有不同的需求，它是以自我的需求为目标追求自我利益的最大化，这就使得每个中心纷纷进入公共物品的博弈，展开生产、使用和维护公共物品竞争，竞争通过谈判、协商、制定宪法式的合同达成一致行动策略，最后在意愿一致的复合体中，开始合作。

3.2.6 行政管理理论

1. 行政管理理论发展历程

在近代社会，随着行政管理成为国家职能的主要内容和政府的重要职责，行政管理思想日渐丰富，17 世纪末至 18 世纪初西方国家出现了专门性的研究成果，如德国学者冯·史坦因于 1865 年至 1868 年出版了七卷本的《行政学》著作，最早提出"行政学"的概念，美国学者伍德罗·威尔逊发表《行政之研究》一文，宣告行政管理学科的建立。

随着行政管理学科的建立，行政管理思想得以迅速发展，后续研究者们提出了许多不同的观点。其发展历程大致可以分为以下几个主要阶段：

（1）早期行政管理学阶段。早期的行政思想主要是指从行政管理思想的发端到 20 世纪 30 年代行为科学兴起之前这一历史阶段的理论成果。这一时期的行政管理理论主要研究行政和政治的关系、科学哲理与政府效率、行政组织与官僚科层制等重要内容，使之形成较完整的思想体系。为行政管理理论体系的形成奠定了思想基础。该阶段的行政管理理论主要有：①政治—行政二分法理论，该理论主张政治与行政分开，明确提出要建立一门独立的行政学科。②泰勒提出的科学管理理论，该理论使得管理效率成为初创时期行政学者研究的中心问题。③韦伯提出官僚理论，他认为"官僚"

是指一种组织形态及其结构特点，是应用于复杂组织的最有效、最合理的形式，合理合法的职权是官僚概念的内涵。官僚科层理论被认为是经典行政管理思想的最具代表性和影响力的理论之一。

（2）人本时期的阶段。从20世纪30年代到60年代，以人为本的行政管理非常流行。这一时期行政管理研究以行为科学为基础，重视人的行为影响行政行为，强调人与环境的互动，尤其是关注组织成员的沟通、个人需求的满足和非正式组织的作用。组织被看作人与人之间互动的动态系统，包括社会和心理因素，并将行政效率与人的行为联系起来。在此阶段，提出了"社会人""自动人""复杂人""行政人"等几个经典假设，为行政管理开辟了"人"的研究新视角。

（3）现代行政管理理论。该阶段形成了由宪政主义、管理主义、政策主义、新公共管理等不同的研究取向和理论范式所构成的行政思想，形成现代行政管理学科的理论基础。

① 新公共管理理论。20世纪80年代中后期以来，在西方政府改革和管理实践的推动下，出现了新公共管理理论。新公共管理理论试图摆脱管理主义和政策主义行政管理领域公共行政对官僚机构的倚重，转而更多地推崇经济理性主义，倡导以企业精神改革和重塑公营部门，认为政府不仅应该采用企业管理的技术，也应该采纳某些企业价值观——诸如顾客服务、竞争理念、契约理念、绩效评估、私有化、市场选择、放松规制，以及对企业家精神的尊重等。

② 政策主义思想。20世纪50年代以后，一些学者开始涉足政策分析和研究领域，开创了行政管理研究的新范式。在政策学派看来，传统的行政研究忽视了对许多社会问题的政策分析。仅仅注重组织结构和行政效率是不利于具体问题的有效解决的。政策科学以现实实践、政策、制度和政策过程为研究对象，其主要目标是提供政策相关知识，完善公共政策体系，提高公共政策质量，更好地促进社会发展的良性运行。

③ 宪政主义思想。宪政主义取向以推进民主为己任，热衷于设计可操作的民主程序、公民参与和分权原则，政府更多地关注正义、自由和责任等价值目标。由于行政人员在政策执行中的自由裁量权有日益增强的趋势，加上他们以多种方式影响着政策制定过程，许多学者认为，民主国家不仅必须以民主原则为立国之本，而且要有民主的政府，以及贯穿于行政管理过程的民主理念。

2. 行政管理的构成要素

行政管理为维护公共利益实现对国家事务、社会公共事务和政府机关内部事务的有效管理，应当具备基本的要素。一般认为，行政管理的构成要素主要包括职能目标、行政权力、行政管理的主体和行政管理的客体四个方面。

（1）职能目标。行政管理的职能目标，实际上是政府在管理国家事务、社会公共事务和政府机关内部事务时所具有的职责、功能与方向。作为行政管理的核心要素，它集中反映国家行政机关的性质及其活动的基本方向。

（2）行政权力。行政权力是政府在实现其职能时享有并行使的权力，也就是国家行政机关执行法律、管理国家行政事务的权力。关于行政权力，可以从三个方面来理解：首先，行政权力是权力的一种。但是，作为一种社会现象，权力的本质是人与人之间利益的支配关系，即权力主体支配权力客体的关系。其次，行政权力是一种公共权力，是人民大众妥协和让步的结果，它是基于广泛的社会契约，并以现实力量的对比和历史的连续性为条件的、对契约各方均有约束力的权力。最后，行政权力是一种政治权力。政治权力主要是指国家公共权力，它是所有权力的集中体现。其特征是以国家强制力为后盾，适用于行政管理的各个领域，其权力范围涉及社会生活的各方面。

（3）行政管理的主体。行政管理是国家社会职能的表现形式，政府通过行政管理履行国家的社会职能。从享有行政权力和行使行政权力的角度分析，行政管理的主体主要分为行政组织和行政人员两类。

行政组织包括政府机关和独立机构。政府机关是整个社会行政组织的最主要的部分，除由一些独立机构、政治组织或其他某些组织承担的某些行政职责和行政工作外，整个国家的大部分行政职责和行政工作都由它承担。独立机构在行使行政职权方面具有较大的独立性。独立机构一般包括两类：一类独立于中央政府各部之外，但仍受最高行政首脑控制的管理机构；另一类独立于政府行政组织的管理机构，它们并不完全隶属于、甚至不属于国家行政组织或政府，有的受最高行政首脑和立法机关的多头领导，有的在其工作中则不受最高行政首脑的领导和监督。

行政人员，作为行政管理的主体，行政人员包括行政首长和政府普通公务员。作为国家行政权力的实际行使者、国家行政管理事务的实际执行者、国家行政责任的实际承担者，行政人员身份和地位是由法律明文规定的。

（4）行政管理的客体，也就是行政管理权力及其行为适应的对象与范围。关于行政管理的客体，有的学者概括为六类，即经济性组织、社会性组织、政治性组织、教科文组织、新闻性组织、公民。除了常见的这几类，行政管理客体还包括政府机关内部人员，在华的外籍人士等。

3.2.7 组织理论

1. 组织理论发展历程

古典组织理论也称之为传统组织理论，主要诞生于 20 世纪 10 年代至 20 世纪 30 年代，之所以称之为传统组织理论，在于其研究的对象一般为企业组织，目的是提高企业的生产效率，增加企业收入，因此该阶段的组织理论侧重于企业的组织结构与组织管理的一般原则，多是以静态的和规范的观点对组织的目标、结构、分工、协调、权力等内容进行研究。该阶段具有代表性的组织理论有：弗雷德里克·温斯洛·泰勒（Frederick Winslow Taylor）提出的科学管理理论，亨利·法约尔（Henri Fayol）提出的行政程序理论以及马克斯·韦伯（Max Weber）提出的官僚制度理论。尽管泰勒的科学管理主要适用于企业组织，但其组织管理思想深刻地影响了行政组织管理和行政理论的研究。此外，美国学者厄威克及时综合和传播了传统组织理论者的观点和主张，扩大了传统组织理论的影响。

20 世纪 30 年代后产生了以人际关系为研究重点的组织理论，后来逐步发展为行为科学组织理论。该理论一反传统组织理论的静态研究方法，着重研究人和组织活动过程，如群体和个体行为，人和组织的关系、沟通、参与、激励、领导艺术等。

对于古典组织理论是通过静态、孤立的视角来研究组织问题，行为组织理论认为组织并不是一个孤立的系统，应该更加注重组织的内部、外部环境对组织的影响，以及组织自身应当如何去应对环境的变化，从而保证组织内部的平衡。在这个阶段的组织理论从行为科学的角度出发，主要应用实验法、观察法以及社会调查法等方法，研究组织及组织中的个人在工作中的行为规律，两者之中更加侧重于研究人的行为，着重研究人和组织活动过程，如群体和个体行为，人和组织的关系、沟通、参与、激励、领导艺术等。从行为科学出发所研究出的组织理论主要包括有人际关系理论、平衡理论、组织决策理论等。

系统管理理论是综合早期传统组织理论和行为科学组织理论的产物。它的特点是把组织看成一个系统，从系统与环境的相互作用来考察组织的存在与发展。目的是找到一种方法，使组织在这种交互中实现平衡。巴纳德提出的系统组织理论以及卢桑斯概括的权变组织理论是系统管理理论的代表性理论。

2. 组织理论概述

（1）科学管理理论、行政程序理论、官僚制度理论

科学管理理论由弗雷德里克·温斯洛·泰勒（Frederick Winslow Taylor）提出，该理论的主要内容围绕着如何提高生产效率这一命题，泰勒认为科学管理的最终目的或者说是中心问题在于如何提高劳动生产率，从而提高单位劳动力的生产量。可以采用的方式如挑选优秀的工人、实行工作定额、采用标准化管理、设置计划层、实行职能工长制等[236]。

亨利·法约尔的行政程序理论提出了区分经营管理概念、适用管理的理论，详细分析了五个功能：规划、组织、指挥、协调、控制和应如何履行管理职能，提出了分工、权利与责任、统一指挥、个人服从集体、秩序、公平等 14 项原则。同时，法约尔认为传统的经验管理模式已经失灵，企业的管理应该通过建立科学的管理理论来进行。

马克斯·韦伯提出了官僚制度理论，并解释了组织与权威之间的关系，划分了权威的类型。韦伯认为，任何组织都必须建立在一定的权威基础上，才能实现目标，只有权威才能变混乱为秩序，而不同的权威机构建立的权威不同。同时，韦伯总结了官僚组织的基本特征，总结了官僚制度的结构大致可分为三个层次：高层领导、行政官员和一般工作。

（2）人际关系理论

有关人际关系理论，最有名的事件当属 1927—1932 年间美国学者乔治·梅奥（George Mayo）等人主持的霍桑实验，该实验首次对组织中的人际关系进行了研究，因此梅奥也被称为行为科学的奠基人。霍桑实验的结果得出，组织不单是机械式的由经济与技术构成的系统，也是由人以及人所包含的社会与心理构成的系统。组织中的成员不单是纯"经济人"，而是包含了各自情感的"社会人"，在以这种身份进行工作时，决定组织工作效率的不是通常所说的金钱或工作条件，而是群体士气[237]。工人由于关心自己个人问题而会影响工作效率。霍桑实验对组织理论另一个重大的贡献在于，就每个组织而言，在正式组织之外还存在一个非正式组织，组织中的成员通过这个非正式组织来满足自身不同的心理需求，并且这个非正式组织有可能不止一个并且是完全自发形成的。

霍桑实验第一次把研究的重点从静态的工作和物的视角转移到人的视角，对古典管理理论做了理论上的开辟和补充，为现代行为科学理论奠定了基础，使西方管理思想由对古典管理理论的研究进入行为科学管理理论研究阶段。

（3）组织平衡理论

组织平衡理论由被誉为"现代管理理论之父"的美国学者切斯特·巴纳德（Chester Barnard）提出，巴纳德认为协作意愿、共同的目标和信息交流是构成组织的三大要素，而组织想要维持与发展则需要保持组织的平衡。而这种平衡可以分为组织内部的平衡、组织与环境的平衡。从根本上来，组织内部的平衡看就是组织为成员提供的诱因与成员对组织做出的牺牲的平衡。组织内部的平衡是分配给每个成员的诱因和贡献平衡，从而保持组织成员相互之间能够相互激励、积极合作。组织与环境的平衡，也就是组织如何去适应环境并反过来影响环境的行为。组织与环境之间保持平衡说明了组织在环境系统中处于一个合理的位置，要实现组织与环境的平衡取决于组织目标是否与环境相适应，组织目标是否能够在这种环境中完成。

（4）组织决策理论

组织决策理论形成于 20 世纪 30—40 年代。由目前唯一以管理学家而获得诺贝尔经济学奖的美国决策理论大师赫伯特·西蒙（Herbert Simon）提出。行政决策理论可以从三个方面进行叙述：有限理性和满意决策、组织行为和个人决策、决策行为和认知科学。

有限理性和满意决策理论指出理性人的行为是不存在"情感"和"经济人"这两个极端的，人的行为包括情感和理性，即人的行为是理性的，但不是完全理性的，即有限理性。西蒙认为知识的不完备、期望与现实的不一致、行为的可行范围三个方面限制了完全理性的行为。基于这一视角，完全理性才会做出正确的决策，但这是不可能完成的，所以西蒙基于有限理性提出了满意型决策的概念。所谓满意是指有最低满意标准的决定，以及超过最低满意标准的最终决定。

西蒙继承了行为科学重视人的思想，强调人的主体性，将人与组织有机地结合在一起。西蒙认为组织实际上是一种信息交流，是复杂人类群体的模式之间的关系，组织的成员需要提供决策信息，并利用这些信息来确定成员的决策前提、目标和行为态度。组织在决策中克服群体行为不稳定性这一独特作用。组织行为和个人决策理论组织影响个人决策，不在于组织需要成员做什么，而在于这一组织的成员通过组织提供的信息，这些信息构成了组织成员做出选择的依据，因而组织向其他成员施加影响的关键是决策前提而不是决策本身。

决策程序和认知科学理论认为决策不仅仅是从几个备选方案中选择的简单过程，西蒙在逻辑上把决策过程展开，从认知的角度将决策过程分为搜集情报、拟定计划、选择计划、测试评估四个阶段，即"情报、设计、选择、审查"决策程序论，四个阶段并不是线性的，它根据实际情况进行可能的循环。

（5）系统组织理论

系统组织理论也称为协作系统论，也是由巴纳德最先提出的。他认为整个社会得以正常运转的前提条件是协作。社会中存在的组织，不论企业的、宗教的、学术的、政府的或是别的类型都可以是一个协作的系统，并且这个协作系统是一个动态的过程，是不断变化与发展的。在组织中，成员之间想要建立协作关系就必须处理好相互之间的社会关系，包括协作体系中成员之间的、成员和集体间的相互作用，协作体系影响对象的个人、社会目的和协作的有效性以及个人动机和协作的能率[238]。

（6）权变理论

顾名思义，权变是权益应变，权变理论的主要观点认为组织中的管理，要根据组织的环境和发展采取适当的管理措施、管理办法随机应变，没有统一的和广泛使用的管理理论和管理方法。美国学者弗雷德·卢桑斯（Fred Luthans）系统地总结了权变理论，他认为权变理论是结合管理理论和有效的管理实践，在环境和管理方法的关系中，环境是自变量，管理方法应随环境的改变而改变，可以得出结论的是：权变理论的中心内容即权变关系是环境和管理方法两个变量之间的函数关系。

综上所述，本研究所运用的理论包括风险管理理论、事故致因理论、复杂网络理论、协同治理理论和多中心治理理论、组织理论等，具体运用如下：

第一，风险管理理论指出风险管理的内容包括风险识别、风险评估和风险防范等步骤，本研究将按照这个思路对重大工程项目社会稳定风险进行研究，并构建重大工程项目社会稳定风险的评估机制。其中风险识别对应重大工程项目社会稳定风险识别和关键风险识别，风险评估对应重大工程项目社会稳定风险评估机制的构建，风险防范对应重大工程项目社会稳定风险防范措施。

第二，事故致因理论应用于分析重大工程项目社会稳定风险的生成机理。风险的生成是循序渐进、由量变引起质变的过程，遵循一定的规律和机理。而事故致因理论则从能量释放、连锁反应、能量积累等角度，对这种机理进行理论上的阐述。根据事故致因理论，风险的生成过程是一种连锁反应，可以用一条首尾相连的因果关系链形象地加以表述，这些因果关系链交错影响，最终形成因果关系网络，即风险网络。

第三，复杂网络理论主要应用于重大工程项目社会稳定风险演化规律的分析。关于重大工程项目社会稳定风险演化规律的探讨主要是分析重大工程项目社会稳定风险的关键风险因素和关键风险关系，本研究依据复杂网络理论构建重大工程项目社会稳定风险网络，通过计算点的中间中心度从而对重大工程项目社会稳定风险进行个体网络分析，探究各个风险节点多大程度上处于整个风险网络的"中间"，进而识别关键风险因素和关键风险关系。

第四，协同治理理论和多中心治理理论主要应用于构建重大工程项目社会稳定风险的多部门协同评估机制。重大工程项目社会稳定风评估过程涉及重大工程项目建设施工的相关单位、提供评估咨询的第三方评估单位、公众、政府部门、社会组织等多个主体，而协同治理理论和多中心治理理论恰好强调了多元主体在治理过程中的协同作用，因此本研究将运用协同治理理论和多中心治理理论构建重大工程项目社会稳定风险的多部门协同评估机制。

第五，组织理论主要应用于设计重大工程项目社会稳定风险的评估组织。基于组织理论，重大工程项目社会稳定风险评估组织的环境可以从两个方面进行界定，一是重大工程项目本身，二是社会稳定风险评估所要达到的目的。从上述两个方面进行分析，则可以得出重大工程项目社会稳定风险评估组织所面临的环境，再对组织职能进行分析，最后对组织架构进行设计。

3.3 本章小结

本章主要介绍了风险、社会风险、社会稳定风险、重大工程项目社会稳定风险、社会稳定风险评估机制及组织等概念，并对本研究涉及的基础理论进行了详细的阐述，为本研究提供理论指导。

4 重大工程项目社会稳定风险生成机理与风险识别

4.1 重大工程项目社会稳定风险生成机理

4.1.1 风险生成的一般机理

由唯物辩证法的联系观与发展观可知，风险并不是孤立的、静止的，而是处于相互联系和不断运动变化之中。风险的生成是循序渐进、由量变引起质变的过程，遵循着一定的规律和机理。而多米诺骨牌理论和能量转移理论则对这种机理进行了理论上的阐述。根据多米诺骨牌理论，风险的生成过程是一种连锁反应，可以用一条首尾相连的因果关系链形象地加以表述[239]。根据能量转移理论，风险的产生本质上是能量转移的过程，它是由超出系统承受能力的风险能量引起的。结合上述两个理论，我们知道风险不是在一瞬间形成的，而是能量积累很长一段时间后，在突破系统打破了极限时爆发出来并传递到下一个环节，并在此继续积累，下一个环节突破阈值，再次爆发，依次链传动过程。这个过程一般分为三个部分：风险源、风险事件和风险结果。风险因素导致风险事件，风险事件进一步导致风险结果的发生。在项目进行过程中，由于系统内外各种因素的影响，能量在系统内部不断累积，不断突破系统承受范围，由风险源传导至风险事件，最终由风险事件传导至风险结果，导致损失的发生，这就是风险生成的一般机理，如图 4.1 所示。

图 4.1　风险生成的一般机理

为了更加深入地了解风险生成的一般机理，并方便后文的阐述，下面对风险生成机理中所涉及的相关概念进行解释。

1. 风险源

顾名思义，风险源即风险的源头，通常情况下是指系统内部、外部环境所面临的不确定性。风险源是风险产生的基础，是一切损失发生的根源，消灭了风险源，风险的传导过程就不复存在，也就不会发生损失。不过由于风险源来自系统内外部环境的不确定性，这是每一个系统与生俱来的普遍的固有的状态，往往难以把控。

2. 风险事件

风险事件是指在项目实施过程中发生的能够直接带来损失的事故或问题。与前文相对应，风险事件在风险的生成过程中处于中间环节，是风险结果发生的前兆。风险事件的发生概率，以及其发生后给项目带来的损失，是衡量风险大小的重要标准。风险管理的目的，是通过风险预判、风险防范，降低风险事件发生的概率，在其发生后通过风险应对措施，减少其所带来的损失。

3. 风险结果

风险结果是项目最终损失的发生，这种损失通常表现为项目实际情况与预期目标的偏差。在传统的工程项目管理理论与实践中，项目目标一般分为工期、成本、质量三个方面，而基于项目可持续表现的视角，项目目标又可分为经济、社会、生态三个维度。其中任何一个目标的偏差，如成本超支，进度延期，质量不合格，经济效益、社会效益、生态效益低于预期，都是风险生成机理的最终产物，是风险结果的表现。

4. 风险因素

在风险生成过程中，风险因素也是一个经常被提及的概念。在本研究中，将风险因素定义为：所有能够对项目目标产生直接或间接的负面影响的事件或状态，既涵盖了风险源，又包括了风险中介与风险事件，是构成风险源、风险中介、风险事件的具体"细胞"。根据风险因素的存在形态，风险因素又可以分为有形的风险因素和无形的风险因素两类。有形的风险因素是肉眼可见的、物理性的因素，如工程安全事故、不利天气条件、材料质量问题等；无形的风险因素则是看不见摸不着的因素，通常表现在人的心理层面，如职业道德较差、利益博弈行为等。无形的风险因素由于隐蔽性较强，往往为人们所忽视，因此有充足的时间进行能量累积，一旦突破系统的风险阈值，能够释放出大量的能量，对项目产生巨大的影响。

5. 风险链

风险链是风险源与风险中介、风险中介与风险事件、风险事件与风险结果之间的因果关系的箭线首尾相连组成的链条[240]。风险链贯穿风险源、风险中介、风险事件与风险结果，是风险生成机理的实质，同时也是能量由风险源转移至风险结果的路径。风险防范的重点，就在于风险链的阻断。风险源与风险中介、风险中介与风险事件、风险事件与风险结果之间的因果关系箭线称为子风险链（或风险路径）。每一条风险链都包括三条子风险链，切断任意一条子风险链，风险就不会发生。因此，从这个角度来看，风险链的阻断实质上就是对三条子风险链的阻断。

6. 风险网络

风险链并不是唯一的，随着风险源、风险中介、风险事件、风险结果数量的增多，风险链的数量也会越来越多。不同的风险源会发出不同的风险链，同一风险源也会发出多条风险链。这些风险链相互串联、相互交织，即构成了风险网络。风险网络是风险链的集合，是工程项目风险生成机理在微观层面的具体表现。对风险网络的研究，其实就是对风险链进行研究。

4.1.2 社会稳定风险生成的一般机理

社会稳定风险是导致社会冲突、危及社会稳定和社会秩序的可能性。一旦这种可能性变成现实，社会稳定风险就会转变成社会危机，并对社会稳定和社会秩序造成灾难性的影响。由于经济、政治、文化、生态、环境等子系统对社会大系统的依赖，任何一个领域的风险都会影响和波及整个社会，成为社会稳定风险。

任何事件都是由一个源头发生发展而来，风险源是风险事件发生发展的源头，推动了风险的传导，并直接影响社会稳定风险传导的速度、距离，间接决定了风险事件带来的损失大小。而且，如果在初期没有及时对风险源采取行之有效的措施，风险将开始一个不断积累的过程，受到内外部的动因影响，使得风险不断被放大，放大到一定程度时，即便受到一个非常微小的因素的作用，都有可能直接导致社会不稳定事件的发生，进而造成社会冲突、社会失范和社会分层等危害社会稳定的结果。基于我国目前的公共管理情况，用非法的手段去维护合法的利益就有很强的诱导作用，比如集体围攻政府、游行示威等，甚至会引发破窗效应[241]，进而演变为规模性群体事件，最终破坏社会的和谐稳定[242]。社会稳定风险演化过程如图4.2所示。

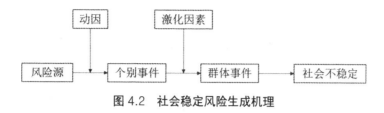

图 4.2 社会稳定风险生成机理

4.1.3 重大工程项目社会稳定风险生成机理

重大工程项目建设过程中客观存在着各种不确定因素，包括项目内部因素和项目外部因素，比如经济、社会、生态环境等，这些因素均有可能导致社会稳定风险的产生。当项目进展顺利时，这些风险源是静态的，没有显现出来，因而暂时没有对项目以及当地的社会和居民造成影响。但是一旦某些事项处理不当，情况出现最多的比如经济补偿不到位、政府及其他从事管理工作的职员渎职等，这些静态的风险源都会变成产生个别事件的动因，成为动态的风险流，产生潜在的危害。这些具有潜在危害的动态风险流在信息、媒体等一些传导载体不断传导与扩散下，逐渐演变为个别风险事件，如少数群众上访、阻碍施工等。个别风险事件再经过传导载体的传导、扩散，将加速社会稳定风险的传导，会引发更加广泛的民众关注，致使越来越多的利益相关者乃至弱利益相关者也参与到抵制项目的行动中去。个别风险事件影响力急剧增大，演变成群体性事件，造成恶劣影响。从以上分析不难得出重大工程项目社会稳定风险的一般生成机理：利益受损者通常是弱势的群众群体，通过合法渠道表达切实利益需求是第一选择，如向维稳办诉求、正常上访等。合法渠道由于影响力小，如果政府敷衍了事，问题依然得不到解决，利益受损者被迫采取一些非理性的办法，比如阻断道路、非法游行示威等，个体性风险事件遂演化成群体性风险事件，如果问题还不能被妥善解决，事态会进一步恶化，最终导致社会的不稳定。具体传导过程如图 4.3 所示。

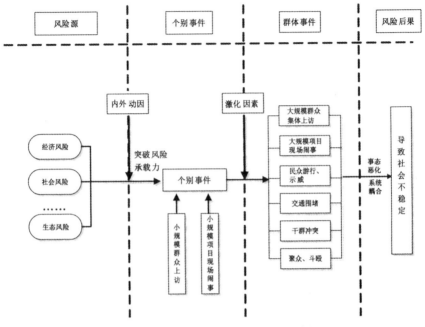

图 4.3　重大工程项目社会稳定风险生成机理

4.2　重大工程项目社会稳定风险识别

4.2.1　基于内容分析法的重大工程项目社会稳定风险识别

1. 内容分析法简介

内容分析法是指将非定量的文献材料转化为定量的数据，并依据这些数据对文献内容做出定量分析和关于事实的判断与推论的方法。内容分析法是媒介以及传播研究中一种非常重要的方法，是一种对传播内容进行客观、系统和定量描述的研究方法，具有客观、方便、经济等优点。通过内容分析法，可以对现有的新闻报道、文献、网络资料等带有文字内容的信息进行分析，能够从文字中对某一事物的现状进行研究总结[243]。

内容分析法的一般过程包括提出研究问题或假设、选择合适的样本、选择和定义分析单位、构建分析的内容类别、建立量化系统、对内容进行编码、分析搜集到的数据、得出结论并解释八部分。

（1）提出研究问题或假设。该步骤的目的是明确所研究的目标为何，并能够进行清晰的表述。通过设定清晰的研究目标，缩小所要搜集资料的范围。此外，还需要确定一个研究主题，研究主题可以从现有研究成果或实际问题中得出，有助于在使用内容分析法时确定较好的类目。

（2）选择合适的样本。对与所要研究目标相关的信息进行总体研究时，需要选取合适的样本进行抽样分析。样本的选取应当具有符合研究目的、信息量大、内容连续完善、各内容之间体例基本一致等特征。通过对样本的分析能够得到具有反映总体性质的结论。样本的选取方式可以采取随机抽样、按时间抽样、按内容抽样等方法。

（3）选择和定义分析单位。分析单位是指在内容分析法中计算"量"的对象，对于文字内容，分析单位可以是独立的字、词、句、主体等。分析单位的选定要与研究目标为前提，如果研究目标是为了考察重大工程项目的报道占报纸的多大篇幅，则选取有关重大工程项目的单词作为计数对象就很难进行统计，而计算文章的数量则方便许多。选择分析单位要求定义清晰而透彻，标准明显且容易通过观察得出。

（4）构建分析的内容类别。分析的内容类别是指为了达到研究目标，对数据进行分类研究。构建分类体系时，需要保证所分类别均与研究目标紧密相关，并且各个类别都具有其功能并且分类方便，此外各个类别的内容需要具有互斥性、穷尽性和可靠性。

（5）建立量化系统。量化系统是指在内容分析方法中的量化方法。主要有类别尺度、等距尺度和等比尺度三种。论文选用的是类别尺度，即主要统计分析单位在类别中出现的频率。

（6）对内容进行编码。所谓编码，就是把分析单位归到各个类别中的过程。

（7）分析搜集到的数据。这一步骤主要是采用描述性统计方法，如百分比、平均值、方差等进行分析。具体包含三个部分：一是对统计结果进行描述，一般采用图表描述；二是对统计结果进行推断分析，即根据样本对总体进行推算；三是对结果进行分析，探讨所得结果之间的关系。

（8）得出结论并解释。若是研究目标为检验假设问题，则应当对分析结果与所做假设进行对比，其结论应当是明确的。若是研究目标为描述性问题，则需要对分析结果的含义及其重要性进行解释。

2. 基于内容分析的重大工程项目社会稳定风险识别

首先，梳理已经出台的各省、自治区、直辖市重大工程项目社会稳定风险评估文件中涉及的风险因素，统计各个风险因素被出现的频次，并实地访谈其实际评估情况。本研究共统计了包括国家发改委和水利部以及北京市、上海市、天津市、重庆市、广东省等 32 个省份的重大决策、重大事项、重大工程项目的社会稳定风险评估办法中涉及的风险因素（详见附录1）。其中，暂行办法及试行通知共 20 条，正式通知 12 条，对各省、自治区、直辖市重大工程项目社会稳定风险评估文件中涉及的风险因素出现频次进行统计的结果如表 4.1 所示。

表 4.1 相关评估文件中社会稳定风险因素列表

风险因素	频次统计
拟建项目相关审批部门（土地、规划、环评、立项）是否具有相应的项目审批权并在权限范围内进行审批	8
是否符合国家及省市法律、法规、规章等有关规定	13
是否符合国家与地区国民经济和社会发展规划、产业政策、产业结构规划、行业准入标准	8
是否符合党和国家的大政方针	3
所涉政策调整、利益调节的对象和范围是否界定准确，调整、调节的依据是否合法	4
是否已列入国务院及有关部门批准的相关规划	1
是否符合科学发展观和经济社会发展规律	5
是否符合社会公共利益、人民群众的现实利益和长远利益	13
是否兼顾了不同利益群体的诉求	12
是否可能引发地区、行业、群体之间的相互盲目攀比	7
拆迁方案不合理、安置补偿不到位	12
拟采取的措施和手段是否必要、适当，是否维护了相关群众的合法权益等	6
是否符合社会、人民群众的承受能力	8
重大项目是否经过可行性论证	4
是否得到了大多数群众的认可和支持	13
是否与地区经济社会发展和当地总体发展规划相适应	10
是否信息公示、广泛调查和宣传	2
建设时机和条件是否成熟	11
是否有具体、翔实的方案和完善的配套措施	4
人力、物力和财力成本是否在可承受的范围内	9
实施方案是否周密、完善，具有可操作性和连续性	5
是否对国家和地区安全造成影响	2
是否会引发较大的群体性事件、集体上访	10
是否会引发社会负面舆论、恶意炒作以及其他影响社会稳定的问题	7
是否给周边的社会治安带来重大的冲击	2
项目建设是否引发施工安全风险	1

续表

风险因素	频次统计
项目建设实施是否存在连带风险或公共安全隐患	6
对可能出现的社会稳定风险和生态环境等问题，是否有相应的风险监控措施、应急处置预案和可行有效的防范、化解措施	10
宣传解释和舆论引导措施是否充分	6
占用地方资源（土地、能源、水资源、岸线、交通、污染物排放指标、自然和生态环境等）带来的影响	3
资源配置是否合理	1
工程移民与安置区居民民俗宗教不融合	1
项目引起的人文景观破坏	1
项目所在地可能引发的交通风险	2
是否考虑了社会发展的可持续性	1

其次，相关文献中社会稳定风险识别情况统计。2005—2006 年，四川遂宁率先探索建立重大工程项目社会稳定风险评估制度，通过中国知网（CNKI）进行主题为社会稳定风险的检索，共得到 174 篇，包含北京大学核心期刊、中国科学引文数据库（CSCD）、中文社会科学引文索引（CSSC）、工程索引（EI）和科学引文索引（SCI）。其中，关于社会稳定风险评估的共有 115 篇，2018 年 1 篇，2017 年 2 篇，2016 年 7 篇，2015 年 25 篇，2014 年 27 篇，2013 年 18 篇，2012 年 16 篇，2011 年 11 篇，2010 年 6 篇，2009 年 2 篇。分别对这 115 篇文献进行梳理，统计发现有 12 篇对社会稳定风险评价指标进行了构建，其中 8 篇是关于重大工程项目的社会稳定风险评价，3 篇是关于房屋拆迁的社会稳定风险评价，2 篇是城市轨道交通项目的社会稳定风险评价，4 篇是重大决策的社会稳定风险评价。对这 29 篇文献中的社会稳定风险评价的一、二级指标进行梳理，得到以下结果。各文献中所涉及的社会稳定风险因素如表 4.2 所示。

表 4.2　相关文献中的社会稳定风险因素列表

风险因素	出现频次
法定前置要件不齐备	5
立项审批程序不合法	13
不符合国家与地区产业政策、行业准入标准	11
利益调节的对象和范围界定不准确，调节的依据不合法	7
项目造成的居民就业困难的风险	8

续表

风险因素	出现频次
项目造成的居民生活水平下降的风险	2
项目造成的公众相关生活消费品价格上涨	1
项目引发的公众间、地区间、行业间的攀比	3
项目不能统筹兼顾各方利益	4
项目不能统筹兼顾短期利益和长远利益	1
项目引起的居民收入降低的风险	2
信息公示与公众参与程度不够	2
拆迁方案不合理	2
征地拆迁移民对补偿标准不满意	4
安置补偿政策不落实	4
项目引起的流动人口增加	2
项目开展时机不成熟	3
与土地利用总体规划和城乡规划不符	1
政策的连续性和严密性	2
项目与当地经济社会发展水平不适应	4
实施方案不周密、不完善，可操作性和连续性低	7
项目资金筹措和保障方案不可行	4
受到时间、空间、人力、物力、财力等因素的制约	2
当地对工程项目的建设不认可、不接受	2
项目建设实施是否存在连带风险或公共安全隐患	3
对可能出现的社会稳定风险，是否有相应的风险监控措施、应急处置预案和可行有效的防范、化解措施	9
宣传解释和舆论引导措施是否充分	4
是否对国家和地区安全造成影响	2
是否会引发较大的群体性事件、集体上访	5
是否会引发社会负面舆论、恶意炒作以及其他影响社会稳定的问题	2
是否给周边的社会治安带来重大的冲击	3
项目引起的人文景观破坏	1
工程移民与安置区居民民俗宗教不融合	3
资源配置不合理	1
项目造成的水土流失及人均绿地减少	6
项目造成的噪声、辐射、粉尘影响	3
项目所在地可能引发的交通风险	2

在上述文件和文献中，对同一风险因素的语言描述并不一致，因此本研究对表 4.1 和表 4.2 中的风险因素做了进一步的整理，将意义相近的风险因素统一描述，将大量零散的风险因素进行合并。如将"项目引起的居民收入降低的风险""项目造成的居民就业困难的风险""项目造成的居民生活水平下降的风险"统一描述为"项目造成的居民就业困难、收入降低、生活水平下降的风险"，将"征地拆迁移民对补偿标准不满意""拆迁方案不合理""安置补偿政策不落实"统一描述为"拆迁方案不合理、安置补偿不到位"。最终通过内容分析法，识别出重大工程项目社会稳定风险因素 31 个，如表 4.3 所示。

表 4.3　基于内容分析法的重大工程项目社会稳定风险因素识别结果

序号	风险因素
X1	法定前置要件不齐备
X2	立项审批程序不合法
X3	不符合国家与地区产业政策、产业结构规划、行业准入标准
X4	项目造成的居民丧失土地的风险
X5	利益调节的对象和范围界定不准确，调节的依据不合法
X6	项目不能兼顾不同利益群体的诉求、不能统筹兼顾人民群众的现实利益和长远利益
X7	项目引发的地区、行业、群体之间的盲目攀比
X8	项目造成的居民就业困难、收入降低、生活水平下降的风险
X9	信息公示与公众参与程度不够
X10	拆迁方案不合理、安置补偿不到位
X11	项目开展时机不成熟
X12	与土地利用总体规划和城乡规划不符
X13	政策的连续性和严密性
X14	项目与当地经济社会发展水平不适应
X15	实施方案不周密、不完善，可操作性和连续性低
X16	项目资金筹措和保障方案不可行
X17	项目不具备完善的配套措施
X18	受到时间、空间、人力、物力、财力等因素的制约
X19	当地对工程项目的建设不认可、不接受
X20	项目建设实施存在连带风险或公共安全隐患
X21	对可能出现的社会稳定风险，没有相应的风险监控措施、应急处置预案和可行有效的防范、化解措施

序号	风险因素
X22	宣传解释和舆论引导措施不充分
X23	对国家和地区安全造成影响
X24	项目引起的人文景观破坏
X25	工程移民与安置区居民民俗宗教不融合
X26	项目造成的水土流失
X27	项目造成的噪声、辐射、粉尘影响
X28	项目引起的流动人口增加
X29	项目引发的社区关系断裂的风险
X30	项目所在地可能引发的交通风险
X31	给周边的社会治安带来重大的冲击

4.2.2 基于案例研究法的重大工程项目社会稳定风险识别

1. 案例研究法简介

由于采用文献分析法不能完全识别重大工程项目社会稳定风险，因此，本研究采用案例研究法作为文献分析法的补充，对重大工程项目的社会稳定风险进行进一步识别，以补足文献分析法。

案例分析法通常是指通过对特定的典型案例进行有针对性的分析与研究，总结出事物的规律、检验理论与方法的运用效果、论证观点正确与否。采用案例研究法进行风险识别的优越性主要体现在以下两个方面。

（1）资料搜集方便

在过去几十年里，我国在建设重大工程项目的过程中，取得了较大的成就，同时也涌现出许多社会稳定问题。为了从中吸取经验教训，这些问题发生后，国内媒体、专家往往会对事件的来龙去脉做出详细的分析与解释，而这些分析通常会以新闻报道、专家评论、影像资料的形式存在于网络、报刊与书籍，具有较高的可获得性。这就极大方便了重大工程项目社会稳定风险相关案例资料的搜集，保证了案例资料的数量，克服了文献不足或相关专家联系困难的局限。

（2）具有较强的代表性与准确性

通过深入研究重大工程项目社会稳定风险的典型案例，可以发现案例项目建设过程中已经发生的、对社会稳定产生了实际负面影响的事故或问题。案例中对项目产生的社会负面影响并非主观臆断，而是在实践中实实在在发生过的，得到了实践的证实，具有较强的准确性。因此，案例研究法克服了文献分析法代表性与准确性不足的局限，是重大工程项目社会稳定风险识别的有效补充。

2. 基于案例研究的重大工程项目社会稳定风险

改革开放以来，我国涌现出了许多重大工程项目。这些项目由于投资规模大、涉及范围广、关系国计民生，因此，在项目进行过程中一旦出现负面事件或问题，便会成为各大媒体争相报道的热点，也极易造成群体性事件，引发社会稳定风险。因此，本研究前期通过网络、报纸及相关书籍，搜集了大量重大工程项目引发社会稳定问题的新闻报道、专家评论、影像资料，建立了重大工程项目社会稳定风险案例库。为了识别重大工程项目社会稳定风险因素，从案例库中挑选了 6 个具有代表性的延期或阶段性延期的项目，如向家坝水电站、厦门 PX（芳烃）项目、四川汉源事件等，通过仔细研读相关资料，寻找在项目进行过程中曾经发生过的、最终导致社会稳定风险的事故或事件，作为重大工程项目的社会稳定风险因素，并将其一一罗列。

（1）云南省绥江县向家坝水电站

向家坝水电站的地理位置是在云南省水富市（右岸）和四川省宜宾县（左岸）金沙江下游，是我国整体规模第三大水电站，也是西电东送骨干电源点。因此，向家坝水电站是以公共利益为目的，国家投资且主导的重大民生工程项目。由于修建向家坝水电站，将淹没云南省绥江县整个县城外加 4 个集镇，国土面积共计 34.6 平方公里。全县移民将达到 5.4 万余人，达到全县总人口的 1/3，占全库区移民总数的 45.5%。其间，绥江县必须完成繁重艰巨的征地拆迁和移民任务，包括县城、四个乡镇集镇的后靠搬迁复建，5.4 万人口的后靠搬迁安置，大量基础设施的恢复重建等工作，因此绥江县成为云南省征拆移民第一大县。在 2011 年 3 月 25 日至 29 日，云南绥江县城嘉茗缘茶楼前路口、回头湾、BC 区进场路口等处集结有不少村民，并采取了一系列过激行为向政府抗议示威，高峰期聚集人数达到 2000 多人，还出现阻挠商铺正常运营等行为。到 3 月 29 日，在政府工作人员的劝解疏导下，有部分群众撤离，但仍有 300 多人聚集在金沙江大桥和 BC 区进场路口，该群体事件最终持续到 29 日 17 时才得到有效控制。该事件发生的原因是库区移民不满于征地拆迁补偿政策，认为征地补偿款过低，对补偿方式也很有意见。补偿款低于云南省其他地方补偿标准，比如水田补偿款和安置补助费分别只有 22600 元/亩和 13560 元/亩；补偿方式的不满是如果移民选择逐年补偿安置方式，那么每个月的补偿额只相当于一次性补偿额的银行利息。移民们多次向政府表达诉求后无果，遂在县城各要点集结，最终爆发了该群体事件。

第一天：部分移民上访表达诉求，政府不了了之；

第二天：警察和"迷彩服"与移民爆发肢体冲突；

第三天：县公安局局长被打伤，未实施大规模抓捕行动；

第四天：扬言要"强制清场"，但并没实施；

第五天：警察拦住围观群众，政府机关人员劝导清场。

该群体事件共持续发酵 5 天，绥江县城内主要道路全部瘫痪，与外界中断交通联系时间长达 4 天，致使部分物资无法正常出入，政府机关公务工作无法正常开展。在该事件处理过程中，先后有多名移民与维稳救护人员受伤，并有一辆"120"急救车及一辆工程车被扣留破坏。该群体事件严重地扰乱了社会公共秩序，影响了人民群众的日常生活，社会影响非常恶劣。

通过本案例，识别出的风险如下：

① 风险因素：安置区条件差、未来生活没有保障、补偿标准过低、生态环境破坏、生活习惯与文化冲突、社会治安风险增加、政策制度合法性问题、政策制度合理性问题。

② 个别事件：部分村民不满赔偿政策并拒绝在拆迁协议上签字，来到县政府上访，并打出标语、横幅示威抗议；部分村民集结堵路。

③ 群体事件：警察与村民在对峙期间发生肢体冲突。群体性游行示威、聚众斗殴、毁坏公用设施，群体性抵制征地拆迁妨碍工程建设。

（2）厦门 PX（芳烃）项目

2007 年福建省厦门市市民对在海沧半岛计划兴建的对二甲苯（PX）项目进行了激烈的抗议。该项目投资方是台资企业腾龙芳烃（厦门）有限公司，厂址设在厦门市海沧投资区的南部工业园区，预计年产 80 万吨对二甲苯（PX）。该项目已经被纳入中国"十一五"对二甲苯产业规划。在 2005 年 7 月到 2006 年 7 月，项目顺利通过生态环境部的环评报告审查与国家发改委的核准，项目于 2006 年 11 月正式开工，计划完成工期是 2008 年 10 月。然而，该项目的进行并不顺利，原因是厦门 PX 项目中心 4 公里范围内有多所中学，项目 5 公里范围内的人口超过 10 万，10 公里范围基本覆盖了九龙江河口区。并且项目的专用码头毗邻厦门海洋珍稀物种国家级自然保护区，严重威胁到保护区内的中华白海豚、白鹭、文昌鱼。

2007 年 3 月，包括中科院院士赵玉芬在内的 105 名全国政协委员在政协会议上，提交了建议厦门 PX 项目迁址的提案，引起了媒体和民众的广泛关注。2007 年 6 月 1 日至 2 日，"PX 风波"不期而至。为抵制 PX 项目，大量厦门市民在厦门市政府门前表达反对意见。2007年6月7日，生态环境部宣布，将对包括 PX 项目在内的所有重化工项目根据规划环评的结果予以重新审批。2007年12月8日，厦门网公开开通了"环评报告网络公众参与活动"的投票平台，但很快平台就关闭撤销了。2007年12月13日，厦门市政府开启了最重要的公众参与环节——市民座谈会。大量驻厦中央级媒体包括新华社、《人民日报》《光明日报》等，以及厦门本地媒体，获准入内旁听报道。

　　2007年12月5日生态环境部公布的环评报告结论为，厦门市海沧南部空间狭小，区域空间布局存在冲突，厦门市在海沧南部的规划应该在"石化工业区"和"城市次中心"之间确定一个首要的发展方向。报告同时披露了海沧现有的石化企业翔鹭石化（PX 项目的投资方）五年前环保未验收，即投入生产，其污染排放始终未达标。2007年12月8日，厦门网开通了"环评报告网络公众参与活动"的投票平台；9日，投票突然被中止，10日投票平台被撤销。在投票结束之时的结果显示，有5.5万张票反对 PX 项目建设，支持的有3000票。2007年12月13日，翔鹭腾龙集团（PX 项目方）办公室通过媒体发布了《翔鹭腾龙集团致厦门市民公开信》。信中称：①PX（对二甲苯）低毒，不会致癌致畸，也不是原子弹；②海沧 PX 项目采用世界先进的工艺专利技术，环保投资巨大，安全稳定和可靠性更有保障；③海沧 PX 项目与居民区完全可以和谐共处，并宣称翔鹭石化是通过环保验收的，其排放没有超标。2007年12月13日，厦门市政府开启公众参与的最重要环节——市民座谈会。整场座谈会持续4个小时。最终结果显示，49名与会市民代表中，超过40位表示坚决反对上马 PX 项目，随后发言的8位政协委员和人大代表中，也仅1人支持复建项目。2007年12月14日，第二场市民座谈会继续举行。第二场座谈会有市民代表、人大代表和政协委员等97人参加，62人发言。在座谈中，除了约10名发言者表示支持 PX 项目建设之外，其他发言者都表示反对。座谈会上，曾对海沧区做过独立环境测评的厦门大学袁东星教授，用数据及专业知识对 PX 项目表示反对。

　　座谈会的最终结果显示，在总共参会的49名市民代表中，有40位对 PX 项目表示坚决反对，8位政协委员和人大代表中，也仅1人支持该项目。2007年12月16日，福建省政府召开专项会议针对厦门 PX 项目问题进行研讨，决定迁址。最终，该项目落户漳州漳浦的古雷港开发区。2009年1月20日，生态环境部正式批复该项目落户漳州古雷半岛。这也是自2007年12月厦门召开 PX 项目公众座谈会，化解"散步"风波后，第一起实质性的后续进展报道。当年从厦门移至漳州的迁址意向，也将从纸面落到地上。

通过本案例，识别出风险如下：

① 风险因素：项目选址不合理、项目的属性类型、环境污染、立项审批程序合法性、公众参与程度。

② 个别事件：少数群众集聚，并打出横幅。

③ 群体事件：数万群众以"散步"的形式，集体在厦门市政府门前反对。

（3）苏州通安事件

2003 年以来，苏州市高新区陆续向下辖村镇拆迁征地，用来建设各类工业园。2010 年初有大量村民举证指控镇、区政府工作人员克扣、吞并征地拆迁款，群情激奋，最终导致大规模群体事件爆发。

2010 年 7 月 14 日，上千通安村民聚集在通安镇政府表达诉求。沟通过程中镇政府领导态度强硬，拒绝补偿征地拆迁款，导致村民情绪失控，毁坏办公设备，并占据镇政府办公室两天。7 月 16 日晚，镇政府发出会谈请求。但是实际上镇政府领导并没有出现，只有防暴警察。在冲突中，有部分群众被打伤，被带走。7 月 17 日，数千名群众聚集封堵 G312 国道，被警方驱散。7 月 18 日晚，堵路事件再次发生，人数多达万余。很快赶来了近千名特警和防暴警察，村民被驱散到旁边一条公路上。在对峙僵持了近 3 个小时后，聚集群众陆续散去。21 日，持续一周的苏州通安镇群体性事件随着拆迁暂停和镇长被免而暂时结束。然而，类似事件在数个邻镇相继发生。

通过本案例，识别出的风险如下：

① 风险因素：征地补偿标准改变、丧失土地、收入变化、政府协调管理能力差、社会稳定风险应急机制不完善、政府官员问责。

② 个别事件：多次向有关部门反映，上访。

③ 群体事件：数千村民占据镇政府办公室，毁坏办公设备；防暴警察与群众发生肢体冲突；数万群众聚集国道，阻断交通。

（4）四川省什邡市钼铜项目

2012 年 6 月 29 日，什邡市招商引资项目"四川宏达集团钼铜多金属资源深加工项目"开工典礼如期举行。由于地方政府重经济发展，轻人民生活，在该项目的审批过程中，放低了环评标准，致使这样一个重污染企业顺利通过了审批，引发了群众的严重不满。

2012 年 6 月 30 日，部分民众打横幅围堵什邡市政府。7 月 1 日，在什邡市的多个中心地带聚集了大量不满群众。民众们拉横幅，喊口号，表达对钼铜项目的不满。随后，政府出动警察和武警官兵维稳，但是在维稳过程中引发了肢体冲突。不久在聚集人群中出现了大量催泪弹，部分民众受伤。7月3日，什邡钼铜项目被迫停工。警方带离了包括一些学生在内的涉事人员共27人，导致冲突升级，不少群众不肯撤离，要求放人。7月5日，省委特别派遣四川德阳副市长兼任什邡市委第一书记全力处理民众纠纷，并随后查明实情终止了钼铜项目。事件至此得以平息，店铺开始正常营业。

其实，这并不是第一例由粗放型招商引资导致的群体性事件。在类似招商过程中，一些地方政府优先关心增加当地经济总量，对企业环评放低标准，这些项目给人民生活以及心理的影响没有足够考量，对一些涉及生态威胁的项目提前许诺，甚至"帮助"企业在审批时过关。这些粗放型招商项目一开始就埋下了社会危机的伏笔。很多情况下，一些政府官员往往会存有侥幸心理，以为社会不同意见很容易克服，有的甚至认为，百姓不会觉察，或者即使察觉也不会有反对，更不会采取激烈的维权行动。这使得一些地方政府屡屡因粗放型项目陷于非常被动的境地。

另一方面，如何与老百姓进行有效沟通，也是当前不少基层政府急需提升的能力。没有有效的沟通，政府公信力就会打上大大的问号。此次钼铜项目就是一个典型例子。有报道称，钼铜项目可以做到零污染、零排放和循环利用，如果属实，地方政府应早一些拿出具体的工作数据分析，请相关权威专家向百姓阐明原委，解释清楚，让老百姓去权衡、选择与理解，那样，相信结果会好得多。如果政府在重大项目中不把老百姓的满意度作为执政能力的衡量标准，类似事件很可能将来还会在某些地方重复发生。

从本案例中，识别出的风险如下：

① 风险因素：生态环境影响、立项审批程序存在问题、政府行政管理不当、政府监管不到位、项目建设与政策规划的相符性。

② 个别事件：少数民众在什邡市政府前聚集。

③ 群体事件：大量群众聚集市中心，手持条幅，高呼口号，警民发生冲突。

（5）四川汉源事件

四川汉源事件的起因最早可以追溯到20世纪50年代，当时国家有关部门基于对水资源利用的需要派出专家对在瀑布沟修建水电站问题进行了实地考察，并决定在该地修建水电站来支持国家经济发展。

2002年12月，国务院批准四川汉源瀑布沟水电站工程立项（简称瀑电工程），位置是在汉源县境内大渡河干流的中游，预计将涉及 2 个县城、19 个乡，近 10 万移民的拆迁安置工作。然而，该项目立项未做深入调研，未征集群众意见，而是篡改了报告信息，骗取了获准。明明是肥沃良田，在报告中却变成了高山峡谷的山坡地，也因此二类地变成了五类地，补偿标准严重下降。也因此导致搬迁后通过以地换地政策得到的土地数量和质量得不到保证。由此汉源事件就处于潜伏状态。

全县群众利益受损，遂联名上访，但政府置之不理。2004 年 10 月 27 日，在汉源县瀑布沟工程水电站正常的截流工作开始时，遭到了当地移民的阻拦。大量移民聚集水电站打横幅，阻止施工正常进行。而后与赶来的警察爆发激烈的冲突，发生了公安干警伤亡，工程车被烧毁的严重暴力事件。

2004 年 11 月 3 日，雅安市政府在未解决群众利益纠纷的情况下通告水电工程开工，引发了上万群众与公安干警的激烈冲突。2004 年 11 月 5 日，市委书记赶赴现场安抚，但未能提供切实有效的解决方案。最后由中央出面调查，事件才得以平息。

通过本案例的研究，识别出的风险如下：

① 风险因素：补偿款偏低、生活成本升高、失去原有的土地、再就业困难、生活习惯和文化冲突、补偿标准与项目获利差异大、自然环境被破坏、地质灾害的危害、搬迁的移民措施不到位、政府虚假行为、利益诉求受阻。

② 个别事件：部分村民联名上访，并打出大量标语、横幅。

③ 群体事件：五六万名村民到需要截流的大坝前示威；公安干警与村民发生激烈冲突，人员伤亡，车辆烧毁；军队进入县城及工地阻止库区群众干扰截留施工。

（6）云南昆明晋宁"10·14"恶性暴力冲突事件

晋宁"泛亚工业品商贸物流中心"项目规划土地 152 公顷，用地面积 2285 亩。该物流中心主要以批发或零售小车（乘用车）配件、家居建材、五金机电、摩托车配件等工业用品为主，同时集商务办公、会展博览等配套功能于一体，建成后将成为面向东南亚、南亚的泛亚工业品商贸中心。该项目最后获批土地总面积为 2136.17 亩*，规划用地涉及富有村、草村村以及柴河村。其中对富有村的征地涉及 1787.28 亩，共分为三次进行：第一次是 2011 年 12 月，征地 1730.5 亩；第二次是 2012 年 4 月，征地 55.2

＊1 亩≈0.0067 公顷。

亩；第三次是 2012 年 9 月，征地 1.58 亩。

根据相关报道称，从 2010 年晋城泛亚工业品商贸物流中心项目开始征地以来，补偿纠纷一直是横亘在征收方与村民之间的症结。有村民反映从未与任何单位或机构签署过正式补偿协议，而且最初承诺的 12 万元一亩的补偿也变成了人均 4.3 万元，致使双方利益冲突不断升级。失地农民由于利益受到损害，政府相关部门也未做出相应的处理，最终导致村民们在多次上访无果的情况下选择对施工现场进行聚集闹事，试图通过该方式表达利益诉求，引起相关方关注，施工方施工进度也因此而受到影响，工期延误，自身利益又因此受到损害，于是引发了施工方与农民之间的冲突。最终由于农民与施工方沟通不畅通，加上政府相关部门的协调管理不到位，导致冲突未得到及时有效的缓解，最终爆发了施工方与农民之间的暴力群体性冲突事件。

因征地引起的冲突在全国有很多，然而，晋宁征地冲突的惨烈程度实属罕见，政府在征地上的做法，是在点燃村民的火爆情绪后，又在不断地火上浇油。2012 年 2 月，富有村村委会在广播中告诉村民，村里的 1730 多亩土地要被征用，让居民签订补偿协议，每人领取 4.3 万元补偿款。富有村在昆明市近郊，处于昆明"一湖四城"南城中心地带。此前，这个村已经经历了 7 次征地，其中，东南环铁路建设征地 197.37 亩，新桥头加油站征地 7.78 亩，南车、时代电器等征地 378.64 亩，龙潭片区道路建设征地 40.97 亩，小柳树到氨水塘道路征地 9.74 亩，南北大道一标段征地 62.38 亩，南北大道二标段征地 95.69 亩。几乎每一次征地过程，都会留下一些不和谐因素：村西的一块土地，征用时说是要建成美食广场，最终建起了很多冷库，而村民没有得到一个合理的解释。南车公司在征地时曾经承诺，在公司 3 年的初创期过后，会向村民追加补偿，而 4 年过去，补偿杳无音信，当村民去交涉，却在政府和公司间被来回"踢皮球"。最终在 2014 年 10 月 14 日，昆明市晋宁县晋城泛亚工业品商贸物流中心项目现场发生施工人员与当地村民的恶性暴力冲突事件。当日下午 2 点左右，距离富有村村口不远处的马路上，"千余名"统一着装、队列整齐、手持铁棍的人群向富有村走去并堵住了村口，一些村民见状，纷纷拿起木棍、铁锹赶来进行自卫。有村民称当时不停拨打市长热线和 110，却迟迟未见相关人员到场处理。

根据村民及当地有关部门的描述，此次冲突并非首次。有村民称从未与任何组织或机构签署过补偿安置协议，对征地程序的合法性表示怀疑，并且已经征收完成的一些土地也是被强占过去的。由于征地补偿的问题，当地村民与该项目的开发企业一直存在矛盾，以至在 2014 年 5 月 17 日，村民已经对该项目的施工进行过阻挠，致使项目停工。

从本案例中，识别出的风险如下：

① 风险因素：征地补偿存在纠纷、后续生活无保障、生产方式改变、土地被强占、征地程序不合法、征迁手续不完备、政府监管不力、官员收受贿赂、民意表达渠道不畅、政府相关部门的协调管理不到位、政府缺乏解决冲突问题的能力。

② 个别事件：村民多次上访，多次聚集现场阻挠施工。

③ 群体事件：千名"打手"围堵村民，双方发生肢体冲突，造成人员伤亡。

对以上 6 个案例进行整理、归纳、合并，最终得到重大工程项目社会稳定风险因素 29 个，如表 4.4 所示。

表 4.4　基于案例研究法的重大工程项目社会稳定风险因素识别结果

序号	风险因素
X1	项目造成的居民就业困难的风险
X2	项目引起的居民收入降低的风险
X3	征地拆迁移民对补偿标准不满意
X4	项目不能统筹兼顾各方利益
X5	安置补偿标准不合理、安置补偿政策不落实
X6	信息公示与公众参与程度不够
X7	社会风险管理应急机制、问责机制不完善
X8	法定前置要件不齐备
X9	不符合国家与地区产业政策、行业准入标准
X10	工程移民与安置区居民民俗宗教不融合
X11	给周边的社会治安带来重大的冲击
X12	项目造成的噪声、辐射、粉尘影响
X13	项目造成的水土流失及人均绿地减少
X14	当地对工程项目的建设不认可、不接受
X15	项目造成的居民生活水平下降的风险
X16	资源配置不合理
X17	项目引起的人文景观被破坏
X18	项目不能统筹兼顾短期利益和长远利益
X19	立项审批程序不合法
X20	与土地利用总体规划和城乡规划不符
X21	个别群众上访、诉讼

序号	风险因素
X22	小规模群众游行示威
X23	小规模群众阻碍交通
X24	小规模群众闹事
X25	大规模群众阻止项目现场施工
X26	大规模群众集体上访、闹事
X27	民众聚众、游行、示威
X28	交通围堵
X29	干群冲突

4.2.3 重大工程项目社会稳定风险清单的确定

通过文献分析法和案例研究法分别对重大工程项目的社会稳定风险因素进行识别，最终通过文献分析法识别出重大工程项目的社会稳定风险因素31个，通过案例研究法识别出风险因素29个。显然，这两种风险因素之间仍然存在着一定的重复，因此，对两种方法识别出的风险因素再次进行整理归纳，把出现频率较高的风险作为最终的风险因素，如补偿安置不到位、就业困难等风险因素；随后，对两种方法识别出的名称不同但内涵一致的风险进行合并处理，最终得到重大工程项目社会稳定风险因素的个数为39个。

为了深入研究重大工程项目社会稳定风险的演化规律，将风险因素按照风险源、个别事件、群体事件、风险结果进行分类，识别出风险源31个、个别事件3个、群体事件5个再加上风险结果，即可得到重大工程项目社会稳定风险的清单，如表4.5所示。

表 4.5　重大工程项目社会稳定风险清单

风险类别	编号	风险
风险源 A	A1	法定前置要件不齐备
	A2	立项审批程序不合法
	A3	不符合国家与地区产业政策、产业结构规划、行业准入标准
	A4	项目造成的居民丧失土地的风险
	A5	利益调节的对象和范围界定不准确，调节的依据不合法
	A6	项目不能兼顾不同利益群体的诉求、不能统筹兼顾人民群众的现实利益和长远利益

续表

风险类别	编号	风险
风险源 A	A7	项目引发的地区、行业、群体之间的盲目攀比
	A8	项目造成的居民就业困难、收入降低、生活水平下降的风险
	A9	信息公示与公众参与程度不够
	A10	拆迁方案不合理、安置补偿不到位
	A11	项目开展时机不成熟
	A12	与土地利用总体规划和城乡规划不符
	A13	政策的连续性和严密性较差
	A14	项目与当地经济社会发展水平不适应
	A15	实施方案不周密、不完善，可操作性和连续性低
	A16	项目资金筹措和保障方案不可行
	A17	项目不具备完善的配套措施
	A18	受到时间、空间、人力、物力、财力等因素的制约
	A19	当地对工程项目的建设不认可、不接受
	A20	项目建设实施存在连带风险或公共安全隐患
	A21	对可能出现的社会稳定风险，没有相应的风险监控措施、应急处置预案和可行有效的防范、化解措施
	A22	宣传解释和舆论引导措施不充分
	A23	对国家和地区安全造成影响
	A24	项目引起的人文景观被破坏
	A25	工程移民与安置区居民民俗宗教不融合
	A26	项目造成的水土流失
	A27	项目造成的噪声、辐射、粉尘影响
	A28	项目引起的流动人口增加
	A29	项目引发的社区关系断裂的风险
	A30	项目所在地可能引发的交通风险
	A31	给周边的社会治安带来重大的冲击
个别事件 B	B1	个别群众上访、信访
	B2	小规模群众冲突
	B3	小规模群众阻止项目现场施工
群体事件 C	C1	大规模群众集体上访
	C2	大规模群众现场闹事、阻碍施工
	C3	民众聚众、游行、示威
	C4	交通围堵
	C5	斗殴、干群冲突

风险类别	编号	风险
风险结果 D	D1	社会不稳定

4.3　本章小结

　　本章对重大工程项目社会稳定风险的生成机理进行了分析，并对社会稳定风险进行了识别。首先，阐述了风险生成的一般机理，并进一步阐述了社会稳定风险生成的一般机理，据此对重大工程项目社会稳定风险生成机理进行了详细分析。其次，根据重大工程项目及其社会稳定风险的特点，通过文献分析法与案例研究法结合，识别出重大工程项目社会稳定风险因素 31 个，个别事件 3 个，群体事件 5 个。最后，根据重大工程项目社会稳定风险生成机理，从风险源、个别事件、群体事件、风险结果的角度进行整理分类，最终得到了重大工程项目社会稳定风险清单。

5 重大工程项目社会稳定风险网络构建与演化规律

5.1 重大工程项目社会稳定风险因素相关关系识别

根据第 4 章的研究，重大工程项目社会稳定风险的风险源有 31 个，个别事件有 3 个，群体事件有 5 个，风险结果有 1 个。重大工程项目社会稳定风险间相关关系的构建，实际上就是分析这些风险因素间的内在逻辑关系，从而建立其相关关系。根据社会稳定风险生成机理，社会稳定风险的生成是由风险源到个别事件、个别事件到群体事件、群体事件到风险结果的依次连锁传递过程。因此，本研究中的社会稳定风险因素间呈现出的因果关系，主要是指各风险源之间、风险源与个别事件之间、个别事件与群体事件之间、群体事件与风险结果之间的因果关系。本研究暂且不考虑跨级的因果关系（例如，个别事件→风险结果，风险源→群体事件）和逆向的因果关系（例如，风险结果→群体事件，个别事件→风险源）。因此，根据前文的分析结果，共形成了 373 个因果关系（见附录 2），这些关系又形成了上百条风险链，如风险链：A1 法定前置要件不齐备→A2 立项审批程序不合法→B1 个别群众上访、信访→C3 民众聚众、游行、示威→D1 社会不稳定，即由于法定前置要件不齐备，导致立项审批程序不合法，进而引起群众的上访、信访，若政府置之不理，未及时终止项目，则进一步引发民众聚集、游行、示威等抗议活动，最终导致社会不稳定。

5.2　重大工程项目社会稳定风险网络构建

对复杂系统结构问题进行分析时，一般会采用的有效工具就是设计结构矩阵（Design Structure Matrix，DSM）。设计结构矩阵被广泛运用于分析复杂系统内节点与节点之间的相关关系。设计结构矩阵内所涵盖的信息类似于有向图所涵盖的信息。复杂系统由众多要素构成，具有整体涌现性，重大工程项目内部、外部因素也一直处于复杂的动态交互耦合的过程，也必定是一个复杂系统。因此，在进行复杂系统研究时，可以采用复杂网络的研究方法进行定量研究。根据重大工程项目社会稳定风险 DSM 表示的各社会稳定风险因素之间的相关关系信息，将各社会稳定风险因素抽象为节点，将风险因素之间的联系抽象为边。如果两个风险因素间存在联系，重大工程项目社会稳定风险网络中这两个风险因素对应的节点之间是有边相连的。根据上一节 5.1 的分析，风险生成机理实质上是风险源、个别事件、群体事件、风险结果之间的因果关系。因此，重大工程项目社会稳定风险网络是一个有向网络。

根据表 5.1（1）中所示，本研究共识别出 373 个风险源间的相关关系，同其他网络一样，将以上识别出来的 31 个风险因素，8 个风险事件，1 个风险结果的集合 $V=\{A1, A2, A3, \cdots, A31, B1, B2, B3, C1, C2, \cdots, C5, D1\}$ 抽象为设计结构矩阵的节点，假设一个风险因素同另一个风险因素存在相关关系，也就是意味着一个风险因素由于受到系统外部威胁而突破阈值，导致另一个风险因素也因此受到影响，则可以假设在对应的矩阵中二者对应的关系坐标为"1"，若二者无此关系，则设为"0"，所有的关系构成设计结构矩阵 A（此时的设计结构矩阵不包含边权信息），则有：

$$A_{n \times n} = \begin{bmatrix} a_{11} & \cdots & a_{1n} \\ \vdots & \vdots & \vdots \\ a_{n1} & \cdots & a_{nn} \end{bmatrix}$$

其中：

$$a_{ij} = \begin{cases} 1, & \text{节点 } i \text{ 对节点 } j \text{ 有影响} \\ 0, & \text{节点 } i \text{ 对节点 } j \text{ 没有影响} \end{cases}, \text{ 且当 } i=j \text{ 时 } a_{ij}=1$$

因此，根据表 5.1 中所识别出的因果关系，可以得到设计结构矩阵 A，如表 5.2 所示。

表 5.1　重大工程项目社会稳定风险因素间因果关系（1）

因素	A1	A2	A3	A4	A5	A6	A7	A8	A9	A10	A11	A12	A13	A14	A15	A16	A17	A18	A19	A20
A1	0	1	1	0	0	0	0	0	0	1	0	0	0	0	1	1	1	0	1	0
A2	0	0	1	1	0	1	0	0	0	1	0	0	0	1	1	1	1	0	1	0
A3	1	1	0	1	0	0	1	0	0	0	1	0	0	1	1	0	0	1	1	0
A4	0	0	0	0	0	1	0	1	0	0	0	0	0	1	1	1	1	1	1	0
A5	0	0	0	0	0	1	0	1	0	0	0	0	0	0	0	0	0	0	1	0
A6	0	1	1	1	0	0	0	1	1	1	0	0	1	1	0	0	0	1	0	0
A7	1	0	0	1	1	1	1	1	1	1	0	0	0	1	1	0	1	1	1	0
A8	0	0	0	1	0	0	0	0	0	0	0	0	0	1	0	0	0	0	1	0
A9	1	1	1	1	1	1	0	0	0	1	1	1	0	1	1	1	0	0	1	0
A10	0	0	0	1	1	1	1	1	1	0	0	0	0	0	1	1	1	0	1	1
A11	0	0	1	0	0	1	0	1	0	0	1	1	0	1	1	0	1	1	1	0
A12	0	1	1	0	0	0	0	0	0	0	0	1	0	0	0	0	0	0	1	0
A13	1	0	0	0	0	1	0	0	0	0	0	0	0	0	1	0	0	1	0	0
A14	0	1	0	0	0	1	0	1	1	0	1	0	0	0	1	1	0	1	1	1
A15	0	0	0	0	0	1	1	1	1	1	1	0	0	0	0	1	1	0	0	0
A16	1	1	0	1	1	1	0	1	0	1	0	0	1	0	1	0	1	1	1	0
A17	0	0	0	0	1	1	0	1	1	0	0	0	0	0	1	1	0	1	0	0
A18	0	0	0	0	1	0	1	0	1	1	0	0	1	1	1	1	0	1	0	0
A19	0	1	1	0	0	1	0	1	0	0	1	1	0	1	1	0	0	0	0	1
A20	0	0	0	0	0	0	0	0	0	0	0	0	0	0	0	0	0	0	1	0
A21	1	0	0	0	0	0	0	0	0	0	0	0	0	0	0	0	0	0	1	0
A22	0	0	0	0	0	1	0	0	1	0	0	0	0	0	0	0	0	0	0	0
A23	0	0	0	0	0	0	0	0	0	0	0	0	0	0	0	0	0	0	0	0
A24	0	1	0	0	0	0	1	0	0	0	0	0	0	0	1	0	0	0	1	0
A25	1	0	0	0	0	1	0	1	0	0	0	0	0	0	1	1	1	0	1	0
A26	1	1	0	1	0	1	0	1	0	0	0	0	0	1	1	1	0	0	1	0
A27	0	0	0	0	0	1	0	1	1	0	0	0	0	0	1	1	1	0	1	0
A28	1	1	1	0	0	1	0	1	0	0	1	0	0	1	0	1	0	1	0	0
A29	0	1	0	1	0	1	0	0	1	0	1	0	0	0	1	0	0	0	1	0
A30	0	1	0	0	0	1	0	0	0	0	0	0	0	1	0	1	0	1	0	0
A31	0	0	0	0	0	0	0	0	0	0	0	0	0	0	0	0	0	0	0	1
B1	0	0	0	0	0	0	0	0	0	0	0	0	0	0	0	0	0	0	0	0
B2	0	0	0	0	0	0	0	0	0	0	0	0	0	0	0	0	0	0	0	0
B3	0	0	0	0	0	0	0	0	0	0	0	0	0	0	0	0	0	0	0	0
C1	0	0	0	0	0	0	0	0	0	0	0	0	0	0	0	0	0	0	0	0
C2	0	0	0	0	0	0	0	0	0	0	0	0	0	0	0	0	0	0	0	0
C3	0	0	0	0	0	0	0	0	0	0	0	0	0	0	0	0	0	0	0	0
C4	0	0	0	0	0	0	0	0	0	0	0	0	0	0	0	0	0	0	0	0
C5	0	0	0	0	0	0	0	0	0	0	0	0	0	0	0	0	0	0	0	0
D1	0	0	0	0	0	0	0	0	0	0	0	0	0	0	0	0	0	0	0	0

表 5.2　重大工程项目社会稳定风险因素间因果关系（2）

因素	A21	A22	A23	A24	A25	A26	A27	A28	A29	A30	A31	B1	B2	B3	C1	C2	C3	C4	C5	D1
A1	0	0	0	1	0	1	0	0	0	0	0	1	1	1	0	0	0	0	0	0
A2	0	0	0	1	0	1	1	1	1	1	0	1	0	1	0	0	0	0	0	0
A3	0	0	0	1	1	1	0	0	1	1	0	1	0	1	0	0	0	0	0	0
A4	0	0	0	0	1	0	1	1	1	0	0	1	1	1	0	0	0	0	0	0
A5	0	0	0	0	0	0	0	0	0	0	0	0	0	1	0	0	0	0	0	0
A6	0	0	0	0	0	0	0	1	1	0	1	0	1	1	0	0	0	0	0	0
A7	0	0	0	0	0	0	1	1	0	0	0	1	0	0	0	0	0	0	0	0
A8	0	0	0	0	0	0	1	0	1	0	1	1	1	1	0	0	0	0	0	0
A9	0	1	0	1	0	0	0	0	1	0	1	1	0	1	0	0	0	0	0	0
A10	0	0	0	0	0	0	1	1	1	0	1	1	1	1	0	0	0	0	0	0
A11	0	0	0	0	0	0	0	0	0	0	0	1	1	1	0	0	0	0	0	0
A12	0	0	0	1	0	1	0	0	0	0	0	0	0	0	0	0	0	0	0	0
A13	0	0	0	0	0	0	0	0	0	0	0	1	0	0	0	0	0	0	0	0
A14	0	0	0	0	0	0	0	0	1	1	1	1	0	0	0	0	0	0	0	0
A15	0	0	0	0	1	1	1	1	0	1	0	1	1	1	0	0	0	0	0	0
A16	0	0	0	0	0	0	0	1	1	1	1	1	1	1	0	0	0	0	0	0
A17	0	0	0	0	1	1	1	1	0	0	0	1	0	0	0	0	0	0	0	0
A18	0	1	1	0	0	1	1	0	1	0	1	1	1	1	0	0	0	0	0	0
A19	0	0	0	1	1	0	0	0	1	0	1	1	1	1	0	0	0	0	0	0
A20	0	0	1	0	0	0	0	0	0	0	0	0	0	1	0	0	0	0	0	0
A21	0	0	0	0	0	0	0	0	0	1	0	0	0	0	0	0	0	0	0	0
A22	0	0	0	0	0	0	0	0	0	0	0	0	0	1	0	0	0	0	0	0
A23	0	0	0	1	0	0	0	0	0	0	0	0	0	1	0	0	0	0	0	0
A24	0	0	0	0	1	0	1	0	1	1	0	1	0	0	0	0	0	0	0	0
A25	0	0	0	0	0	0	1	1	0	0	0	0	0	0	0	0	0	0	0	0
A26	0	0	0	1	0	0	0	0	1	1	0	1	1	0	0	0	0	0	0	0
A27	0	0	0	1	0	1	1	1	0	0	0	0	0	0	0	0	0	0	0	0
A28	0	0	0	1	1	0	0	1	0	0	0	1	1	0	0	0	0	0	0	0
A29	0	0	0	1	1	0	1	0	0	0	1	1	1	0	0	0	0	0	0	0
A30	1	0	0	0	0	1	0	1	0	0	0	0	0	0	0	0	0	0	0	0
A31	0	0	1	0	0	0	0	0	0	0	0	0	0	0	0	0	0	0	0	0
B1	0	0	0	0	0	0	0	0	0	0	0	0	0	0	1	0	1	1	0	0
B2	0	0	0	0	0	0	0	0	0	0	0	0	0	0	1	0	0	1	1	0
B3	0	0	0	0	0	0	0	0	0	0	0	0	0	0	1	1	1	1	1	0
C1	0	0	0	0	0	0	0	0	0	0	0	0	0	0	0	0	0	0	0	1
C2	0	0	0	0	0	0	0	0	0	0	0	0	0	0	0	0	0	0	0	1
C3	0	0	0	0	0	0	0	0	0	0	0	0	0	0	0	0	0	0	0	1
C4	0	0	0	0	0	0	0	0	0	0	0	0	0	0	0	0	0	0	0	1
C5	0	0	0	0	0	0	0	0	0	0	0	0	0	0	0	0	0	0	0	1
D1	0	0	0	0	0	0	0	0	0	0	0	0	0	0	0	0	0	0	0	0

　　为了更加直观地反映重大工程项目社会稳定风险因素之间相关关系，将上述设计结构矩阵导入到 UCINET 软件中，从而得到设计结构矩阵 A 的网络拓扑结构图，如图 5.1 所示。从图 5.1 可以看出，重大工程项目社会稳定风险因素间的关系非常复杂，两个社会稳定风险因素间不仅会相互影响，还会通过其他风险因素传递影响。

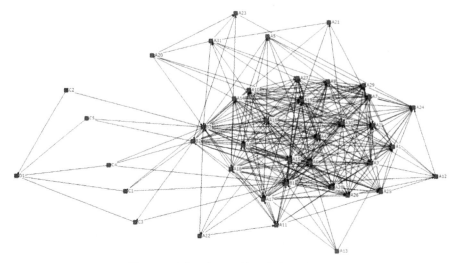

图 5.1　重大工程项目社会稳定风险网络

5.3　重大工程项目社会稳定关键风险因素及风险关系的识别

　　重大工程项目社会稳定风险生成机理研究的最终落脚点是重大工程项目社会稳定风险网络的研究，从中找出关键风险因素，对其进行科学评价并提出防范建议。通过前面的研究，已经建立了重大工程项目社会稳定风险网络，对重大工程项目社会稳定风险网络做了定性的描述。接下来，为了进行风险因素的分析与防范，需要对重大工程项目社会稳定风险网络进行定量研究。本章基于复杂网络理论，通过分析计算网络节点的中间中心度和节点连线的中间中心度找到重大工程项目社会稳定风险关键风险因素和关键风险关系，对重大工程项目社会稳定风险进行分析评价，并在此基础上，从风险网络阻断的角度，提出风险防范的措施与建议。这是重大工程项目社会稳定风险生成机理研究的核心。

5.3.1 关键风险因素的识别

本研究将通过点的中间中心度对重大工程项目社会稳定关键风险因素进行识别。通过计算点的中间中心度，对风险网络中各点集多大程度位于该网络的"中间"进行量化评估[244]。最后将两种网络分析方法的分析结果进行归纳整理，得到最终的重大工程项目社会稳定风险关键风险因素。

通过计算点的中间中心度，对重大工程项目社会稳定风险进行个体网络分析，探究各风险节点多大程度上处于整个风险网络的"中间"[245]。一个中间中心度较高的点在整个社会网络中起到了沟通和桥梁的作用，即若失去这个点，则许多节点间将失去联系[246]。网络中任一点 i 的中间中心度计算公式如公式（1）：

$$D_i = \sum_j^n \sum_k^n p_{jk}(i)，且 j \neq k \neq i，\ j < k \qquad （1）$$

式中：$p_{jk}(i)$ 表示点 i 控制点 j 和点 k 交往的能力。若点 j 和点 k 之间有 b_{jk} 条关系路径，其中需要经过点 i 的有 $b_{jk}(i)$ 种，则 $p_{jk}(i) = b_{jk}(i)/b_{jk}$，对网络中每个点的控制能力求和得到每个点的中间中心度，中间中心度排名前 24 位的风险因素如表 5.3 所示。

表 5.3　中间中心度排名前 80% 的风险因素

排名	风险因素	点的中间中心度	排名	风险因素	点的中间中心度
1	A19	119.57	13	A1	22.56
2	A6	54.59	14	A10	21.89
3	A18	53.7	15	A29	21.31
4	A30	47.46	16	A7	19
5	A15	46.67	17	A17	17.84
6	A24	45.63	18	A28	16.7
7	A9	40.76	19	A8	16.49
8	A27	38.08	20	A11	16.35
9	A2	33.95	21	A26	12.28
10	A16	33.93	22	A25	12.04
11	A14	28.54	23	A4	11.84
12	A3	23.61	24	A31	10.162

由此可知，在 31 个风险因素中取前 80% 为关键风险因素，点的中间中心度得出的重要风险因素为 A19、A6、A18、A30、A15、A24、A9、

A27、A2、A16、A14、A3、A1、A10、A29、A7、A17、A28、A8、A11、A26、A25、A4、A31，其中A31的中间中心度在11以下，且远低于11，故剔除A31。综合上述指标，重大工程项目社会稳定风险关键风险因素如表5.4所示。

表5.4　重大工程项目社会稳定风险关键风险因素

序号	风险因素
A19	当地对工程项目的建设不认可、不接受
A6	项目不能兼顾不同利益群体的诉求、不能统筹兼顾人民群众的现实利益和长远利益
A18	受到时间、空间、人力、物力、财力等因素的制约
A30	项目所在地可能引发的交通风险
A15	实施方案不周密、不完善，可操作性和连续性低
A24	项目引起的人文景观破坏
A9	信息公示与公众参与程度不够
A27	项目造成的噪声、辐射、粉尘影响
A2	立项审批程序不合法
A16	项目资金筹措和保障方案不可行
A14	项目与当地经济社会发展水平不适应
A3	不符合国家与地区产业政策、产业结构规划、行业准入标准
A1	法定前置要件不齐备
A10	拆迁方案不合理、安置补偿不到位
A29	项目引发的社区关系断裂的风险
A7	项目引发的地区、行业、群体之间的盲目攀比
A17	项目不具备完善的配套措施
A28	项目引起的流动人口增加
A8	项目造成的居民就业困难、收入降低、生活水平下降的风险
A11	项目开展时机不成熟
A26	项目造成的水土流失
A25	工程移民与安置区居民民俗宗教不融合
A4	项目造成的居民丧失土地的风险

5.3.2　关键风险关系的识别

由于关键风险因素往往与网络中的多个因素有关联，在进行重大工程项目社会稳定风险评估的过程中仍较为复杂和盲目，通过找出网络中的关键关系能够更直接地进行风险评估和风险治理工作。关键关系的识别主要通过线的中间中心度来表示。运用 UCINET 软件中的 Line Betweenness 功能实现关键关系的计算。其中线密度矩阵中密度大于 0 的数有 363 个，根据"二八法则"取前 20%的节点关系作为关键关系，结果如表 5.5 所示。

表 5.5　重大工程项目社会稳定风险关键风险关系

排名	关系	线的中心度	排名	关系	线的中心度
1	A23→A24	35.589	37	C1→D1	10.283
2	B3→C2	35.075	38	C4→D1	10.283
3	A30→A21	30.837	39	A31→A23	10.061
4	A20→A19	30.518	40	B2→C1	10.000
5	A31→A27	26.698	41	B2→C4	10.000
6	B3→C5	23.275	42	A13→A18	9.808
7	B1→C3	21.375	43	A16→A31	9.558
8	A19→A12	19.835	44	A19→A15	9.458
9	A18→A22	18.643	45	A19→A2	9.347
10	B3→C3	18.575	46	A13→A15	9.162
11	A18→A23	17.175	47	A29→A18	9.073
12	B1→C1	17.042	48	A30→A9	8.999
13	B1→C4	17.042	49	A16→A5	8.925
14	B3→C1	16.242	50	A29→A5	8.737
15	B3→C4	16.242	51	A6→A3	8.655
16	A21→A19	15.352	52	A11→A18	8.625
17	B2→C5	15.133	53	A13→A6	8.59
18	A19→A20	15.086	54	A14→A9	8.567
19	A15→A9	14.466	55	A14→A20	8.549
20	A19→A31	13.669	56	A24→B3	8.506
21	A5→A19	13.36	57	A15→A7	8.408
22	A24→A19	13.315	58	A27→A7	8.383
23	A6→A9	13.005	59	A8→A27	8.353
24	A24→A7	12.998	60	A10→A20	8.333
25	A22→A9	12.654	61	A27→A19	8.282
26	A19→A3	12.646	62	A8→A4	8.186
27	A5→A6	12.433	63	A15→A28	8.114
28	A19→A11	12.371	64	A19→A14	8.09

排名	关系	线的中心度	排名	关系	线的中心度
29	A21→A1	12.249	65	A8→A19	8.057
30	A9→A22	11.524	66	C3→D1	7.950
31	A8→A30	11.287	67	A16→A18	7.873
32	A6→A30	11.144	68	A3→A18	7.827
33	A19→A29	10.958	69	A30→A18	7.741
34	A24→A30	10.869	70	A27→A16	7.701
35	A22→A6	10.813	71	A22→A11	7.700
36	A19→A25	10.683	72	A17→A18	7.607

5.4 本章小结

通过对重大工程项目社会稳定风险的生成、传导过程的分析，理顺风险源、风险事件、风险结果之间的因果联系，识别重大工程项目社会稳定风险因素，在此基础上，构建重大工程项目社会稳定风险网络，并基于复杂网络理论，分析得到重大工程项目社会稳定风险关键风险因素和关键风险关系，加深对重大工程项目社会稳定风险的理解，为后文的重大工程项目社会稳定风险评价、风险防控奠定理论基础。

6 重大工程项目社会稳定风险评估机制现状及存在的问题

6.1 重大工程项目社会稳定风险评估机制发展历程

6.1.1 国家政策历程

我国关于社会稳定风险评估经历了调研探索和全面推出政策两个阶段。2005 年，工程项目风险评估工作试点在遂宁市取得良好成效。在中央维稳办调研组对遂宁做法考察之后，将遂宁模式在全国范围内进行推广。自此，调研探索阶段开始。2007 年，重大事项社会稳定风险评估政策开始在全国范围内推广。2009 年后，社会稳定风险评估机制受到中央的高度重视，一系列关于社会稳定风险评估机制的政策接连推出，主要政策如表 6.1 所示。

表 6.1　关于社会稳定风险评估的相关政策内容

提出文件	主要内容
十七届五中全会	建立社会稳定风险评估机制
"十二五规划"	社会和经济双评估
关于建立健全重大决策社会风险评估机制的指导意见	明确了评估主体、内容、程序等
国家发展改革委重大固定资产投资项目社会稳定风险评估暂行办法	明确提出将社会稳定风险评估作为独立篇章，并将社会稳定风险等级分为三级，明确有关部门责任
十八大报告	要建立动态的社会管理机制
国务院工作规则	对容易引发社会稳定的重大事项要采取多种形式进行社会稳定风险评估

续表

提出文件	主要内容
十八届三中全会	强调健全重大决策社会稳定风险评估机制
2015 年政府工作报告	深入开展法治宣传教育，加强人民调解工作，完善法律援助制度，落实重大决策社会稳定风险评估机制，有效预防和化解社会矛盾
关于加强社会治安防控体系建设的意见	落实重大决策社会稳定风险评估制度，切实做到应评尽评，着力完善决策前风险评估、实施中风险管控和实施后效果评价、反馈纠偏、决策过错责任追究等操作性程序规范
十二届全国人大四次会议	进一步强调了社会稳定对经济发展的重要性
健全落实社会治安综合治理领导责任制规定	强调了严格落实领导责任，科学运用评估、督导、考核、激励、惩戒等措施，使各级领导班子、领导干部切实担负起维护一方稳定、确保一方平安的重大政治责任，保证党中央、国务院关于社会治安综合治理决策部署的贯彻落实
十九大报告	完善党委领导、政府负责、社会协同、公众参与、法治保障的社会治理体制，提高社会治理社会化、法治化、智能化、专业化水平，加强预防和化解社会矛盾机制建设，正确处理人民内部矛盾
关于推进重大建设项目批准和实施领域政府信息公开的意见	把重大建设项目批准和实施领域政府信息公开作为全面推进政务公开工作的重要内容，积极回应社会关切，更好保障人民群众知情权、参与权、表达权、监督权，表明了政府信息公开和公众参与对于社会稳定风险评估工作开展的重要程度

6.1.2 各地实践历程

最早实施的四川遂宁社会稳定风险评估对全国其他地市具有重要的引领作用。各地区的实践与国家政策发展阶段同步，也分为两个阶段。

第一阶段：部分地区自发对遂宁经验进行借鉴，并在当地积极开展实践。在遂宁模式取得良好成果后，这些地区根据遂宁模式的经验，积极进行与本地区社会经济发展相适应的社会稳定风险评估机制建设，如江苏淮安和浙江宁波在 2006 年开始，上海在 2007 年开始，分别选择了不同的项目进行实验和试点。这些地区的成功实践和经验，为社会稳定风险评估制度在全国范围内的建设和推进打下了坚实的基础。

第二阶段：全国范围内全面开展重大事项社会稳定风险评估机制建设。中央在经过对遂宁模式的调研和探索后，2007 年开始在全国各地大力推动重大事项社会稳定风险评估,全面进行社会稳定风险评估机制的建设。2009 年以后,中央出台了一系列规范社会稳定风险评估机制的政策文件,进一步加强社会稳定风险评估机制的推广和实践。在这种背景下,社会稳定风险评估机制的建立得到了各地的积极响应。各地关于社会稳定风险评估相关规章制度如表 6.2 所示。

表 6.2 各地关于社会稳定风险评估相关规章制度

时间	规章制度	主要内容
2010 年	四川省社会稳定风险评估暂行办法	社会稳定风险评估工作全面展开,明确社会稳定风险评估内容
2010 年	贵州省建立社会稳定风险评估机制	防范化解社会稳定风险的跟进措施被纳入重大项目审查中,将风险评估及其化解措施作为决定项目立项的必备条件
2011 年	福建省社会治安综合治理条例	建立健全经济社会发展重大决策、重大建设项目的社会稳定风险评估机制,建立公共应急体系,健全矛盾纠纷预警报告、督办制度,完善突发群体性事件应急处置机制
2012 年	江苏省《关于健全重大决策社会稳定风险评估机制的意见（试行)》	明确规定了社会稳定风险评估工作的基本原则和总体目标、工作范围和实施内容、评估主体和操作流程、结果运用和实施跟踪
2012 年	黑龙江省《社会稳定风险评估实施办法（试行)》	涉及群众切身利益重大决策和重大工程项目,都要开展社会稳定风险评估工作,明确组织领导和责任主体,实施责任追踪
2013 年	云南省《重大固定资产投资项目社会稳定风险评估方法（试行)》	切实预防和减少社会不稳定因素对重大固定资产投资项目的影响
2014 年	山东省《重大固定资产投资项目社会稳定风险评估暂行办法》	要求评估主体组织对社会稳定风险分析开展评估论证,提出社会稳定风险评估报告的行为
2015 年	山西省《关于建立省属国有企业重大决策社会稳定风险评估机制的指导意见》	把社会稳定风险评估作为省属国有企业重大决策的前置条件和必经程序,为省属国有企业的改革、发展与稳定提供坚强保障
2017 年	《安徽省人民政府关于印发重大决策风险评估办法的通知》	明确了重大决策风险评估报告应该包含的具体内容,如基本情况、评估主题、评估方式、评估过程等
2017 年	《甘肃省社会稳定风险评估责任追究办法（试行)》	指出了追究社会稳定风险评估的原则,责任划分标准及责任主体,追究方式和追究程序

至今全国绝大多数地区都已逐步开展社会稳定风险评估工作，并达成"共识"。对于相关政策文件或规章制度、实施办法，相应的下属市、县也纷纷响应，社会稳定风险评估工作广泛开展。对不同地区的相关文件进行对比分析，可以看出各地在评估机制建设上都对评估组织、对象、内容、流程和问责制度五个方面相当重视。

在国家政策推进下，绝大多数地区政府积极响应并建立了社会稳定风险评估机制，社会稳定风险评估机制建设取得重大进展。其中以四川遂宁模式、浙江定海模式、江苏淮安模式、山东烟台模式等最具有代表性。

1. 遂宁模式

四川遂宁最早开始社会稳定风险评估机制建设，并通过摸索总结出了遂宁模式。遂宁模式对全国范围内社会稳定风险评估机制建设的贡献主要有以下三个方面：一是提出在制度层面为重大事项的决策进行约束——重大事项在出台之前必须进行风险评估，未经过风险评估或者评估不合格的项目不做决策、不予审批、不能实施。二是遂宁模式第一次明确了重大事项社会稳定风险评估内容——从合法性、合理性、可行性、安全性、可控性五个方面进行评估。三是遂宁模式建立了一个相对规范的评估流程——第一，责任部门制定评估方案，进行初评；第二，由维稳、法制和相关领域主管部门主要从合理、可行、合法、安全方面对评估主体开展评估；第三，采用多种方式公开征求民众意见；第四，组织相关部门进行会议评审，综合评价，做出评估结论；第五，根据评估结果，进行科学决策。遂宁模式指标体系虽然比较粗糙，但是对评估范围、评估主体、评估内容进行了明确规定，规范了评估流程，建立了较为完整的评估框架，为其他地区社会稳定风险评估机制的开展提供了"较为标准的范式"。

2. 定海模式

2008年，浙江省舟山市定海区正式开展社会稳定风险评估工作。与遂宁模式相比，定海区的评估模式做了一定的调整。首先，评估范围的调整，定海模式将重大事项的界定细化为重点领域和一般领域，针对不同领域相应组织评估工作的领导小组有所不同；其次，评估内容的调整，在合法性、合理性、可行性和可控性的基础上，提出采用专家组评估的方式对重大决定、政策进行评估，委托专业评估机构对重大建设项目进行评估；最后，评估流程的调整，按照确定评估事项、制定方案、组织开展评估、编制评估报告、做出评估决定等五个步骤展开。同时，为了形成相对完整的评估体系，定海区出台了政策保障评估机制的实施措施，如工作操作规范、绩效考评办法、责任追究办法等。

3. 淮安模式

淮安市从 2006 年开始推行社会稳定风险评估制度，并取得了不少成效。淮安模式在遂宁模式的基础上有两方面的改进，一是规范了评估流程，包括制定方案、收集民意、分析论证、落实维稳、跟踪评估五步。落实维稳和跟踪评估的提出使得社会稳定风险评估工作不局限于评估，这也是淮安模式在遂宁模式上最大的突破点。二是评估后持续追踪，实现全过程评估。同时，淮安市开发了社会稳定风险评估信息化管理系统软件，将社会稳定风险评估工作在线上推广，实现了网上监督、报备、评估，极大促进了评估工作的高效化。

4. 平阳模式

平阳模式最突出的特点是由被动处置转变为主动预防，这一做法在平阳取得了良好效果。平阳模式主要有以下几方面特点：第一，评估范围，凡是涉及民众生产生活、社会发展的工程项目，如土地征收、拆迁安置、水利工程、治污工程等，必须由地方政府牵头、各个相关部门配合开展社会稳定风险评估会议，并邀请民众代表、社会代表、人大代表等参加。第二，评估内容合法、合理、可行、可控等。第三，评估步骤，一是分析项目对生态环境、社会治安以及对民众生活的影响程度；二是进行民意调查，收集民众对项目实施的态度；三是分析可能出现的风险事件；四是对可能出现的冲突事件进行评估，并制定应急预案；五是得出风险评价结果，编制风险评估报告。

四种评估模式对比分析如表 6.3 所示。

表 6.3　四种评估模式对比分析

	遂宁模式	定海模式	淮安模式	平阳模式
评估范围	重要决策、重大改革、政策调整、政府部门确定的重大工程项目	重大决策、重大政策、重大改革以及重点工程建设项目	重大决策、重大政策、重大项目、重大改革	涉及民众生产生活、社会发展的工程项目，如土地征收、拆迁安置、水利工程等
评估主体	重大事项的决策提出部门、政策建议部门、改革部门、项目报建部门	重大政策、决策由专家组评估，重大项目由专业的评估机构评估	项目的申报审批部门、改革的牵头部门、工作的实施部门均为负责组织实施重大事项社会稳定风险评估的责任主体	相关领导、人大代表、政协委员、群众代表

	遂宁模式	定海模式	淮安模式	平阳模式
评估内容	合法性、合理性、可行性、安全性、可控性	重大决定、决策的评估内容是合法性、合理性和可行性，重大建设项目则重点评估可行性、合理性、稳定性和可控性	合法性、合理性、可行性、可控性	合法性、合理性、可行性、可控性
评估流程	①责任部门初评；②维稳、法制相关部门详评；③公开征求群众意见；④召开审查会，做出评估结论；⑤根据评估结果科学决策	①确定评估事项；②制定评估方案；③组织开展评估；④编制评估报告；⑤做出评估决定	①确定评估对象；②收集社情民意；③分析论证，编制评估报告；④根据评估结论落实维稳方案；⑤跟踪评估事项，做好后续评估	①研究涉及群众利益事件可行性；②收集动态；③分析预测风险事件；④风险评估，制定预防对策；⑤做出结论，编制风险评估报告

表 6.3 对目前实施比较成功的评估模式进行了归纳总结，其评估的框架均包括评估范围、评估主体、评估内容和评估流程。下面对这几种模式的评估框架进行分析比较：

1. 评估范围。四种模式的评估范围都包括四大类，即重大决策、重大改革、重大政策和重大项目。范围的界定都比较笼统，其中平阳模式指出了包括土地征收、拆迁安置、水利工程、治污工程等具体项目，对重大项目做了一定的细化，但是对拆迁安置规模、建设规模等的界定仍较模糊，这也给评估范围界定带来了难度。

2. 评估主体。遂宁、淮安模式的评估主体是重大事项的决策提出部门、政策建议部门、改革部门、项目报建部门，而定海模式提出针对不同模式分别采用专家组评估和第三方评估机构，平阳模式提出了群众代表、人民代表等参与评估。后两种模式中的引进专家组和第三方评估机构以及引进公众参与相比于遂宁、淮安"自己评自己"模式更加客观，值得借鉴。

3. 评估内容。遂宁、淮安和平阳模式评估内容基本一致，即合法性、合理性、可行性和可控性，定海模式针对重大决定、决策和重大项目评估选用不同的评估内容——重大项目的评估将合法性评估改为稳定性评估。总体来说，四种模式的评估内容基本一致。

4. 评估流程。遂宁、定海和平阳模式是基本的五步工作法，而淮安模式在得出评估结论后，增加落实维稳措施和跟踪后续评估，延长了评估流程，使得整个评估过程更加完整，后续措施更加健全，对工程项目进行动态评估，使评估结果具有科学性，进一步保障了社会稳定，值得借鉴。

6.2 我国重大工程项目社会稳定风险评估机制存在的问题

6.2.1 基于文献研究的重大工程项目社会稳定风险评估机制存在的问题

主要采用文献研究法探索重大工程项目社会稳定风险评估机制存在问题，并与各地实际的社会稳定风险评估模式相结合。我国重大项目社会稳定风险评估起步于 2005 年，与此同时，一些学者也对该领域进行了探索，并形成了一些比较成熟的学术成果，本研究希望通过对这些文献的加工、整理、归纳、分析与总结，得出目前我国重大工程项目社会稳定风险评估存在的问题。

本研究涉及的文献主要来源于 4 个渠道，如图 6.1 所示。

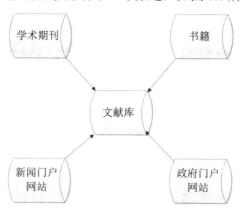

图 6.1　文献来源的组成结构

由图 6.1 可知，一是在学术期刊中查找，通过输入关键词 "社会稳定风险评估""重大工程项目""风险评估机制""风险评价" 等进行检索；二是查找书籍，主要查找关于重大事项、水利项目评估等方面的书籍；三是搜索新闻门户网站，通过输入关键词 "重大事项""社会稳定风险评估""经验借鉴""评估模式的思考""社会风险评估案例" 等，搜索各地的社会稳定风险评估模式的特点、案例，并针对相应特点和案例总结各地在实践方面的不足；四是查询政府门户网站，主要从城乡建设委员会、维护社会稳定办公室、信访部门、发展和改革委员会、市人民政府等官方网站获取资料。具体的文献来源基本情况如表 6.4 所示。

表 6.4 文献来源基本情况一览表

主题词	学术期刊		硕博士论文（篇）	书籍数量（本）	政策文件（份）	政府官网（个）
	数量（篇）	时间跨度（年）				
重大工程项目社会稳定风险评估	289	2005—2018	51	6	58	28

对于上述收集的文献，通过深入阅读、分析、总结，得出部分学者对现行社会稳定风险评估存在问题的剖析，如表 6.5 所示。

表 6.5 社会稳定风险评估机制存在问题研究总结

作者	存在的问题
陈静（2010）[97]	评估地位不独立，责任主体不明确，风险等级划分不明确，利益相关者不准确
童星（2010）[99]	评估主体不独立，评估方法不清晰，问责机制不健全
董幼鸿（2011）[124]	评估制度认识不统一，缺乏规范的法律体系，民众参与度不高，评估技术落后，评估责任主体不清晰
李丰松（2014）[247]	思想认识不足，评估主体不明确，指标不规范，评估人员专业能力不强，评估范围不明晰
徐亚文、武德志（2012）[248]	评估主体的信息局限性，评估内容的局限性，评估程序的局限性
胡智强（2013）[249]	偏重定性研究而量化研究不充分，评估主体单一，评估模式不尽合理
蒋俊杰（2014）[203]	评估理论研究不足，评估主体单一，评估程序与现有决策程序不对接
张小明（2014）[250]	评估主体独立性和客观性不强，程序不规范，评估标准不统一，公众参与不够，评估责任主体不健全
张光全（2014）[251]	评估主体不科学，政策制定不配套，评估方法不科学
黄杰等（2015）[132]	各级政府对稳评制度认识不统一，稳评机制在地位、主体、方法和问责等方面都存在着不足
朱正威等（2016）[252]	不符合公共利益，不符合经济发展规律，补偿不到位
曹峰、王巧（2017）[253]	思想认识有待提高，公众参与难以保证，法律体系不完善
王娟丽（2017）[254]	补偿标准不合理，公众参与度低，应急方案不合理

通过不同学者对社会稳定风险评估中存在问题的分析，结合本研究的

认识和理解，提炼出社会稳定风险评估工作中最常见也是最主要的问题，具体阐述如下：

1. 评估工作流于形式化

一方面，大部分评估文件是由当地发改委制定并颁布，但是在现实工作中，某些项目带有较强的"领导意志"。另一方面，发改委与其他工程领域行政主管部门处于同一行政级别，其发出的"指令"在行政效力上会有明显的不足。相对而言，由发改委同维稳办一起制定的文件的行政效力会更大，因为维稳办较发改委更加具有行政话语权。

针对评估步骤，大部分文件规定项目审批单位（一般而言是发改委）要根据项目单位提交的风险评估报告进行批复，但是项目审批单位不会单独再次去进行社会稳定风险评估。因此项目单位很可能会对风险评估报告进行造假，导致风险评估报告实质上变成了"项目可批性报告"，缺乏科学性。在常委会决定的讨论中，由于分管领域专业知识和人为等因素，很难对其他成员负责的部分提出问题和建议，使评估变得形式化。

2. 评估体系有待完善

现阶段社会稳定风险的评估体系，仍然存在评估范围界定模糊、评估主体不尽合理、评估方法单一、评估内容不够具体等问题。

（1）评估范围界定模糊。现行的社会稳定风险评估条例中，评估的范围界定为与人民群众利益密切相关的重要政策、重大决策、重大改革、重大工程建设项目等重大事项。评估范围笼统，没有明确对于"重大"界定范围，增加了实际操作的困难程度，在增加评估成本的同时，评估效率大打折扣，评估工作的执行力度也大幅度被削减。

（2）评估主体不尽合理。在设置评估主体时，一般是将决策的提出单位、政策的起草单位、工程项目的报批审批单位、改革的牵头单位定为责任主体，负责牵头组织实施社会稳定风险评估工作，而重大项目的建设单位有着评估责任主体和实施主体的双重身份，难以保证评估结果的客观性。

（3）评估方法单一。选择合理的评估方法对整个评估结果的科学性有着至关重要的作用。在整个评估过程中，主要是民意调查阶段和风险评价阶段涉及的评估方法较多。但受资源条件的限制，多种调查形式无法真正开展，从而导致民意调查阶段只能采用比较单一的方式进行调查；同时，由于专业风险评估人才的缺乏，可选择的风险评价方法也比较单一，导致风险评价结果精确性不足，达不到评估要求。

（4）评估内容不够具体。现有评估模式只对评估内容进行了笼统的阐述，且内容阐述不全面，评估内容的具体指标不明确，导致有些评估事项无类可归。而且，社会稳定风险评估涉及的内容复杂众多，评估内容无法将所有评估因素包含在内，评估缺乏全面性。

3. 公众参与程度不够

目前公众参与方式多是利用大平台进行公示公告，即将信息发布在各部门官方网站，但这种方式的效果有限，无法保障公众的参与权，预期受众群体对这类内容的关注度不足，登录网站并进行查询的人更是少之又少，群众对相关信息的理解深度有限，如国土局、环保局发布的信息中涉及的专有名词对于大部分群众而言理解难度过大。虽然这种办法受众面广，但由于信息量大，要在信息海洋中找到想要且有用的信息较为困难。从受众角度来看，群众希望项目建设方对项目事宜尽可能说得详细；但推送者在对信息进行推送时可能会由于某些利益的驱动，将部分信息进行隐瞒，同时由于篇幅和其他一些情况的限制，不可能将项目所有信息完全公布，这在一定程度上也导致了双方的信息不对称，从而降低公众的参与积极性。在加强公众参与方面仍需进行较大的努力，一方面，要提高群众参与的意识；另一方面，拓宽参与方式，强化信息公布的精准程度。

4. 评估结果难以实施运用

社会稳定风险评估的最终目的不仅是识别风险，更重要的是对相应的风险进行控制和化解，确保重大项目的顺利实施。因此，社会稳定风险评估是一个全过程的评估，从风险识别到风险评估，然后进行风险预警，并最终化解风险。在实践中，一般把社会稳定风险评估程序分为：确定评估对象，制定评价方案，分析和预测，形成评估报告，确定实施的意见以及保障稳定的相关措施。延缓对高风险项目的决策，制定风险控制策略，提出相应应对措施，跟踪其联动风险，最终化解风险，防范重大不稳定事件的发生。评估结果实施的困难与地方党委和政府部门之间的相互协商配合息息相关。例如，提出决策的部门或牵头部门在实施过程与评估工作中涉及跨部门的信息，往往需要维稳办和信访部门的参与；而在实施维稳措施阶段，由于权限和预算约束，财政部门的参与和协助是必不可少的；社会保障部门、司法部门的参与在化解已产生的社会矛盾中有着必不可少的作用。然而，目前仍存在各部门缺乏协调配合、各自为政、互不干涉的问题。虽然各地制定的操作细则及实施意见对社会稳定风险评估工作的职责进行了分工，但各部门在实际运作中，具体职责交叉、相互推诿的情况常有发生。项目评估的预防、解决和处置措施的牵头部门仍然不明确，容易导致评估的预防、解决和动态跟踪等工作难以有效实施。

5. 法律法规不健全

缺乏权威的、统一的、系统的法律制度，导致社会稳定风险评估工作的规范性、权威性不够，风险评估的质量受到影响。由于没有统一的社会稳定风险评估制度的法律文本，社会稳定风险评估工作主要是根据自己的理解来逐步推进评估工作，缺乏统一的标准指导文件，影响了风险评估的质量和效果。同时，对权威的社会稳定风险评估结果的实际运用不明显，对于出台政策、进行改革、做决策、审批项目没有实际的一票否决权。在发展是第一要务的思想下，一些地方领导人并没有真正建立评估结果不达标就一票否决的意识和决心，对于因地方政府行为而导致风险评估结果不真实的情况形成有效约束，这种系统设计缺陷影响社会稳定风险评估工作的进一步开展。

6.2.2 基于政策文本的重大工程项目社会稳定风险评估机制存在的问题

本节采用内容分析法对省级政府部门颁布的重大工程项目社会稳定风险评估有关文件进行分析，从政策文本层面得出目前各地重大工程项目社会稳定风险评估组织及其运行机制的现状及其问题。

1. 内容分析法简介

内容分析法是一种对传播内容进行客观、系统和定量的描述的研究方法，其实质是对传播内容所含信息量由表征的有意义的词句推断出准确意义及其变化的过程。内容分析法具有明显、客观、系统、量化等特点[243]。运用内容分析法，对现有的新闻报道、文献、网络资料等文字内容信息进行分析，从文字中对某一事物的现状进行研究总结。

内容分析法的一般过程包括提出研究问题或假设、选择合适的样本、选择和定义分析单位、构建分析的内容类别、建立量化系统、对内容进行编码、分析搜索到的数据、得出结论并解释八部分。

（1）提出研究问题或假设。该步骤的目的是研究者要将内容分析的目的清楚地表达出来。设定清晰的研究目标，避免为了统计而统计导致无目的的数据搜集。此外，要指定研究主题领域。研究主题的确定有助于后续进行类目的确定。可以从现有研究成果或实际问题中得出研究主题。

（2）选择合适的样本。在对研究目标相关信息进行总体研究存在较大的不可行性时，需要选取合适的样本进行抽样分析。样本的选取应当具有符合研究目的、所包含信息量大、内容与研究目的连贯、各内容之间体例基本一致等特征。通过对样本的分析能够得到具有反映总体性质的结论。样本的选取方式可以采取随机抽样、按时间抽样、按内容抽样、多级抽样等方法。

（3）选择和定义分析单元。分析单元即实际需要统计的东西，它是内容分析的最小单位，在一定的研究题目中，分析单元可以选择词语、句子、段落、整篇文章等。要以研究目标为前提进行分析单元的选定，比如为了研究与重大工程项目有关的报道占报纸的篇幅，那么选择与重大工程项目有关的词语作为分析单元就会导致工作量巨大，但若选择整篇文章作为分析单元则会大大简化统计工作。分析单元是否合适、能否清晰地界定与使用，直接关系到研究结果的有效性。

（4）构建分析的内容类别。这是对数据进行分类研究。分类体系的构建必须以研究目标为基础，所有的类别均不能脱离研究目标，且尽量做到各类别功能明确，类别内容互斥且可靠。

（5）建立量化系统。量化系统是指在内容分析方法中的量化方法，主要有定类、定距、定比三种。

（6）对内容进行编码。所谓编码，就是把分析单元分配到类目系统中的过程。

（7）分析搜集到的数据。采用描述性统计方法进行分析。首先对统计结果进行描述，采用图表法；其次对统计结果进行推断分析，即根据样本对总体进行推算；最后对结果进行分析，探讨所得的结果之间的关系。

（8）得出结论并解释。若是研究目标为检验假设问题，则应当对分析结果与所做假设进行对比，其结论应当是明确的。若是研究目标为描述性的，则需要对分析结果的含义及其重要性进行解释。

内容分析法中八个应用步骤之间的关系如图6.2所示。

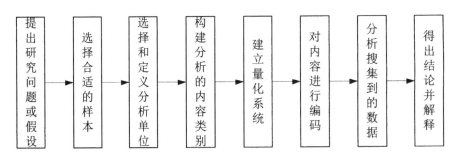

图6.2 内容分析法的应用步骤

对于社会稳定风险评估工作而言，不论是重大决策、重大改革、重大事项或重大工程项目（重大固定资产投资项目），风险评估工作要能够有效地展开，必须保证以下两个前提：一是建立和完善相应的规章制度；二是保证规章制度能够依法执行。规章制度的建立是依法执行的前提条件，是依法执行社会稳定风险评估工作的有效的保障。规章制度完全体现在政府有关部门颁发的政策文件当中，因此，信息的获取也相对容易；而执行情况则需要在实地调研的基础上对调研信息进行统计和分析，这个过程需要花费大量的时间。政策文件以及与政策相关的文本是政府政策行为的反映，文本的语义是记述政策意图和政策过程尤为有效的客观凭证[255]。

综上所述，采用内容分析法对各地政府颁发的有关重大工程项目社会稳定风险评估有关文件进行分析，能够了解各地评估工作的流程、方法等均是参照这些政策文件进行制定，因此这些政府颁布的文件从源头体现了各地评估的现状或存在的问题。

2. 基于内容分析法的重大工程项目社会稳定风险评估机制现状与存在问题

（1）提出研究问题或假设

本研究的研究目标之一是通过对国内有关重大工程项目建设的社会稳定风险评估有关文件进行分析，了解目前我国各地重大工程项目社会稳定风险评估现状，发现问题并找到关键症结。不同的研究人员有不同的研究偏好，这导致即使针对同样的样本却有不同的研究目标。本研究整体的研究目标是建立重大工程项目社会稳定风险的评估组织。在我国目前的行政体制设置下，各部门分工明确少有交叉，但重大工程项目社会稳定风险评估工作需要多个部门的共同协作，因此，把各个部门串联起来是合理有效地进行评估工作的前提。组织是每一项工作、每一项任务得以顺利开展必不可少的存在。每一个人都归属于某一个组织内部，因此哪怕是由个人完成的工作也必属于某个组织。因此，组织的建立是有效进行重大工程项目社会稳定风险评估工作的基础，组织同时具有激励和约束作用，对重大工程项目社会稳定风险评估工作的开展具有积极意义。所以，本研究的最主要问题是现行的我国重大工程项目社会稳定风险评估机制中，有没有从制度这一层面进行组织结构设计，有没有明确完善的评估流程与方法，有没有相应的组织运行机制等。

（2）样本的选取

依照我国现行的行政体制设置，各级行政法规的制定遵循国家、省、市、县的层级进行划分，即下级政府制定的规章制度要以上级政府颁布的规章制度为基准。一般来说，下级政府所制定的某一方面的规章制度都是在上级政府所制定的基础上联系当地实际情况进行制定。例如国务院某部委 A 颁布的行政法规 X，某省 B 则会参照 X 结合 B 省的实际情况制定法规 Y，B 省下辖的 C 市则会根据其自身的情况制定法规 Z。对于重大工程项目社会稳定风险评估组织的现状分析而言，2012 年，国家发改委颁布了《重大固定资产投资项目社会稳定风险评估暂行办法》，随后，各省、自治区、直辖市均以该办法为基准，结合当地发展情况制定了相应的文件，各行政区下辖地级市、县也会相应制定评估办法，因此有关重大工程项目社会稳定风险评估的文件数量众多。因此，在样本的选取方面有以下要求：（1）样本要具有代表性。本研究前述内容已经阐述过，除国务院部委之外，省级政府部门颁布的文件在该行政区划内是除国务院部委颁布的文件之外的具有最高行政效力的文件。（2）样本容易搜集。一般省级政府部门的官方网站会对省级政府部门颁布的相关文件进行公示，但市、县一级则可能存在信息公示缺失的情况。综合考虑上述两方面，本研究选择全国 18 个省、自治区、直辖市、部分省份的省会城市颁布的相关文件作为样本。

在这里需要特别说明的是，某些省份颁布的有关重大工程项目社会稳定风险评估的文件在互联网上无法搜集到，原因可能是没有公开或没有制定，也有可能是针对重大工程项目社会稳定风险评估的信息没有单独发布文件，而是和重大事项、重大决策、重大改革等一起放入一个社会稳定风险评估有关文件当中进行颁布。由于政府部门的机构设置是按照职能进行划分的，因此重大工程项目领域或工程项目领域的主管部门、责任部门、牵头部门等与重大决策、重大事项等的部门是不同的。此外，若是把重大工程项目社会稳定风险评估与重大决策社会稳定风险评估、重大事项社会稳定风险评估等放在一个文件当中，内容上必然没有单独一个文件说明得详细，也不符合样本"各内容之间体例一致"的要求，因此对于这类文件，虽然是省一级颁布的仍需要从样本中剔除。但是为了能够全面反映样本总体的情况，达到研究目的，本研究进行了样本的替换，选用该省省会城市的有关文件作为样本的选择。这样做的主要原因是省会城市作为该省的政治文化中心，与省政府的关系较别的城市更加密切，思想上具有较强的一致性，省会城市关于政策的制定和执行对省政府有关精神的体现更加全面和准确。因此，对于部分无法搜集到单独文件的省份，采用其省会城市颁布的有关文件进行替换。具体样本情况见附录1。

（3）重大工程项目社会稳定风险评估组织及其运行机制现状分析

本研究的目的是建立重大工程项目社会稳定风险的评估组织架构及运行机制，因此对于分析单位与内容类别的构建都应当从组织这一层面进行。由于分析的是文字内容，因此分析单位应当是与组织架构及运行机制有关的词语、句子或段落。其中，评估组织架构所包含的分析单元可以包含"评估组织"，评估组织中应当包含"评估主体"；运行机制中，分析单元可以包括"评估流程""评估意见收集方法""专家咨询""公众参与""责任追究"等与组织运行有关的语句。

确定了分析单元之后进行内容类别的构建。为了使评估组织的情况得到充分的体现，本研究构建了以下几种内容类别，并选用类别尺度（即主要统计分析单元在类别中出现的频率）对数据进行了编码处理：

① 评估文件制定主体。评估文件的制定主体反映了制定评估机制的主要牵头部门或责任部门，不同行政级别的部门其行政话语权不同，同一级别的行政部门话语权也有所差异，因此评估文件颁布主体的行政级别在一定程度上决定了相关文件的行政效力的大小。从收集到的 18 份文件资料来看，制定主体是发改委的有 14 份，占 78%；制定主体是发改委与维稳部门的有 3 份，占 17%；颁布主体是政府办公厅的有 1 份，占 5%。

② 条款结构、内容体量与时效。社会稳定风险评估机制作为一种正式程序性机制，其文本通常呈现为"章、节、条、款"的结构形式。通常而言，文本的结构形式越丰满、章节之间设置越合理、条款数量越多、政策文本的内容体量越大，表明该文件的出台经过相当程度的分析、研究与论证，说明该项政策内容详细，且可执行性高。由于收集到的文件格式均不一样，其中包含了"章"，表现形式为第一章××、第二章××，以此类推；包含了"节"，表现形式为"一 ××、二 ××……"；包含了"条"，表现形式为"第一条××、第二条××……"；包含了"项"，表现形式为"（一）××、（二）××……"；包含了款，表现形式为正文××。为了便于统计，本研究在此做出如下设定："章"与"节"在文本结构中属于同一级别；"条"在文本结构中次于"章"与"节"；"项"与"款"在文本结构中属于同一级别，次于"条"。研究发现，在已制定的文本中，条款结构拥有"章、条、款"三级结构的文件 1 份，占 5%；拥有"节、项或款"两级结构的文件 3 份，占 17%；有用"条、项或款"两级结构的文件 14 份，占 78%。其中，有"章"的文本中，共有 6 章；有"节"的文本中，平均为 6 节，标准差为 0.58；有"条"的文本中，平均为 17 条，标准差为 4.74。

由于所收集到的文件有 18 份，可以进行字数统计（有 3 份为图片格式无法快速统计字数），因此只讨论这 18 份文件的内容体量情况。在 18 份文件中，有 4 份文件在 2000 字以下，占 20%，平均字数 1713 字，标准差 188；有 7 份在 2000—3000 字（其中一份 3007 字），占 38%，平均字数 2497，标准差 375；有 5 份在 3000—4000 字，占 25%，平均字数 3292，标准差 78；1 份 4000—5000 字，占 6%；有 1 份 5000 字以上，占 6%。

关于文件时效，有 14 份未对文件失效做出规定，占 78%；在做出规定中的 4 份中，有 2 份的规定时效为 2 年，1 份时效为 3 年，1 份时效为 5 年。其中 1 份文件规定时效已经于 2018 年 1 月 1 日到期。具体情况如表 6.6 所示。

表 6.6　条款结构、内容体量与时效

地区	章节设置	字数	时效
上海	6 节	3400	无规定
天津	19 条	2407	5 年
重庆	22 条	2130	无规定
广东	17 条	/	无规定
广西	6 章 28 条	5302	无规定
内蒙古	14 条	3007	无规定
陕西	14 条	2874	无规定
新疆	6 节	3224	无规定
福建	14 条	2100	无规定
辽宁	13 条	/	无规定
河北	18 条	/	2014.1.1—2015.12.31
山东	20 条	2465	2014.6.1—2016.5.31
云南	16 条	1621	无规定
江苏	20 条	3294	无规定
浙江	19 条	3250	无规定
山西	7 节	4335	无规定
兰州	8 条	1589	2013.5.12—2016.5.11
武汉	13 条	1929	无规定

③ 评估组织。评估组织的建立是评估能够流程化、标准化、规范化的基础，也是有效开展评估工作的保障。首先，需要在组织层面建立"领导小组"；其次，在领导小组之下设立相对应的职能部门，两者共同构成评估组织架构。然而在收集的 18 份文件中，只有山西省发改委制定的文件中明确提出了成立"山西省发展改革委成立重大社会决策、重大工程项目社会稳定风险评估领导小组。投资处为全委重大决策、重大项目风险评估工作的协调处室。工作职责是：在领导小组的统一部署和指导下，负责制定和完善相关制度，协调组织开展风险评估工作"。明确提到有关建立组织的语句所占比例仅仅只有 5%。

④ 评估范围界定。评估范围决定了重大工程项目社会稳定风险评估

应当对针对哪些项目进行，科学合理地界定评估范围能够有效防止高风险项目被遗漏。在 18 份文件中，有 8 份对评估范围进行了明确或较为明确界定，占 44%。具体情况见表 6.7。需要说明的是，本研究只针对相关文件是否进行范围界定及其种类区分进行讨论，对于部分文件中采用定量的方法进行范围界定的情况，为了能够更好地归类，本研究只对同一类别的范围进行统计，具体定量数据是否合理在此不进行讨论。

表6.7　主要评估范围及其比例分布

主要评估范围	响应次数	占比
省发改委审批、核准、备案	11	23%
报国家发改委审批、核准	11	23%
涉及土地与房屋征收的	6	13%
开展项目前期工作中发生过群体性事件	2	4%
在项目规划、环评公示阶段发生社会不稳定问题的	3	6%
应该编制环评报告的	3	6%
涉及重大地质勘察和矿产资源开发、环境保护工程、基础设施类的	6	13%
其他有可能引起社会不稳定的项目	5	12%
合计	47	100%

⑤ 评估中的各个主体。重大工程项目社会稳定风险评估中的各个主体之间的责任明确划分对于评估事项的责任分担是十分有利的，可以极大地促进评估事项的顺利进行。通过对目前收集到的文件进行研究发现，可以将评估中的各个主体分为风险分析或风险研判主体、风险评估主体以及评估责任主体，其中只有"评估责任主体"与"评估主体"明确出现在相关文件中。在 18 份文件中提及的风险分析或风险研判主体均为项目单位。有 5 份文件中明确出现"责任主体"，占比为 28%。风险评估主体主要分为两类，一种是出现类似于"由项目所在市、县人民政府或其有关部门指定的评估主体组织对项目单位做出的社会稳定风险分析开展评估论证"这类语句的文件共 10 份，占比为 56%；另一种是由各级发改委作为评估主体，共 6 份，占比 33%。具体情况如表 6.8 所示。

表 6.8　评估主体分布

评估中的各个主体	表达方式	响应次数
风险分析主体	项目单位	19
评估责任主体	项目的报建部门	1
	重大工程项目的审批处室及项目申报实施单位	1
	项目报建单位	1
	项目建设单位	1
	项目所在地的县级以上人民政府	1
风险评估主体	由项目所在市、县人民政府或其有关部门指定	11
	各级发改委	6
	重大工程项目的审批处室及项目申报实施单位	1
	兰州市项目投资评审中心	1

⑥ 评估流程。评估流程是评估工作能够具体操作的指引，评估流程越详细，对评估的指导作用越强。有 6 份文件明确规定了评估流程，分别是广西、内蒙古、新疆、江苏、山西及兰州市所制定的文件，具体步骤如表 6.9 所示。其余 12 份文件均没有提出明确的步骤，但是本研究从各个文件中归纳出了基本步骤为调查分析、形成报告、评估论证和给出实施意见四个部分。但是几乎没有提及"制定方案"以及"跟踪评估"相关内容。18 份文件评估流程总体情况如表 6.10 所示。

表 6.9　有详细评估流程的地区

地区	评估步骤
广西	1. 充分听取意见 2. 全面分析论证 3. 确定风险等级 4. 提出项目社会稳定风险分析报告
内蒙古	1. 制定评估方案，分析社会风险 2. 申报评估 3. 开展评估 4. 形成评估报告 5. 评估结论认定
新疆	1. 重大项目的实施部门或单位进行评估 2. 决策机关做出决定 3. 落实措施 4. 建立责任追究制度

续表

地区	评估步骤
江苏	1. 充分听取意见 2. 全面分析论证 3. 确定风险等级 4. 形成评估报告
山西	1. 确定评估事项 2. 收集社情民意，进行科学论证 3. 汇总分析论证，形成评估报告 4. 运用评估成果，落实维稳责任 5. 全程跟踪实施，分类调控风险
兰州市	1. 责任主体向市项目评审中心报送项目评估材料 2. 市项目评审中心进行评估 3. 提出社会稳定风险评估对策和措施，并征询市维稳办的意见，形成评估报告 4. 最终审批

表 6.10　无详细评估流程的地区总体情况

评估流程	响应次数	占比
调查分析，听取意见	18	23%
形成报告	19	24%
评估论证	19	24%
给出实施意见	19	24%
制定方案	2	3%
跟踪评估	3	4%
合计	80	100%

⑦ 意见征求方法。广泛地征求利益相关者以及各方的意见对于重大工程项目社会稳定风险评估是必不可少的，这样可以保证评估不只是流于形式，可以提高评估的有效性。虽然关于意见征求办法出现在了大多数的文件当中，但是大多数都是出现在评估论证阶段，对于风险分析研判阶段的意见征求方法却惜墨如金。除此之外，有 1 份文件给出了各种方法的具体操作步骤，有 2 份文件进行了部分拓展，其余 16 份文件均是笼统介绍，基本没有提及"公众参与"以及"专家咨询"的方法。具体情况如表 6.11 所示。

表6.11 意见征求方法

意见征求方法	响应次数	占比
公示	15	16%
问卷调查（抽样调查）	16	17%
实地走访	17	18%
座谈会	15	16%
听证会	15	16%
专家咨询	6	6%
咨询群众意见（公众参与）	7（0）	7%（0）
征求有关部门意见	5	5%
合计	96	100%

⑧ 责任追究机制。责任追究是保证重大工程项目社会稳定风险评估工作能够有效落实，防止评估工作流于形式，防止责任不明导致推诿扯皮，防止把责任推向上级、推向社会的关键机制。从收集到的文件来看，责任追究的主要条件可以分为"应评未评""审批部门未按照办法做出批复""引发社会风险""导致决策失误""给国家和人民利益以及公共财产造成损失等后果"，而都没有提及"主动的决策失误"。详细情况如表6.12所示。

表6.12 责任追究的内容

责任追究条件	响应次数	占比
审批部门未按照办法做出批复	15	29%
引发社会风险	2	4%
应评未评	1	2%
导致决策失误	16	31%
给国家和人民利益以及公共财产造成损失等后果	16	31%
评估失实	1	2%
不认真履行职责	1	2%
合计	52	100%

⑨ 第三方机构资质。项目单位和审批部门可能会委托第三方机构进行社会稳定风险分析和社会稳定风险评估报告的编制，因此保证第三方机构具有明确合格的资质是确保评估工作有效进行的前提。在收集到的文件中，明确规定评估机构资质的文件较少，仅有4份，其中有3份规定编制社会稳定风险分析报告的第三方资质为乙级，1份规定编制社会稳定风险

评估报告的第三方资质为甲级。其余文件关于第三方机构的选择均只规定具有"相应资质"。

（4）基于政策文本的重大工程项目社会稳定风险评估机制存在的问题

通过对搜集到的数据进行处理，从中可以分析得到以下几个结论，也即目前重大工程项目社会稳定风险评估机制中存在的几个问题。

① 缺乏有效的评估组织

从收集到的文件来看，大多数文件对于建立重大工程项目社会稳定风险评估组织并不明确，当然也没有明确重大工程项目社会稳定风险评估组织的组织形式。重大工程项目牵涉到众多部门，只有保证各个部门之间能够相互合作、相互交流与沟通，重大工程项目社会稳定风险评估工作才能够顺利实施。但是由于有效评估组织的缺乏，各个部门之间存在着的行政壁垒无法打破，无法对各个部门进行统筹协调，限制了评估效果的落实，可能导致重大工程项目社会稳定风险评估只是一个做形式、走程序的过程。由于重大工程项目往往可能涉及征地拆迁、民族文化传统被破坏、生活环境被破坏等直接影响广大群众切身利益的问题，这些问题处理不好就会直接导致社会稳定风险的产生，而这些问题又分别归属不同的部门主管，因此要想评估工作能够有效开展，必须加强相关部门之间的交流和合作，只有这样才能真正保护群众利益。

② 评估责任主体不明确

根据上文的数据分析可以看出，目前各个地方在评估工作主体的界定方面并不十分清晰。

首先，各个主体的责任划分不明。根据文件搜索结果，分别出现了"评估责任主体"与"评估主体"的表述，这两个词语虽然只有两字之差，但是含义不同。"评估责任主体"表达的是要对项目评估工作负责任的主体，即在项目评估出现失误时，由项目责任主体负责；而"评估主体"是指做出风险评估报告的主体，即评估主体需要对该份评估报告负全责，而不必承担评估工作的全部责任。而且几乎所有的文件都没有关于风险分析和风险研判主体的命名。责任主体不明确，发生推诿扯皮、无人监管等事件的风险较大。

其次，各个主体工作内容分配不合理。根据搜索的文件，大部分规定项目提交审批前要经过两个步骤的风险评估：一是在项目风险分析的基础上编制风险分析报告；二是相应评估主体在风险分析报告的基础上进行分析并最终得出风险评估报告。项目单位可以自行进行项目风险分析编制风险分析报告，但必须由政府有关部门指定相应具有资质的评估主体对风险分析报告进行分析和风险评估报告的编制。在这一步骤中，就有可能出现政府有关部门将责任推给第三方的评估机构，从而出现互相推脱责任的情况。

③ 评估文件有待细化完善

首先，由表 6.6 可知，各地出台的重大工程社会稳定风险评估文件内容仍需进一步细化和完善，大部分地区的重大工程社会稳定风险评估文件都是"试行""暂行"规章，因此仍然具有很大的修改和完善的空间。可以看出，多数文件的设置结构均以"条"进行，这样进行设置使得整个结构有一定的条理性，但缺乏系统完整的逻辑结构，在实际的评估工作中可操作性较差。其次，体量上仍待增加，文件颁布的主要目的是对评估工作进行规范和指导，最为重要的是要增加评估工作的可操作性。但根据收集到的评估文件来看，当前各地颁布的文件可操作性仍有很大程度的提升空间，其中很大部分的原因是文件内容体量不够，要想对重大工程社会稳定风险评估工作进行全面规定，仅仅通过两三千字的文件表述是完全不可能的。在此情况下，进一步深化细化重大工程社会稳定风险评估文件，是评估工作有理可循、有据可行、有序可行的必不可少的前提条件，倘若文件的深度细化导致体量过大，可以单独以实施细则的形式进行颁布。

④ 评估流程与方法有待完善

在收集的文件中仅有 6 份文件对重大工程项目社会稳定风险评估的评估流程进行了详细的说明，其余文件内容都没有进行评估流程的设计。这反映出各地仍然需要不断进行重大工程项目社会稳定风险评估工作的评估方式和开展形式的探索与研讨。从表 6.11 可以看出，很多已颁布的文件对于评估中的意见征求方法都是泛泛而谈，不具体，可操作性差，甚至在表述语句上均为同一类型，由此可见，各地在意见征求时缺乏与当地实际社会情况和特色进行结合，方法的设计和制定缺乏细致与充分的考虑和研究。基本没有提及"专家咨询""公众参与"这两个最重要的征求意见的参与方式。进行社会稳定风险评估的根本目的是保障人民群众的根本利益不受侵害，因此在重大工程项目社会稳定风险评估工作中人民群众的参与是必不可少的，但现有文件中极少有明确提到"公众参与"的内容，公众参与方式的设计更是没有。由此可以看出，各地方政府和相关人员仍然需要进一步加深对社会稳定风险评估的认识。

⑤ 责任追究不够全面

各地在设计重大工程项目社会稳定风险评估文件时均有对责任追究制度进行设计，并根据涉及的不同主体进行相应的责任划分。大部分文件都规定了评估主体的责任追究机制，但通常都是由政府有关部门制定或者委托的具有相应资质的第三方评估机构，即评估主体进行风险评估报告的编制，在这种情况下，责任追究的主体也只是评估主体而并不包括指定其作为评估主体的政府有关部门，存在逃避责任的嫌疑。而且，对于主动造成决策失误的决策部门的责任追究和处罚形式更是完全没有。在重大工程项目社会稳定风险评估过程中，决策环节是至关重要的，直接决定了项目是否能够开展。现有大多数文件中出现的关于"造成决策失误"的内容，均在一定程度上蕴含着该失误是由于他人提供了不正确的信息所导致的，并非决策部门或决策责任人的原因所导致的含义。倘若不对决策部门的失误决策进行责任追究机制的规定，会极大程度地加大责任推脱、无人负责的风险。

6.2.3 重大工程项目社会稳定风险评估机制存在的问题小结

根据6.2.1与6.2.2的分析可以得出，目前重大工程项目社会稳定风险评估机制主要存在以下几个方面的问题：

1. 评估工作流于形式

目前，我国地方政府一般采取如下决策程序：决策动议、分管领导负责、部门牵头、调查研究、形成初步可行性报告、部门审议、上交政府常务会议或党的常委会讨论。从各地的实践分析，社会稳定风险评估只是在部门牵头过程中的一个环节，社会稳定风险评估机制建立后，地方党委和政府决策程序一般改变为：决策动议、分管领导负责、部门牵头、调查研究、社会稳定风险评估、形成初步可行性报告和稳定风险评估报告、部门审议、上交政府常务会议或党的常委会讨论。在决策过程中，社会稳定风险评估极易成为可有可无的环节。第一，我国地方决策中"一把手"主导的特点十分明显，因此，社会稳定风险评估机制与原有的地方政府决策模式之间嵌入的有效性，很大程度上取决于"一把手"对社会稳定风险评估机制的认识水平和重视程度。地方"一把手"在强大的发展压力下，大型工程和商业项目具有非常强的吸引力，对风险评估存在排斥心理。第二，部门在实施社会稳定风险评估时，受到部门利益的影响，主观上会轻视重大事项中潜在的社会风险。第三，在常委会的决策讨论中，由于常委会成员各有分工领域，在讨论不属于自己的分工领域时，受到专业知识和人情因素的制约，很难对其他常委会成员分管的专业领域内的社会稳定风险评估报告提出针对性的问题和建议，从而使得评估工作流于形式。

2. 评估方法有待完善

现阶段的社会稳定风险的评估方法，仍然存在评估范围界定模糊、评估主体不尽合理、评估方法单一、评估内容不够具体等问题。现行的社会稳定风险评估条例中，评估的范围界定为与人民群众利益密切相关的重要政策、重大决策、重大改革、重大工程建设项目等重大事项。评估范围笼统，没有明确对于"重大"的界定范围，增加了实际操作的困难程度，在增加评估成本的同时，评估效率大打折扣，评估工作的执行力度也大幅度被削减。在设置评估主体时，一般是决策的提出单位、政策的起草单位、工程项目的报批审批单位、改革的牵头单位定为责任主体，负责牵头组织实施社会稳定风险评估工作，而重大项目的建设单位同时承担着评估责任主体和执行主体的角色，评估结果缺少客观性、权威性和公正性。评估方法的选择对整个评估结果的科学性起着关键作用。选择合理的评估方法对整个评估结果的科学性有着至关重要的作用。在整个评估过程中，主要是民意调查阶段和风险评价阶段涉及的评估方法较多。但受资源条件的限制，多种调查形式无法全面开展，导致民意调查阶段只能采用比较单一的方式进行；同时，由于专业风险评估人才的缺乏，可选择的风险评价方法也单一，导致风险评价结果精确性不足，达不到评估要求。现有评估模式只对评估内容进行了笼统的阐述，且内容阐述不全面，评估内容的具体指标不明确，导致有些评估事项无类可归。而且，社会稳定风险评估涉及的内容复杂，无法将所有评估因素包含在内，评估缺乏全面性。

3. 公众参与程度不够

公众参与社会稳定风险评估的规定不明确，利益相关者参与度不高，评估过程难以真正吸纳和体现民意。社会稳定风险评估的风险主要属于社会风险，涉及对利益相关者的管理。只有在利益相关者充分参与的基础上，才有可能提高社会稳定风险评估的质量，只有提高社会稳定风险评估质量，才能够缓解社会矛盾冲突，从源头上治理社会矛盾，其关键能够准确识别利益相关者，采取科学管理模式[256]。在实践探索中，有关重大建设项目的社会风险评估虽然也提到专家座谈、抽样调查及听证会等形式，但在目前项目的实际操作中，一些地方坚持群众路线的意识不强，不愿意接触群众、倾听民意，还存在害怕多数群众知情的心态，采取关门搞评估，这对倾听居民心声，了解群众意见，完善项目方案，维护社会稳定，难以起到积极作用。缺乏利益相关者参与社会稳定风险评估的制度设计，使公众及利益相关者在社会稳定风险评估中地位不明确，公众参与程度不高，民意得不到及时反馈，这不仅制约了政府社会稳定风险评估工作的主动性，而且影响评估的质量和实际效果。

4. 评估结果难以实施运用

社会稳定风险评估的目的不仅是要发现风险，而且要有效控制、化解社会风险，从而保障地方重大事项的顺利推进。因此，社会稳定风险评估是从风险识别到风险评估再到风险预警，最后到风险控制和防范的连续过程。一般而言，各地在实践中把社会稳定风险评估的程序分为：确定评估事项、制定评估方案、进行分析预测、形成评估报告、确定实施意见、落实维稳措施等步骤。对高于标准范围风险的缓行决策、项目等，如何制定针对性、操作性强的应对防范措施，对风险进行跟踪联动，最终控制和排除风险，避免引发重大不稳定因素，地方党委和政府各部门之间的协同配合起着至关重要的作用。例如，决策提出部门或项目牵头部门在实施评估过程中，其评估中涉及的相关信息是跨部门的，需要维稳和信访部门的参与；在落实维稳措施阶段，决策提出部门由于受到职权和预算的限制，又需要财政部门的协助；对产生的社会矛盾化解又需要民生保障部门，甚至司法部门的参与。但是，目前在评估的过程中，各部门各自为政，相互分割的问题较为严重。目前，虽然各地对制定的实施意见和操作细则已经对风险评估工作的职责分工做了规定，但实际操作中各部门的具体职责交叉、相互扯皮仍然存在。例如，项目评估中落实防范、化解和处置措施的牵头部门和配合部门仍不明确，容易造成评估后的防范化解和动态跟踪等工作难以有效落实。社会稳定风险评估程序的前后不衔接，使评估结果难以应用。

5. 法律法规不健全

缺乏统一的系统化、权威性的法律规范体系，使社会稳定风险评估工作的规范性、权威性不够，影响风险评估的效果。由于全国没有统一的社会稳定风险评估制度方面的法规文本，各地社会稳定风险评估工作基本上都是根据自己对评估工作的理解逐步推开的，缺乏统一的规范文件指导，影响了风险评估的质量和效果。同时，对社会稳定风险评估结果运用的权威性规定不明显，这对于做决策、出政策、搞改革、上项目并不具有实际的一票否决权。在发展是第一要务思想的指导下，一些地方领导根本没有真正树立评估不达标即一票否决的意识与决心，没有对地方政府领导风险评估行为形成有效的约束，这种制度设计缺陷影响了社会稳定风险评估工作的推进。

6.3 我国重大工程项目社会稳定风险评估机制问题存在的根源

6.3.1 理论研究不够深入

由于社会稳定风险评估机制在地方还处于起步阶段，2008 年后才逐步进入学者研究的视野，学术界对社会稳定风险评估理论层面的研究还在探索阶段。近年来，国内学者的研究主要有：其一，利益相关者理论。该理论是基于利益相关者的利益诉求、期望、心理和行为表现的风险评估模型。利益相关者分析的内容主要包括对利益相关者的利益诉求的合法合理性的分析，对不同利益相关者之间的关联网络、社会网络、社会资本的分析，以及利益相关者之间、利益相关者与项目之间在利益、价值观和心理感受等方面存在的矛盾冲突等内容的分析和评估。其二，政策缝隙理论。公共政策中的社会风险源自政策缝隙，它是指同一领域的政策在时间、空间、社会群体之间在政策实质性内容上存在着不一致。在利益再分配过程中不一致的后果成为社会矛盾冲突点或社会稳定风险点，政策之间存在着缝隙。其三，社会燃烧理论。该理论构建社会稳定风险体系，作为燃烧物质的重大事项、作为助燃剂的利益诉求、舆论与沟通、作为点火温度的重大事项的实施方式。这些理论对社会稳定风险评估进行理论构建，探索了社会稳定风险评估的内在规律，但是尚未进入实践应用层面。由于理论基础研究的欠缺将制约社会稳定风险评估机制的运行、效益的提高和持续推进。

6.3.2 思想认识不够充分

各级政府对社会稳定风险评估制度的认识不统一，缺乏战略性思考，影响了稳定风险评估制度的实践和推广。当前各地在稳定风险评估制度实践探索中，仅将风险评估作为维稳的一种手段，而没有从社会管理创新与公共政策科学化的战略高度来审视社会稳定风险评估，不能正确看待风险评估与改革发展的关系，致使社会稳定风险评估的内生性动力不足，影响风险评估的进程。有些地方政府甚至认为评估工作增加了行政成本，人为增加了重大事项的出台程序，影响了工作的效率。尤其是一些经济部门担心社会稳定风险评估制度会影响经济发展的速度和城市建设的进程等。思想认识问题不仅制约了评估工作的主动性，还影响评估工作的实际效果，成为社会稳定风险评估制度建设的主要障碍。

6.3.3 专业评估队伍建设落后

评估主体的专业性不足。专业性风险评估工作涉及法律、社会、经济和工程等学科知识背景在内的多种专业知识和专业技能。因此，对评估人员的素质要求就显得更为严格，除去上述应有的专业知识，还应有问卷设计、概率抽样、数据处理等专业技能。此外，由于重大工程项目的建设需要投入大量资金，且存在建设周期长、面临各种复杂社会稳定风险问题等因素影响，不免会导致对于重大工程项目风险评估难度的加大。然而当前有关主管部门缺乏这种专业性高素质的人才，负责风险评估工作的相关小组也是通过抽调不同职能部门人员临时成立的，因而造成风险评估结果科学性不高、严谨性不强等问题的出现。

6.3.4 没有建立有效的评估组织

从各地政府社会稳定风险评估实施办法来看，重大事项决策的提出部门、政策起草部门、项目申报审批部门、改革牵头部门、工作实施部门都是负责组织实施重大事项社会稳定风险评估的责任主体。而这些规定过于笼统和抽象，主体太过复杂，最后可能导致没人负责。这也说明同一个部门既负责重大政策决策的出台，又负责评估和判定这一政策是否会影响社会稳定，或同一个单位既负责承办建设项目，又负责评估和判定这一建设项目是否会影响社会稳定，可以预期的是，最后风险评估的结果往往是肯定而非否定该政策决策或建设项目。最终将会影响风险评估的客观性，很难获得公众的支持和认同，进而造成风险评估制度缺乏公信力和科学性。同时，监督与考核的主体缺乏专业性和权威性，难以有效地对风险评估责任主体进行监督和考核。社会稳定风险评估工作是一项专业性很强的工作，只有对全过程进行专业、权威的监督和考核，才能确保评估工作的顺利推进，保证评估的结果客观公正。而政法委维稳办、信访办等部门不是专业职能部门，缺乏专业上的优势，如果仅从评估结果方面对评估主体行为进行监督和考核，而不从专业角度对风险评估和控制过程进行全程监控，难以有效发挥其对评估工作监督和考核的功能。

6.3.5 评估方法有待改进

重大工程项目社会稳定风险评估机制是为评估工作提供操作规范和指南，一定要具有科学性和可操作性。在构建的过程中，要基于前文分析的评估机制存在的问题，尽量将其完善，如将评估范围尽量细化、明晰；对评估主体的选择，一定要摆脱以前的"自己评自己"的模式，体现出评估主体的独立性，同时也要满足评估主体的专业性；而对于评估流程，要体现流程的完善性，对于先前评估风险较大的项目，一定要制定相应的化解措施，并跟踪风险化解情况，然后进行再评估，保证评估的动态性和科学性；对于评估内容，应在深刻理解社会稳定风险评估的内涵后再去制定，而不是简单的合法性、合理性、可行性和可控性；评价方法，应该将定性分析与定量评价相结合，多种评价方式共同使用，保证评价结果的科学性和客观性。

6.3.6 评估运行保障机制不健全

在实际的风险评估过程中发现，评估重大工程项目的风险因素只是手段，而有效控制、化解社会风险，保证项目顺利进行才是最根本的目的。因此，社会稳定风险是风险识别、评估、控制和防范等连续的过程。由于保障评估机制不健全、不完善等问题，会导致在评估过程中有关工作部门出现评估重视程度不高、评估流程过于简单、评估执行力度不大等问题，严重影响了评估效果。一是缺乏相应的法律保障制度。当前重大工程项目社会稳定风险评估机制没有一套完整的法律制度作为保障，导致评估工作缺乏权威性，因此迫切需要有关法律的出台以保证评估机制可以有效运行。政策落实不到位的问题也很大程度上影响了有关评估工作，部分地区存在"重制度建立轻制度落实"的不良现象，这就会导致评估准确性失衡等问题的出现。二是缺乏相关配套制度。即便拥有了相对健全的风险评估法律制度作为保障，仍然需要制定相关配套制度，否则仅仅依靠地方颁布的"社会稳定风险评估办法"很难取得预期效果。因此，应该出台一系列保证评估工作有效开展的措施办法，通过纠纷排查、利益诉求、舆情分析、责任追究机制等手段，在评估规范要求的范围内提高评估工作效率，能够有效加大执行力度。

6.4 本章小结

本章主要内容是对我国重大工程项目社会稳定风险评估机制存在问题的研究。首先，对我国重大工程社会稳定风险评估机制的发展历程进行梳理和回顾，介绍了遂宁、定海、淮安、平阳四个城市关于社会稳定风险评估机制的实践模式。其次，基于文献研究和内容分析法对我国重大工程社会稳定风险评估机制存在的问题进行了分析，存在评估工作流于形式、评估体系不完善、公众参与程度不够、评估结果难于实施运用以及法律法规不健全等问题。最后，对我国重大工程项目社会稳定风险评估机制问题存在的根源进行了探讨，存在理论研究不够深入、思想认识不够充分、专业评估队伍建设落后、没有建立有效的评估组织、评估方法有待改进和评估运行保障机制不健全等六个方面的原因。

7 重大工程项目社会稳定风险评估组织架构

7.1 重大工程项目社会稳定风险评估组织的设计原则

重大工程项目社会稳定风险评估组织设计的原则是针对我国政府现有评估机构的职责安排和设置情况，结合重大工程项目的审批建设过程及重大工程项目的特点而设置的。

1. 分级管理原则

分级管理原则是指评估组织应当按照现行的我国政府组织架构及其层级进行管理。各级政府都应该设置重大工程项目社会稳定风险的评估组织，以保证其所在管辖区域内重大工程项目社会稳定风险的评估能够科学有效的开展。同时，各级政府应对各自建立的组织进行管理并提供相应的支持，给予足够的人力、物力及财力支持。重大工程项目社会稳定风险评估组织作为长期存在的管理组织，需要定期对其内部成员的工作绩效进行考核，各县级评估组织接受市级评估组织的考核，各市级评估组织接受各省级评估组织的考核，以此类推，形成上下联动的局面，同时根据考核结果的反馈不断调整工作方式、管理方法，促进社会稳定风险评估工作的持续改进。

2. 部门联动原则

部门联动原则是指在进行重大工程项目社会稳定风险评估工作时，组织内部的各相关成员应当积极主动地沟通协调、相互帮助、协同配合，共同保证评估工作有效进行。在这里，"部门"所指的并不是组织所设置的部门，而是指组织内部成员所在的部门，如发改委、环保局等部门。就目前而言，国内还没有一种行之有效的评估组织模式可以借鉴，但是在前文分析评估组织的特点时已经提及重大工程项目涉及众多的部门，因此评估工作不应当只是发改委、维稳办或信访办单独进行，也不应当完全交由建设单位或第三方评估组织，而应当由涉及的部门共同完成。之所以要采取部门联动的方式，在于组织内各成员存在着专业差别，各成员所擅长的领域各不相同。同时，各部门对其他部门的具体工作方式并不熟悉，各成员所在部门之间的日常工作没有多大交集，最多在审批流程上才能够体现。本研究所指的部门联动并不是一般意义上的多部门同时行动这一概念，而是要通过部门联动，打破评估组织内各成员相互之间的壁垒，充分发挥各成员的专业优势，如环保部门在环评上的专业优势，维稳部门在与群众交流方面的优势，建设部门在项目技术上的优势等，通过资源整合、信息共享、部门协作，保证评估工作的顺利进行。

3. 指挥统一原则

指挥统一原则是组织设计中的传统原则之一，是指评估组织中的各级成员必须服从一个上级的指示与命令，以保证评估工作的命令统一、行动一致，防止出现混乱。在评估组织中，肯定会存在着不同的级别设置，而在最高级别中有可能存在多个领导，若是这些领导同时对一个下级发送指令，则肯定会造成混乱。在组织活动中，由于指令下达都带有"人"的主观成分，因此不可避免地会出现各个指令的出发点带有不同的偏好，如有的领导的指令出发点偏重经济、有的领导则偏重民生、有的领导则看重环境等。若这些不统一的指令下达到下级，很有可能会造成不可挽回的损失。例如，目前国内对于社会稳定风险的评估指标研究还不够完善，不同的指标偏重的风险点并不完全相同，若是参照不同偏好的指令选择不同的评估指标则有可能出现"错判"的情况，一旦风险事件发生则会造成不可挽回的损失。所以在评估组织中，最高级的指令在发出时必须要遵循指挥统一的原则，当出现不同的领导意见不同时，必须通过领导层内部协商，最终确定一个指令进行下达，以保证评估工作的有序进行。

4. 内部协调原则

内部协调原则是指在进行评估组织结构设计时，应当考虑到评估工作中组织成员之间出现利益纠纷的情况以及如何尽快解决纠纷以达到各方满意。由于重大工程项目所涉及的部门众多，各部门分工独立且在各自领域有较大的权力。当把这些部门纳入评估组织内部作为各个成员时，则相当于削弱了各部门的权力，同时也会对这些部门的利益造成不同程度的影响。当这些部门作为小组成员时，一方面会努力实现组织目标，同时不可避免地谋求自己部门的利益。当不同的部门之间产生冲突或矛盾时，不仅会导致决策效率的降低，同时可能会因为缺乏沟通而选择能够增加部门利益而不利于集体利益的决策结果。此时就需要依靠内部协调原则。在进行组织设计时，应当考虑到如何对这些部门进行层级的划分以及职能的约束，以保证各个部门之间在冲突发生时处于比较对等的位置，为内部相互沟通协调创造一个有利的局面。

5. 实时监测原则

重大工程项目社会稳定风险评估组织是一个长期设立的组织机构，其作用并不仅仅存在于"风险评估"这一阶段，而是贯穿于重大工程项目整个实施过程。有些重大项目决策自身没有问题，而是在实施过程中由于实施人员的素质以及专业技能方面的缺乏，导致了新的风险点的出现。由于本研究所建议的社会稳定风险评估是需要在立项之前进行，有些情况是无法预见也是很难对其进行评估的，如项目施工过程中有可能出现的噪声、污染、安全等问题是需要在施工方案中进行说明并采取解决办法的。因此，在进行评估组织结构设计时，应当充分地考虑到项目实施过程中有可能会出现新的社会稳定风险，通过设立专门的监测及信息反馈部门，来保证重大工程项目在整个实施过程中出现的新的风险能够快速被识别并向上反馈，从而以最快的速度寻求化解风险的措施，保证风险不会进一步扩散。

6. 预警应急原则

当监测到重大工程项目在整个实施过程中有可能会发生新的风险事件时，预警部门需要根据以往的经验或通过监测得到的可能性前兆，及时向有关部门发出对这类事件的紧急信号并上报有关情况。通过预警部门对事件的分析，启动相应的应急预案，为相应的风险事件做好准备，以达到防止风险事件的发生或减轻风险事件发生造成的损失或危害。群体性事件的产生一方面是由于评估机制、决策机制的不健全导致，另一方面也是没有对群体性事件进行预警，或当群体性事件发生时没有采取正确的应急措施从而使其不断扩大，甚至引发一些流血事件。对于很容易引发社会矛盾从而导致群体性事件的重大工程项目而言，需要在重大工程项目社会稳定评估组织设置预警应急部门，减轻社会稳定风险事件带来的危害。

7.2 重大工程项目社会稳定风险评估组织的设计环境

组织环境是组织所面临的各种社会关系的总和，组织结构的选择和设计应当结合组织所处的环境进行。组织设计环境分为组织设计的内部环境与组织设计的外部环境。在前文中已经提及，重大工程项目社会稳定风险评估组织的缺失以及设置不合理是目前稳评工作不能够有效开展以及效果不佳的重要原因。重大工程项目社会稳定风险评估组织的环境可以从两个方面进行界定，一是重大工程项目本身，二是社会稳定风险评估所要达到的目的。从上述两个方面进行分析，可以得出重大工程项目社会稳定风险评估组织所面临的环境。

7.2.1 重大工程项目社会稳定风险评估组织设计的内部环境

1. 所涉及的政府部门较多。重大工程项目的立项遵循审批制，需要各个部门的审批通过才能得以立项。重大工程项目社会稳定风险的评估同样需要多个部门的参与，环境评价需要环保局的参与，土地获取需要国土局的参与，占用耕地、林地需要农业局、林业局及海洋局的参与，征地拆迁需要拆迁办的配合，移民需要移民局的参与，项目最终审批通过需要发改委的参与，社会稳定风险的管理控制需要维稳办的参与，群众上访投诉又涉及信访办。因此，重大工程项目社会稳定风险的评估涉及多个部门的相互配合。

2. 利益协调困难。重大工程项目社会稳定风险评估的目的是从源头化解社会矛盾、防止社会冲突。对于某些重大工程项目社会稳定风险较高的情况，应当首先采取搁置再议必要时建议取消建设。实际上，多数重大工程项目往往在立项审批之前就已经投入了较多的人力、物力、财力，还可能被在任领导视为"政绩"表现。如果真的搁置或取消，造成的不仅仅是经济损失。鉴于此，项目的利益相关者会想办法让该项目尽量通过审批。评估组织一方面要保证社会稳定，另一方面又要顾及利益相关者的利益，如何权衡双方或多方的利益，这是评估组织建立后需要解决的难题。

3. 评估工作碎片化。由于重大工程项目立项需要按照基本建设程序进行多个环节的审批，而各个环节之间是由不同的政府部门负责的，因此整个审批流程呈现碎片化的状态。重大工程项目带有公共利益的属性，而政府部门是以"为人民服务"为宗旨，因此重大工程项目社会稳定风险评估应当由各个政府部门之间相互配合完成，使社会稳定风险评估工作具有整体性。而目前的评估工作是以各部门的利益及管理便利性开展评估工作，导致评估工作在评估组织和评估流程上均存在碎片化，这也成为重大工程项目社会稳定风险评估机制不能落地的重要原因。

7.2.2 重大工程项目社会稳定风险评估组织设计的外部环境

1. 重大工程项目的建设数量日益增多。在"一带一路"建设的引领下，在城市化进程不断加快，城市基础设施建设不断完善的背景下，重大工程项目的建设数量越来越多。如 2017 年北京市安排年度重点工程 230 个，总投资约 13157 亿元，重点推进前期工程 255 个，总投资约 5790 亿元。2018 年广州市大力推进重点建设项目 398 个，带动全社会固定资产投资超过 6600 亿元。2018 年郑州市重点建设项目 328 个，涉及产业项目、基础设施项目及民生项目等各个方面。在重大工程项目的各个类型中，基础设施类项目与群众生活息息相关，联系紧密，同时也受到社会各界的密切关注，是"十三五"时期的重要建设目标。《国民经济和社会发展第十三个五年规划纲要（草案）》中明确提到，"拓展基础设施建设空间，更好发挥对经济社会发展的支撑引领作用"。因此，在"十三五"时期，我国的重大工程项目的总投资规模应该会逐年增加，对于重大工程项目社会稳定风险协同评估组织而言，评估任务将更加严峻。

2. 邻避项目备受公众质疑。在重大工程项目中，近几年环境污染型项目或者叫邻避项目尤其受公众关注。此类项目包括一些化工类项目、污水处理项目、垃圾焚烧项目等。相较于传统的重大工程项目，更容易引发社会稳定风险。传统的重大工程项目所引发的社会不稳定现象多是由于征地拆迁、移民等补偿不到位、安置工作没有做好导致的。随着各级政府逐渐意识到社会稳定的重要性以及重大工程项目社会稳定风险评估机制的建立，加上各地摸索出的处理征地拆迁事宜的经验方法，使得涉及征地拆迁等事宜的重大工程项目的风险得到了较大的化解。与传统的因为征地拆迁补偿等利益分配不均因素导致的社会稳定风险不同，环境污染型项目由于其经济利好会获得离项目所在地相对较远的群众的支持，但是会给项目周边较近的居民生活带来不良的影响，从而导致这类群体的强烈反对。由于近年来在全国各地发生的 PX 事件所造成的社会影响很大，使得公众对其带来的环保及健康问题格外关注，甚至对邻避项目有一种下意识的抵触心理。邻避项目所带来的社会稳定风险区别于传统项目如征地拆迁的最主要原因在于"成本与效益"的不平衡，对于公益性邻避项目而言，邻避项目产生的负外部成本转嫁于邻避项目附近的居民，而远离此邻避问题的居民却享受邻避设施所提供的效益。由于目前没有对其所造成的损失或危害进行补偿的法律法规，因此造成了这类项目在实施过程中更容易引发社会矛盾但又无法有效地进行化解的问题。仅就重庆市而言，近年来因为环保问题引发了群众信访集访乃至群体性事件的项目已有 19 个，主要包括工业、加油站、垃圾处置场、变电站以及交通等建设项目[257]。

3. 互联网加快信息扩散速度。互联网时代加速了信息的传播速度，同时也实现了海量数据的搜集、存储和传递。各地市政府也通过官方网站和官方微博发布重要的决策信息，增加了公众获取政务信息的渠道，同时也增强了政府与公众之间的沟通与联系。不可否认的是，正是由于微博等互联网平台能够快速便捷传递信息的特点，在推动突发事件、设置公共议题、聚集社会资源、生成公共舆论等方面发挥重要作用[258]。但是另一方面，以微博为代表的新媒体成为负面舆论和极端情绪的扩散器、发酵器[259]，一些虚假信息、负面舆论和极端情绪会通过互联网这个发酵器和扩散器迅速传递，从而加速群体性事件的爆发；同时，群体性事件的发生又会反作用于互联网这个扩散器，群体性事件等敏感事件的影响范围和影响程度不断加大加深。

4. 公众对政府信任程度低。我国正处在经济社会发展的转型期，在这个社会矛盾多发阶段，我国政府已成为矛盾的交汇点与当事方。同时，政府尤其是地方政府的公信力逐渐流失[260]。由于重大工程项目的政府主导性，在项目实施期间，一旦出现官民矛盾就需要政府出面调停和化解。一旦处理结果不能让各方满意，冲突就容易扩大升级为社会矛盾甚至群体性事件，政府在群体性事件中的不当处理方式使得群众对政府的信任度进一步下降。而这些群体性事件反映出政府面临的日益严重的信任危机[261]，政府公信力缺失成为公共冲突治理的突出症结[262]。

7.2.3 重大工程项目社会稳定风险评估组织设计环境小结

根据权变理论，在不同的组织设计环境下要采用不同的组织设计。由7.2的分析可以得出，在进行重大工程项目社会稳定风险评估组织设计时，要使得组织内部利益得到协调、工作具有连贯性，那么可以让重大工程项目涉及的部门成为一个有机的整体，并且让拥有话语权的部门处于组织的顶层位置；面对重大工程项目特别是邻避项目越来越多的趋势，应当让重大工程项目社会稳定风险评估组织成为一个常态的机构；为了消除公众对项目的不理解以及对政府的不信任，在重大工程项目社会稳定风险评估组织中也应当把公众纳入其中，并且在进行重大工程项目社会稳定风险评估时，可以依靠专家的力量尽可能地消除公众的猜疑。

7.3 重大工程项目社会稳定风险评估组织的职能

重大工程项目社会稳定风险评估组织的作用不应仅限于评估，同时也应该起到重大工程项目社会稳定风险管理的作用。在清楚重大工程项目社会稳定风险评估组织设计环境的基础上,进一步厘清评估组织的管理职能。重大工程项目社会稳定风险评估组织职能的根本在于重大工程项目社会稳定风险的管理,通过科学有效的管理达到将社会稳定风险在源头化解的目的,转被动控制为主动防范,转救火为防火。重大工程项目社会稳定评估组织需要具备的职能如下:

1. 指导评估工作,合理分配资源。各地评估组织的首要任务是负责组织开展当地重大工程项目社会稳定风险的评估工作。此外,上级评估组织还要指导和协调下级评估组织,为下级评估组织提供人力、物力、财力等资源。其次,评估委员会根据确定的本地区重大工程项目风险制定地区资源配置方案,明确资源分配重点,提出相关的指导性风险控制措施,并根据实际情况对配置方案进行调整和完善,实现资源合理利用。

2. 制定标准文本,使风险评估有章可循。评估委员会负责牵头制定、修改、完善重大工程项目社会稳定风险评估法规,明确各省、直辖市重大工程项目社会稳定风险评估工作要求,使重大工程项目社会稳定风险评估的基本程序与方法标准化,保证风险评估结果发挥作用。各级评估组织负责搜集各地重大工程社会稳定风险评估工作具体实施情况,并统一制成公开发布的《风险登记册》,作为有效监控和处置风险的依据,为接下来明确当地重大工程项目应急预案编制工作提供参考。

3. 实期监督检查,保证风险评估真实、有效。上级评估组织有责任监督下级评估组织的评估工作是否落实到位,是否存在弄虚作假、滥用权力的现象。出现此类现象,则依据所制定的法律法规进行惩处。此外,重大工程项目风险发生的概率较一般项目而言要高出许多,即使在项目实施之前进行了社会稳定风险评估并制定了社会稳定风险防范与控制措施,也有很大可能引发社会的不稳定。在重大工程项目正式实施之后,应当进行跟踪检查。对于项目运行可能出现的新的社会不稳定风险因素,需要在业主及主管单位层面进行重新跟踪评估,制定新的风险防范及控制措施并在之后进行跟踪检查。

4. 跨区域合作,突破行政地域束缚。在涉及跨行政区域的项目时,两地政府往往对关乎群众切身利益的问题互相推诿,甚至因为问题处理不好导致项目无法开展,此时各级重大工程项目社会稳定风险评估组织应当通力合作,加强交流,共同化解各行政区域的社会稳定风险。

5. 实时更新和及时发布风险评估结果。各省、直辖市对于重大项目社会稳定风险评估结果,应遵循"全部公开、随时可查"的原则,进行实时更新和及时发布。除了国家机密、群众个人隐私等敏感信息不宜公开外,其余评估信息如评估单位、评估专家成员、评估方法、评估访谈记录、评估结论等详细信息都应当及时对社会公开。

7.4 重大工程项目社会稳定风险评估组织架构

欧美一些发达国家在涉及食品安全、环境保护等重大事项社会稳定风险评估方面已经形成了较为成熟的评估体系与防控措施。在社会稳定风险评估方面，设立了专门的社会稳定风险评估组织，按照既定的社会稳定风险评估流程，有条不紊地开展社会稳定风险评估工作。而我国目前因为专门的风险评估组织的缺失，导致了重大工程项目社会稳定风险评估工作没有真正开展。根据组织理论，系统的目标决定了系统组织，反过来，组织作为系统的关键因素，决定着目标是否能够完成。重大工程项目社会稳定风险评估的目标是通过真实有效的评估从源头化解社会稳定风险，预防群体性事件的发生，维护社会的稳定，保证重大工程项目顺利实施以发挥其造福于民的真正功效。因此，为了保证评估真实有效这一目标，需要建立一个与之相对应的组织。本研究提出需建立一个全新的评估组织模式，由政府与建设领域各主管部门、维稳部门、信访部门、公安部门等联合组成。通过评估组织加强各方的沟通协调，减少评估重复工作，提高评估的效率，做到职责分明，避免各方之间的责任推诿，最终提高评估效果；通过最高领导责任制，保证评估工作能够真正开展；通过政府主导，调动全社会的力量进行风险评估研究工作，合理配置资源，完善评估的内容、方法以及法律法规等。重大工程项目社会稳定风险评估组织应当具有综合性、协作性、紧密性等性质，并且应当按照以下原则进行构建：分级分类原则、部门联动原则、指挥统一原则、内部协调原则、实时监测原则、专家咨询原则。为了能够更好地说明，以省、直辖市一级为例进行阐述。如图 7.1 所示。

社会稳定风险评估工作的目的决定了评估组织应当具有权威性。评估的目的能否达到，主要取决于已制定的风险防范措施能否被相关利益群体接受，而这些防范措施往往包含了政府的公信力、权威性。公信力与权威性则来自组织中拥有相应职能的行政领导的意志，评估组织小组成员应体现政府的行政权力与维护社会稳定的行政责任的结合。此外，评估组织成员应当在重大工程建设领域具有一定的资质与经验，以体现评估的专业性。

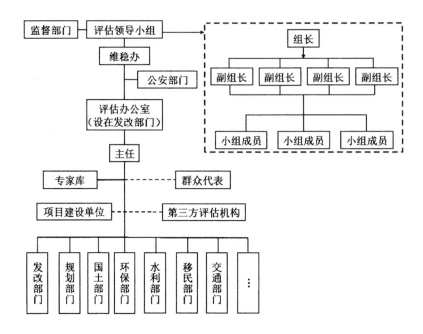

图7.1　重大工程项目社会稳定风险评估组织架构——以省、直辖市为例

1. 评估领导小组。领导小组作为评估组织的最高权力部门，起到沟通协调各部门并对整个重大工程项目的"稳评"工作主要负责的作用。领导小组负责评估组织最终命令的制定与下达，并定期向省、直辖市政府以及人大汇报工作。各小组成员均应服从领导小组发出的指令。领导小组为评估办公室的具体工作提供指导和资源，并负责评估工作的资源配置。重大工程社会稳定风险评估小组实行领导小组组长负责制。领导小组组长由省长、直辖市市长担任；省、直辖市分管建设领域的副省长、副市长，省、直辖市发改部门主任、建设厅（委）主任、维稳办主任、公安厅（局）厅（局）长、政府法制办主任、信访局局长为领导小组副组长，其余建设领域有关部门如交通厅（局）、国土厅（局）、房管局等主要领导任小组成员。

2. 监督部门。根据控制论原理，拥有监督监管的系统才能高效、完整。监督部门负责监督整个评估组织评估工作的实施情况，监督评估工作是否科学、有效，重点监督评估过程中是否有滥用职权、以权谋私等非法行为的存在。由于领导小组成员为省、直辖市政府以及建设领域有关部门高级官员，因此监督小组可以由省、直辖市纪委和人大有关人员组成，以保证监督的效力。

3. 评估办公室。评估办公室设在具有项目审批权力的省、直辖市发改部门。负责评估工作方案、评估流程、评估方法等具体内容的制定。负责评估具体工作的执行，包括信息的发布与反馈、资料的搜集与分析、调查问卷的设计与发放、访谈与座谈的实施等。评估办公室主任是发改部门主任，副主任由发改部门其他副主任、专家顾问团组长担任。评估办公室主任主要负责评估办公室与领导小组之间的沟通协调，起草并执行工作计划和决议。评估办公室的具体运行由几名副主任负责。

4. 专家库。由于我国目前采用的是以国家主导的审核制风险评估机制，缺失由专家介入的社会参与机制，因此应当设立专家库作为评估小组的参谋机构，在评估工作的开展、评估结果的认定、最终决策的制定等方面提供专业咨询服务，尤其是最终决策的制定应当通过专家库专家的同意。专家库专家在评估工作中应当保持中立，以保证评估工作的科学有效。专家库成员可以从各省、直辖市高校以及政府相关领域的部门中挑选具有丰富工作经验的专家组成。

5. 群众代表。重大工程项目社会稳定风险评估不能缺失公众的参与，只有让受影响的群众参与到评估事项中来，才能保证评估的有效性。当项目影响范围较大、影响人数较多时，可以通过让公众内部推选出若干代表进行，以提高评估工作的效率。

6. 评估领导小组作为重大工程项目社会稳定风险评估最高权力部门，对重大工程项目社会稳定风险评估起着主导作用，对重大工程项目社会稳定风险评估工作负主要责任，负责推动重大工程项目社会稳定风险评估工作，负责审阅评估方案，同时负责协调有关部门之间的相互利益。监督部门则主要负责对评估领导小组成员进行监督，检查评估领导小组成员是否存在违法、违纪行为，对存在这些行为的成员按照相关规定进行处理。评估办公室为重大工程项目社会稳定风险评估的执行部门，负责评估方案的起草及最终的执行、专家库的建立等操作层面的事宜。专家库中的专家应当起到为评估决策提供咨询的作用；群众代表应当积极地参与到评估事项中，起到群众与政府沟通的桥梁与纽带作用。

7.5 本章小结

本章在明确了重大工程项目社会稳定风险评估组织的特点、设计原则的基础上，按照基本建设程序中涉及的各部门的职能，结合重大工程项目社会稳定风险评估的最终目的，对重大工程项目社会稳定风险评估组织的职能进行了阐述，并根据特点、设计原则和职能，对重大工程项目社会稳定风险评估组织进行了构建，为研究重大工程项目社会稳定风险评估组织的运行机制奠定了基础。

8 重大工程项目社会稳定风险评估的内容与方法

8.1 重大工程项目社会稳定风险评估的内容

重大工程项目社会稳定风险评估是结合一定的评价方法来构建评价指标体系，最终得到某项目的社会稳定风险值。因此，重大工程项目社会稳定评价指标体系就是社会稳定风险评估内容。重大工程项目社会稳定风险评价的指标构建通常分层进行，分为两层评价指标，二级评价指标是对一级评价指标的细化。本章分别对重大决策、重大事项的社会稳定风险评估文件和相关文献中构建的一级评价指标和二级评价指标进行梳理，通过基础资料的整理，分析社会稳定风险评价指标体系的现状，提出现有体系存在的问题。

8.1.1 重大工程项目社会稳定风险评价指标体系的使用现状

首先，梳理已经出台的各省、自治区、直辖市重大工程项目社会稳定风险评估文件和相关文献中的一级指标，统计各个一级指标被采用的频次。本研究共统计了包括国家发改委、水利部、北京市、上海市、天津市、重庆市、广东省等 32 个省份的重大决策、重大事项、重大工程项目的社会稳定风险评估办法中一级指标的设立情况。其中，暂行办法及试行通知共 20 条，正式通知 12 条，辽宁省和云南省的评估办法中未提及详细的一级指标，其余 29 个省份均进行了一级指标的构建（评估文件选取来源与第 4 章 4.2.1 内容分析法识别重大工程项目风险因素相同）。各省、自治区、直辖市重大工程项目社会稳定风险评估文件中一级指标的具体设立情况详见附录 3。对各省、自治区、直辖市文件中一级指标出现频次进行统计的结果如表 8.1

所示。

表 8.1　各省、自治区、直辖市文件中一级指标出现频次统计

指标	频次	百分比
合法性	29	90.6%
合理性	29	90.6%
可行性	28	87.5%
可控性	25	78.1%
可持续性	1	3.1%
安全性	5	15.6%
适时性	1	3.1%

通过 CNKI 检索主题"社会稳定风险",共得到 174 篇北大核心以上期刊（包含北大核心、CSCD、CSSC、EI 和 SCI 来源期刊）。其中关于社会稳定风险评估的共有 115 篇,2018 年 1 篇、2017 年 2 篇、2016 年 7 篇、2015 年 25 篇、2014 年 27 篇、2013 年 18 篇、2012 年 16 篇、2011 年 11 篇、2010 年 6 篇、2009 年 2 篇。分别对这 115 篇文献进行梳理,统计发现有 12 篇对社会稳定风险评价指标进行了构建,其中 8 篇是关于重大工程项目的社会稳定风险评价,3 篇是关于房屋拆迁的社会稳定风险评价,2 篇是城市轨道交通项目的社会稳定风险评价,4 篇是重大决策的社会稳定风险评价。对这 12 篇文献中的社会稳定风险评价的一、二级指标进行梳理,结果如表 8.2 所示（文献梳理及选取来源与第 4 章 4.2.1 内容分析法识别重大工程项目风险因素相同）。

表 8.2　文献中各一级指标出现频次统计

指标	频次	百分比
合法性	12	100%
合理性	12	100%
可行性	12	100%
可控性	10	83.3%
可持续性	1	8.3%
安全性	6	50%

统计结果显示,对于重大工程项目社会稳定风险的评估,在出台评估文件并且构建了一级评价指标的所有省份中均将合法性和合理性列为一级评价指标,大部分省将可行性和可控性列为评价指标,极少数省将可持续

性、安全性和适时性列为评价指标。在文献研究方面，每篇文献都对合法性、合理性和可行性进行了评估，分别有 10 篇和 6 篇文献提到了可控性和安全性评估，只有 1 篇提到了可持续性评估，详见附录 4。

其次，梳理已经出台的各省、自治区、直辖市重大工程项目社会稳定风险评估文件和相关文献中的二级指标，对其中提及的频次进行统计。

在 32 个出台了重大工程项目社会稳定风险评估办法的省、自治区和直辖市中，有 29 个对一级评价指标进行了构建。其中，水利部、发改委、上海市、重庆市、湖南省、黑龙江省、吉林省、江苏省、内蒙古自治区、山西省、四川省、江西省、陕西省、河北省出台的评估文件中对二级指标进行了构建，即 15 个省、自治区和直辖市出台的评估办法中对二级指标进行了构建，其余 14 个省、自治区和直辖市只构建了一级评价指标。对 15 个省、自治区和直辖市评估文件中二级指标进行梳理的结果详见附录5。

在对重大工程项目社会稳定风险评估指标进行构建的 12 篇文献中，有 12 篇对一级指标进行了构建，其中 2 篇只构建了一级评价指标，未对二级指标进行细化，其余 10 篇进行了二级指标的构建，对这 10 篇文献中二级指标进行梳理的结果详见附录 6。

统计结果显示，几乎每个省、自治区和直辖市的评估文件都对一级指标进行了构建，但是，只有近一半的评估文件中构建了详细的二级指标。相关文献中虽然大部分构建了二级指标，但是也存在二级指标构建不够详细、全面的问题。

8.1.2 重大工程项目社会稳定风险评价指标体系存在的问题

关于社会稳定风险评估，就全国层面来看，中央给出了明确的政策导向，但是尚未出台统一的、标准化的评估办法，也没有在全国范围内统一社会稳定风险的评价指标。近年来，各地市都在如火如荼地进行社会稳定风险评估的探索，涌现了诸多各具特色的实践模式，如遂宁模式、海宁模式、烟台模式、淮安模式等。现有模式中的评价指标运用主要存在以下问题：

1. 评价内容不够全面

在很多重大工程项目的社会稳定风险评估报告中，社会稳定风险评价指标体系是依据项目的合法性、合理性、可行性和可控性这个逻辑框架展开分析的，或多或少都有些涉及，但并未全部涉及。也有些社会稳定风险评估报告并未依据这个框架来评估，而是根据项目自身的特点建立社会稳定风险评价指标体系。

项目的合法性、合理性、可行性和可控性这四个方面为项目管理决策者在现实生活中做重大工程项目社会稳定风险评估提供了一套逻辑框架，但是如果束缚在这个逻辑框架里，就会很容易遗漏其他的引起社会稳定的风险因素，比如可持续性。可持续性包括了生态、经济和社会可持续性三个层面，衡量了项目在建设阶段和建设完成后的运营阶段对这三个层面造成的破坏，导致其不可持续发展。因此，应该适当跳出这四个方面形成的固定框架，构建更加全面的重大工程项目社会稳定风险评价指标体系，以便项目管理者更好地评估和掌握重大工程项目社会稳定风险大小。

2. 一级指标设置不科学

评价维度设置不科学主要体现一级指标评价对象的不一致。在一级指标的设置上，常用的四个维度有合法性、合理性、可行性和可控性。其中合法性、合理性和可行性是基于项目层面的，用来衡量项目的建设是否合理、是否合法、是否可行，而可控性是基于风险因素层面的，用来衡量风险发生后的控制能力，实质上是衡量风险的大小，存在评价对象不一致的问题。

3. 二级评价指标不够细化

现存模式中的评价指标体系大多没有在合法性、合理性、可行性、可控性等一级指标的基础上对其评价内容范围内的二级指标进行细化，只是笼统地描述了一级指标评价与项目相关的一些方面。在缺乏详细二级指标的情况下，很难科学地对是否合法、是否合理、是否可行做出准确判断。有些地区细化了二级指标，但是存在二级指标覆盖不全面、设置不合理等问题。例如，在合理性的二级指标设置中忽略了评价项目建设对民众切身利益的影响，如果项目的建设使民众失去了生存手段，影响了他们的基本生活保障，必然会遭到强烈反对。

8.2 重大工程项目社会稳定风险评价指标选取

基于评价指标体系使用现状的事实依据以及第 5 章关键风险因素识别的理论基础，建立本研究重大工程项目社会稳定风险评价体系。

8.2.1 重大工程项目社会稳定风险评价指标体系的设置原则

依据社会经济的发展水平，结合重大工程项目的建设特点，考虑重大工程项目社会稳定风险评估的易操作性，本研究认为目前的重大工程项目社会稳定风险的评价指标体系应该遵守如下原则：

1. 全面性和重点性结合的原则

引发重大工程项目社会稳定风险的原因多种多样，风险源的复杂性决定了其评估指标的全方位、多角度。指标设置的全面性要求多维度地反映各个指标发生的可能性、产生的后果及可控性。同时要求各个指标各维度对应的风险值的原始数据的获取也应具备全面性、代表性，避免由于数据搜集的片面导致结果的误差。但是如果指标选取过多，不仅增加了数据搜集的难度，也降低了操作的可行性，从而影响社会稳定风险评估结果的准确性。因此，在注重指标选取全面性的同时也要注重指标选取的重点性，以筛选具有代表性、数据易获取的指标构建重大工程项目的社会稳定风险评估指标体系。

2. 差别性和可操作性结合的原则

差别性主要体现社会稳定风险指标选取应覆盖不同维度，分别度量其合法性、合理性、可行性等。可操作性主要要求指标数据的获取简单易行，容易通过定性定量相结合的方法得到最终的社会稳定风险值。差别性与可操作性相结合确保指标的不重不漏、简单易行。

3. 客观性与主观性结合的原则

重大工程项目社会稳定风险评估指标的选取应遵循客观性和主观性相结合的原则。一方面，客观反映重大工程项目建设过程中面临的各种风险，量化社会稳定风险的大小。另一方面，充分考虑重大工程项目建设过程中公众参与的主观感受、意见、真实偏好等。客观与主观相结合既考虑项目的客观情况，又结合各参与方的主观态度。

4. 层次性和逻辑性结合的原则

社会稳定风险的指标体系是一个极其复杂的系统，反映了项目的各个方面，在建立指标时，既要反映项目的各个方面，又要尽力避免指标的重叠。对重大工程项目进行社会稳定风险评价时，应根据重大工程项目所包含的内容分出上下级层次，对下级指标的计算可以得到上级指标的风险值，对上级指标风险值的计算又可以得到项目最终的社会稳定风险值。在层次性的基础上，也要遵循逻辑性的原则，以确保所建立的指标体系能够用来分析项目风险。

5. 科学性和动态性结合的原则

遵循科学性原则使得构建的指标体系能够客观地反映风险的存在，并真实地反映风险之间的关联；同时，由于重大工程项目社会稳定风险的形成是一个漫长的过程，随着风险状态的变化，评价指标也应不断变化，如果指标不是动态变化的，就不能及时有效地反映重大工程项目的风险大小，丧失了指标的代表性和有效性。因此,重大工程项目有关的评价指标能显示和衡量客观环境的变化,并且通过指标数据观察变化的趋势。

为满足以上指标体系设置的原则,本研究指标选取思路如下:首先,选取一级指标,在弥补现有评价指标体系不足的前提下,选取已出台的相关评估文件和文献研究成果中出现频次较高的指标来构建本研究中的重大工程项目社会稳定风险评价指标体系。其次,界定各一级指标的评估内容,对评估文件和文献中一级指标审查内容的界定进行统计,从而更加科学地将二级指标划分在一级指标内。最后,选取二级指标,将本研究 5.3.1 识别出的重大工程项目社会稳定关键风险因素作为二级评价指标,并依据已经界定好的各一级指标的评估内容将各二级指标合理地划分到一级指标中,从而形成科学全面的重大工程项目社会稳定风险评价指标体系。

8.2.2 重大工程项目社会稳定风险评价一级指标的选取

基于重大工程项目社会稳定风险评价指标体系的设置原则,在弥补现有评价指标体系不足的前提下,选取已出台的相关评估文件和文献研究成果中出现频次较高的指标来构建本研究中的重大工程项目社会稳定风险评价指标体系。

统计结果表明,合法性、合理性、可行性和可控性是目前被应用最为广泛的社会稳定风险一级评价指标。但是,这样的指标设置存在评价对象不一致性的问题,为了弥补这一缺陷,本研究不再将作为风险因素评价维度的可控性列为一级评价指标。由于合法性、合理性和可行性是对项目在审批建设过程中是否合法、是否合理、是否可行的评判,缺少了项目对社会、生态、经济和人民生活未来影响的评判。因此,本研究将可持续性纳入重大工程项目社会稳定风险评价的一级指标体系内,主要评估项目对社会、经济和生态可持续发展的影响。由此,构建出重大工程项目社会稳定风险一级评价指标为:合法性、合理性、可行性和可持续。

8.2.3 重大工程项目社会稳定风险评价的内容界定

为了更加科学地将二级指标划分在一级指标内,需要先对各个一级指标的评估内容进行界定。对评估文件和文献中一级指标审查内容的界定进行统计,如表 8.3、表 8.4、表 8.5、表 8.6、表 8.7、表 8.8 所示。

表8.3　合法性的规定

合法性审查的内容	响应次数
国家法律法规	22
国家或地区的行业准入标准、产业政策	16
党和国家的大政方针	3
相关审批部门的审批权限	8

表8.4　合理性的规定

合理性审查的内容	响应次数
符合科学发展观	14
是否对居民生活造成影响	8
符合社会及人民利益	18
兼顾各方诉求	12
补偿和救济公开、公平、公正	12
引发地区、行业、群体之间的相互盲目攀比	7
措施和手段的必要性和适当性	6
社会、人民群众的承受能力	8

表8.5　可行性的规定

可行性审查的内容	响应次数
开展过调查和宣传工作	2
符合地区社会经济发展规划	14
具有政策连续性和严密性	7
项目建设条件成熟性	14
实施方案的可行性论证	7
完善翔实的方案和配套措施	4
人力、物力和财力的承受范围	9

表8.6　可控性的规定

可控性审查的内容	响应次数
存在连带性风险隐患	6
具有预警和应急措施	10
具有舆论应对和引导措施	6

表8.7　安全性的规定

安全性审查的内容	响应次数
对地区或国家的安全造成影响	2
引发群体性事件的可能性	10
引发社会负面舆论、恶意炒作	7
建设项目引发的施工安全风险	1
对周边的社会治安的冲击	2

表8.8　可持续性的规定

可持续性审查的内容	响应次数
对地方资源产生的影响	9
对生态环境产生的影响	10
资源配置是否合理	2
对社会的可持续发展产生的影响	4

将合法性、合理性、可行性和可持续评价中被响应次数较多的项作为审查的侧重点，对合法性、合理性、可行性和可持续的评价内容界定如下：

1. 合法性评估。合法性是实施重大工程项目的前提。合法性评估主要测评重大工程项目的立项、实施是否符合法律、法规、国家政策；用地预审、规划选址、环境影响评价等法定前置要件是否齐备；项目及各前置要件的审批机关是否合法；所涉及的利益调整对象是否合适，调整范围是否界定准确，调整依据是否合法；工程项目是否履行了审批、核准、备案等法定程序，是否履行了论证、听证和公示等公众参与程序，是否兼顾了各方利益群体的不同需求。凡是决策事项达不到上述任何一项指标，均应评定为不合法。

2. 合理性评估。合理性是实施重大工程项目的基本要求。合理性评估主要测评重大工程项目决策是否坚持以民为本、以人为本执政理念；是否公示信息并达到良好的社会参与度，遵循公开、公平、公正原则，代表大多数群众的根本利益；是否实现良好的社会影响，包括就业、教育、生活水平、社区关系等；是否把发展速度和社会可承受程度有机地统一，达成让广大人民群众满意和理解的补偿标准、安置方案等。凡是决策事项达不到上述任何一项指标，均应评定为不合理。

3. 可行性评估。可行性是保证重大工程项目顺利进行的重要条件。可行性评估主要测评重大工程项目是否经过科学严谨的可行性研究论证；土地利用总体规划和城乡规划是否相符；时间、空间等条件是否合理，人力、物力、财力、政策等条件是否成熟；与当地经济社会发展总体水平是否相适应；项目资金筹措和保障方案是否可行；实施方案是否周密、完善、具体、可操作；配套措施是否完善等。凡是决策事项达不到上述任何一项指标，均应评定为不可行。

4. 可持续性评估。可持续性主要评估拟建项目的实施是否与当地的社会、资源和环境保护协调发展；在项目建设与经济发展的同时，是否保护了当地的人文景观、水土资源、生态环境；工程移民是否与安置区居民的民俗宗教相融合；项目施工是否对当地居民的生活造成三大污染等。

8.2.4 重大工程项目社会稳定风险评价二级指标的选取

重大工程项目社会稳定风险评价指标的选取目的在于通过指标量化风险因素的大小，因此，可将本研究中已经识别出的重大工程项目社会稳定风险因素作为二级指标。同时，重大工程项目社会稳定风险评价指标需要满足全面性和重点性相结合的原则，即需要筛选出重要的风险因素作为评价指标。因此，将本研究 5.3.1 中识别出的关键风险因素作为二级评价指标，如表 8.9 所示。

表 8.9　重大工程项目社会稳定风险二级评价指标

序号	风险因素
1	当地对工程项目的建设不认可、不接受
2	项目不能兼顾不同利益群体的诉求、不能统筹兼顾人民群众的现实利益和长远利益
3	受到时间、空间、人力、物力、财力等因素的制约
4	项目所在地可能引发的交通风险
5	实施方案不周密、不完善，可操作性和连续性低
6	项目引起的人文景观被破坏
7	信息公示与公众参与程度不够
8	项目造成的噪声、辐射、粉尘影响
9	立项审批程序不合法
10	项目资金筹措和保障方案不可行
11	项目与当地经济社会发展水平不适应
12	不符合国家与地区产业政策、产业结构规划、行业准入标准
13	法定前置要件不齐备
14	拆迁方案不合理、安置补偿不到位
15	项目引发的社区关系断裂的风险

序号	风险因素
16	项目引发的地区、行业、群体之间的盲目攀比
17	项目不具备完善的配套措施
18	项目引起的流动人口增加
19	项目造成的居民就业困难、收入降低、生活水平下降的风险
20	项目开展时机不成熟
21	项目造成的水土流失
22	工程移民与安置区居民民俗宗教不融合
23	项目造成的居民丧失土地的风险

为满足重大工程项目社会稳定风险评价指标层次性和逻辑性结合的原则，依据 8.2.3 中已经界定的一级指标的评价内容，对各二级指标进行如下划分：9、12、13 三个指标划入一级指标合法性内，2、7、14、16、19、23 六个指标划入一级指标合理性内，1、3、5、10、11、17、20 七个指标划入一级指标可行性内，4、6、8、15、18、21、22 七个指标划入一级指标可持续性内，从而形成了本研究重大工程项目社会稳定风险评估指标体系，如表 8.10 所示。

表 8.10　本研究重大工程项目社会稳定风险评估指标体系

一级指标	序号	二级指标
B_1 合法性	1	C_{11} 法定前置要件不齐备
	2	C_{12} 立项审批程序不合法
	3	C_{13} 不符合国家与地区产业政策、产业结构规划、行业准入标准
B_2 合理性	4	C_{21} 项目造成的居民丧失土地的风险
	5	C_{22} 项目不能兼顾不同利益群体的诉求、不能统筹兼顾人民群众的现实利益和长远利益
	6	C_{23} 项目引发的地区、行业、群体之间的盲目攀比
	7	C_{24} 项目造成的居民就业困难、收入降低、生活水平下降的风险
	8	C_{25} 信息公示与公众参与程度不够
	9	C_{26} 拆迁方案不合理、安置补偿不到位

一级指标	序号	二级指标
B_3 可行性	10	C_{31} 项目开展时机不成熟
	11	C_{32} 项目与当地经济社会发展水平不适应
	12	C_{33} 实施方案不周密、不完善，可操作性和连续性低
	13	C_{34} 项目资金筹措和保障方案不可行
	14	C_{35} 项目不具备完善的配套措施
	15	C_{36} 受到时间、空间、人力、物力、财力等因素的制约
	16	C_{37} 当地对工程项目的建设不认可、不接受
B_4 可持续性	17	C_{41} 项目引起的人文景观破坏
	18	C_{42} 工程移民与安置区居民民俗宗教不融合
	19	C_{43} 项目造成的水土流失
	20	C_{44} 项目造成的噪声、辐射、粉尘影响
	21	C_{45} 项目引起的流动人口增加
	22	C_{46} 项目引发的社区关系断裂的风险
	23	C_{47} 项目所在地可能引发的交通风险

8.2.5 重大工程项目社会稳定风险评价指标权重确定

为了准确确定该指标体系各评价指标的权重，本研究采用专家打分法，向发改委、国土局、建委、规划局、维稳办、大型建筑企业、高校和科研院所的 15 位相关专家发放了调查问卷，收集每位专家对各二级指标重要性的打分情况。问卷共分为两部分，第一部分为专家基本情况，第二部分为问卷主体部分，问卷见附录 7。用加权平均分法对专家的打分情况进行分析来确定重大工程项目社会稳定风险评价指标的权重。此方法有助于对指标重要性的识别和分析，同时指标的权重也可以通过相对重要性表示。

问卷采用五级李克特量表的形式，如表 8.11 所示，各指标的重要级别用 1—5 级来表示，1 级为不重要，5 级代表非常重要，1—5 级即重要程度的递增级，通过计算各指标的加权平均得分，来确定重要性程度，本研究通过 MS 值表示指标的重要程度，某指标 MS 值占所有指标的 MS 总值的比例为该指标的评价指标权重。ω_i 的计算公式如下：

$$MS = \frac{\sum (f \times s)}{N} \quad (1 \leqslant MS \leqslant 5) \qquad （式 8.1）$$

$$\omega_i = \frac{MS_i}{\sum MS} \quad (0 \leqslant \omega \leqslant 5) \qquad （式 8.2）$$

其中 S 是被调查者给各指标重要程度的打分，重要程度从 1 到 5 依次递增；f 是每个指标对应的每个重要程度（1—5）的频率，N 是有效问卷的总数量，即 15 份。

表 8.11　重大工程项目社会稳定风险各评价指标重要性评价标准

评分	1	2	3	4	5
描述	不重要	比较不重要	一般	重要	非常重要

表 8.12 中列出了 23 个二级评价指标的 MS 值以及绝对权重 W^*_{Ci}，"不同重要程度的频数"表示被调查者对相应级别重要程度的判断的人数总和。

表 8.12　重大工程项目社会稳定风险评估二级指标权重

一级指标 B_i	二级指标 C_i	不同重要程度的频数						均值 MS	C_i 的绝对权重 W^*_{Ci}
		1	2	3	4	5	合计		
合法性	C_{11} 法定前置要件不齐备	0	1	1	8	5	15	4.133	0.052
	C_{12} 立项审批程序不合法	0	0	2	3	10	15	4.533	0.057
	C_{13} 不符合国家与地区产业政策、产业结构规划、行业准入标准	0	2	8	5	0	15	3.200	0.040
合理性	C_{21} 项目造成的居民丧失土地的风险	0	1	2	6	6	15	4.133	0.052
	C_{22} 项目不能兼顾不同利益群体的诉求、不能统筹兼顾人民群众的现实利益和长远利益	0	2	2	6	5	15	3.933	0.049
	C_{23} 项目引发的地区、行业、群体之间的盲目攀比	0	4	9	2	0	15	2.867	0.036
	C_{24} 项目造成的居民就业困难、收入降低、生活水平下降的风险	0	0	3	8	4	15	4.067	0.051
	C_{25} 信息公示与公众参与程度不够	0	1	3	11	0	15	3.667	0.046
	C_{26} 拆迁方案不合理、安置补偿不到位	0	0	1	2	12	15	4.733	0.059

| 一级指标 B_i | 二级指标 C_i | 不同重要程度的频数 | | | | | | 均值 MS | C_i 的绝对权重 W^*_{Ci} |
		1	2	3	4	5	合计		
可行性	C_{31} 项目开展时机不成熟	2	4	7	1	1	15	2.667	0.033
	C_{32} 项目与当地经济社会发展水平不适应	2	3	5	4	1	15	2.933	0.037
	C_{33} 实施方案不周密、不完善，可操作性和连续性低	1	4	5	4	1	15	3.000	0.038
	C_{34} 项目资金筹措和保障方案不可行	0	4	7	4	0	15	3.000	0.038
	C_{35} 项目不具备完善的配套措施	1	4	5	4	1	15	3.000	0.038
	C_{36} 受到时间、空间、人力、物力、财力等因素的制约	1	3	7	3	1	15	3.000	0.038
	C_{37} 当地对工程项目的建设不认可、不接受	0	0	4	8	3	15	3.933	0.049
可持续性	C_{41} 项目引起的人文景观破坏	0	2	10	2	1	15	3.133	0.039
	C_{42} 工程移民与安置区居民民俗宗教不融合	0	2	3	6	4	15	3.800	0.048
	C_{43} 项目造成的水土流失	0	3	9	2	1	15	3.067	0.038
	C_{44} 项目造成的噪声、辐射、粉尘影响	0	3	8	4	0	15	3.067	0.038
	C_{45} 项目引起的流动人口增加	1	1	7	3	3	15	3.400	0.043
	C_{46} 项目引发的社区关系断裂的风险	0	1	5	6	3	15	3.733	0.047
	C_{47} 项目所在地可能引发的交通风险	1	2	9	3	0	15	2.933	0.037

根据各二级指标的绝对权重 W^*_{Ci}，计算出各一级指标的权重 W_{Bi}（式 8.3）和各二级指标的相对权重 W_{Ci}（式 8.4），其中，n 表示各一级指标下二级指标的个数，计算结果如表 8.13 所示。

$$W_{Bi}=\sum_{i=1}^{n}W^{*}_{Cij}\begin{cases}i=1, n=3\\i=2, n=11\\i=3, n=7\\i=4, n=6\end{cases}\qquad （式8.3）$$

$$W_{cij}=W^{*}_{Cij}/W_{Bi}\begin{cases}i=1, n=3\\i=2, n=11\\i=3, n=7\\i=4, n=6\end{cases}\qquad （式8.4）$$

表8.13　重大工程项目社会稳定风险评估指标权重

一级指标	一级指标权重 W_{Bi}	二级指标 C_i	C_i 的相对权重 W_{Ci}	C_i 的绝对权重 W^{*}_{Ci}
合法性 B_1	$W_{B1}=$ 0.148	C_{11} 法定前置要件不齐备	0.348	0.052
		C_{12} 立项审批程序不合法	0.383	0.057
		C_{13} 不符合国家与地区产业政策、产业结构规划、行业准入标准	0.269	0.040
合理性 B_2	$W_{B2}=$ 0.293	C_{21} 项目造成的居民丧失土地的风险	0.168	0.052
		C_{22} 项目不能兼顾不同利益群体的诉求、不能统筹兼顾人民群众的现实利益和长远利益	0.169	0.049
		C_{23} 项目引发的地区、行业、群体之间的盲目攀比	0.124	0.036
		C_{24} 项目造成的居民就业困难、收入降低、生活水平下降的风险	0.176	0.051
		C_{25} 信息公示与公众参与程度不够	0.159	0.046
		C_{26} 拆迁方案不合理、安置补偿不到位	0.204	0.059
可行性 B_3	$W_{B3}=$ 0.269	C_{31} 项目开展时机不成熟	0.123	0.033
		C_{32} 项目与当地经济社会发展水平不适应	0.135	0.037
		C_{33} 实施方案不周密、不完善，可操作性和连续性低	0.14	0.038
		C_{34} 项目资金筹措和保障方案不可行	0.14	0.038
		C_{35} 项目不具备完善的配套措施	0.14	0.038
		C_{36} 受到时间、空间、人力、物力、财力等因素的制约	0.14	0.038
		C_{37} 当地对工程项目的建设不认可、不接受	0.182	0.049

一级指标	一级指标权重 W_{Bi}	二级指标 C_i	C_i的相对权重 W_{Ci}	C_i的绝对权重 W^*_{Ci}
可持续性 B_4	$W_{B4}=$ 0.289	C_{41} 项目引起的人文景观破坏	0.135	0.039
		C_{42} 工程移民与安置区居民民俗宗教不融合	0.163	0.048
		C_{43} 项目造成的水土流失	0.133	0.038
		C_{44} 项目造成的噪声、辐射、粉尘影响	0.133	0.038
		C_{45} 项目引起的流动人口增加	0.147	0.043
		C_{46} 项目引发的社区关系断裂的风险	0.162	0.047
		C_{47} 项目所在地可能引发的交通风险	0.127	0.037

8.3 重大工程项目社会稳定风险多维度评价

8.3.1 多维度评价模型

通过对已出台的评估文件和相关文献研究成果的梳理统计发现，重大工程项目社会稳定风险评价体系中的第二级指标缺乏多维度度量。对于多层级评价指标体系，目前较为常用的做法是通过专家打分直接评价每个二级指标风险值的大小。但实际上，每个二级指标的风险评价也是多维度的。传统的风险评价往往从风险因素发生概率的大小和产生后果的严重程度两个维度进行评价，这样的做法没有考虑到风险发生后的控制能力。对于一个高风险的风险因素，如果我们具备了控制此风险的能力，在风险发生后，能够运用相应的措施来迅速化解其可能导致的严重后果，实际上是减弱了这个风险因素本身的强度。所以，可控性（风险发生后的控制能力）是不可或缺的风险评价维度。

因此，本研究从风险事件发生的概率、造成的损失后果和风险发生后的控制能力三个维度对单个风险进行多维度评价。风险发生的概率用来衡量风险发生的可能性。风险产生的损失后果评估是指风险导致的人员损失、经济损失、社会损失和自然环境损失的程度。可控性评估指拟建项目是否具有引发社会不稳定事件的风险源，这些风险源能否及时有效地避免，是否制定了相应的防控预警机制和突发事件处理方案，是否符合相关的法律法规要求。

1. 确定二级指标的风险值

多维度评价单个风险因素的做法相较于直接通过专家打分确定风险值更加综合，使风险评价更为准确、全面，有助于决策者科学全面地做出分析决策。根据以上分析，重大工程项目社会稳定风险因素的风险值可以描述为风险事件发生的概率（P）、造成的损失后果（C）和风险发生后的控制能力（K）三个变量的函数，如式 8.5 所示。

$$C_i=f(P, C, K) \qquad （式 8.5）$$

式中：

C_i 表示二级指标的风险水平；

F 表示单个风险的计算函数；

P 表示重大工程项目社会稳定风险发生的概率；

C 表示重大工程项目社会稳定风险产生后果；

K 表示重大工程项目社会风险发生后的控制能力。

首先确定风险事件发生的概率（P）、造成的损失后果（C）和风险发生后的控制能力（K）三个变量的值。由于这三个变量难以量化，无法通过现有的数值分析或简单的数学计算求得，它需要专业工作人员，结合自身的相关经验对所有指标进行预估，通过简单的数值表示预估的结果，由于考虑到评价人员在评价时不可避免的主观性，故邀请多位专业人员分别打分，根据打分结果进行综合评价。为了使评价尽可能准确，需要根据不同的指标制定评价标准。社会稳定风险发生的概率、社会稳定风险产生的后果、社会稳定风险发生的概率评价标准如下：

（1）评定社会稳定风险发生的概率

对风险事件的发生概率进行梯度化区分，概率越高，级别越高。本研究将风险事件的发生概率划分为 5 类，划分规则如表 8.14 所示。风险发生的概率很低、发生的概率较低、发生的概率中等、发生的概率较高和发生的概率很高分别对应的问卷调查值为 1 分、2 分、3 分、4 分和 5 分。

表 8.14 重大工程项目社会稳定风险发生概率的等级及其详细描述

问卷调查值	标识	详细描述
1	发生的概率很低	评估范围内未发生过，类似区域/行业也极少发生
2	发生的概率较低	评估范围内未发生过，类似区域/行业偶有发生
3	发生的概率中等	评估范围内发生过，类似区域/行业也偶有发生；评估范围未发生过，但类似区域/行业发生频率较高
4	发生的概率较高	评估范围内发生频率较高
5	发生的概率很高	评估范围内发生频率极高

共邀请N位专家根据自身经验和知识储备对各二级指标发生的概率进行打分。由于下述三维风险度量模型（式 8.6）的计算需要，问卷调查的回收数据应该标准化为 0 到 1 之间的无量纲化指标属性值，完成问卷处理的标准化，如表 8.15 所示。为了对指标归一化，用式 8.6 对问卷调查结果进行进一步的计算处理，式中，n_1、n_2、n_3、n_4、n_5 分别表示打分为 1 分、2 分、3 分、4 分、5 分的专家个数，通过这样的处理将问卷调查值转化到 0 到 1 范围内。

$$P = \left(1 \times n_1 + 2 \times n_2 + 3 \times n_3 + 4 \times n_4 + 5 \times n_5 \right) / 5N \qquad （式 8.6）$$

表 8.15　问卷处理的标准化

问卷调查值	1	2	3	4	5
模糊变量	发生的概率很低	发生的概率较低	发生的概率中等	发生的概率较高	发生的概率很高
赋值范围	0—0.2	0.2—0.4	0.4—0.6	0.6—0.8	0.8—1

（2）确定社会稳定风险产生的后果

将风险因素产生的后果（影响程度）按危害大小程度进行分级，产生的后果越严重，级别越高。风险因素产生的后果等级划分为 5 级，划分规则如表 8.16 所示。风险发生后产生的影响很小、影响一般、影响较大、影响重大、影响特别重大分别对应的问卷调查值为 1 分、2 分、3 分、4 分和 5分。

表 8.16　重大工程项目社会稳定风险产生后果的等级及其详细描述

问卷调查值	标识	详细描述
1	影响很小	财产损失轻微，不会造成不良的社会舆论和政治影响，无伤亡
2	影响一般	中度财产损失，有较小的社会舆论，现场处理（第一时间救助）可以立刻缓解事故，一般不会产生政治影响，造成个别人员伤亡的
3	影响较大	需要外部援救才能缓解，较大财产损失或赔偿支付，在一定范围内造成不良的舆论影响，产生一定的政治影响，造成少数人员伤亡的
4	影响重大	严重财产损失，造成恶劣的社会舆论，产生较大的政治影响，造成较多人员伤亡的

问卷调查值	标识	详细描述
问卷调查值	标识	详细描述
5	影响特别重大	造成巨大财产损失，造成极其恶劣的社会舆论和政治影响，造成众多人员伤亡的

注1：本表所称的"以上"包括本数，所称的"以下"不包括本数。

注2：风险后果中死亡人数、重伤人数的确定是参照《生产安全事故报告和调查处理条例》进行描述的。若其他领域/行业对后果严重性有明确分级的，可依据相关规定具体实施。

邀请 N 专家根据自身经验和知识储备对各二级指标产生的后果进行打分，同理要通过式 8.7 的计算对问卷调查的结果进行标准化处理，如表 8.17 所示。

$$C=\left(1\times n_1+2\times n_2+3\times n_3+4\times n_4+5\times n_5\right)/5N \qquad （式8.7）$$

表 8.17　问卷处理的标准化

问卷调查值	1	2	3	4	5
模糊变量	影响很小	影响一般	影响较大	影响重大	影响特别重大
赋值范围	0—0.2	0.2—0.4	0.4—0.6	0.6—0.8	0.8—1

（3）确定社会稳定风险发生后的控制能力

将风险因素发生后的控制能力按可控性程度进行分级，发生后的控制能力越弱，级别越高。风险因素发生后的控制能力等级划分为 5 级，划分规则如表 8.18 所示。风险发生后的控制能力完全可控、基本可控、一般可控、基本不可控和完全不可控分别对应的问卷调查值为 1 分、2 分、3 分、4 分和 5分。

表 8.18　重大工程项目社会稳定风险可控性的等级及其详细描述

赋分	标识	详细描述
1	完全可控	应急机制非常完善，风险发生后能够及时得到控制，造成影响较小
2	基本可控	应急机制基本完善，风险发生后能够控制在合理范围内，造成影响一般
3	一般可控	应急机制一般完善，风险发生后无法得到及时控制，造成影响较大
4	基本不可控	应急机制不完善，风险发生后无法得到控制，造成影响重大
5	完全不可控	缺乏应急机制，风险发生后无法得到控制，造成影响特别重大

邀请N位专家根据自身经验和知识储备对各个二级指标产生的后果进行打分，同理要通过式 8.8 的计算对问卷调查的结果进行标准化处理，如表 8.19 所示。

$$K=\left(1×n_1+2×n_2+3×n_3+4×n_4+5×n_5\right)/5N \quad （式8.8）$$

表 8.19　问卷处理的标准化

问卷调查值	1	2	3	4	5
模糊变量	完全可控	基本可控	一般可控	基本不可控	完全不可控
赋值范围	0—0.2	0.2—0.4	0.4—0.6	0.6—0.8	0.8—1

得到了风险事件发生的概率（P）、造成的损失后果（C）和风险发生后的控制能力（K）三个变量的值之后，进一步确定各二级指标的风险值r_{ci}。在三维坐标中绘制等风险图。其中重大工程项目社会稳定风险发生的概率位于 X 坐标轴（$0≤P≤1$），重大工程项目社会稳定风险产生后果位于 Y 坐标轴（$0≤C≤1$），重大工程项目社会风险发生后的控制能力（$0≤K≤1$）位于 Z 坐标轴,而坐标中的点代表着不同风险值（$0≤H≤1$）状态。在等风险图中，（0,0,0）点代表风险值为 0 的点，而任意风险状态点对应的风险值可以用其到（0,0,0）点的距离表示，即：

$$H = \alpha\sqrt{P^2+C^2+K^2} \quad （式8.9）$$

由于（1,1,0）代表风险值最大的点，据此对式 8.9 进行修正，得到二级指标三维风险度量公式：

$$r_{cij}=\sqrt{\frac{P_{cij}^2+C_{cij}^2+K_{cij}^2}{3}} \quad （式8.10）$$

式中：
r_{cij}表示二级指标的风险水平；
P_{cij}表示二级指标 C_{ij} 风险发生的概率；
C_{cij}表示二级指标 C_{ij} 风险产生后果；
K_{cij}表示二级指标 C_{ij} 风险发生后的控制能力。

得出各个二级指标的风险值r_{cij}后，可以对 27 个二级指标的风险值大小进行排序，以便确定出高风险因素，并对高风险因素加强防范与控制。

2. 确定一级指标的风险值

确定了各二级指标的风险值r_{cij}后，通过公式 8.11 来计算该重大工程项目总体社会稳定风险一级指标的风险值。

$$R_{Bi} = \sum_{j=1}^{n} W_{cij} \, r_{cij} \begin{cases} i=1, n=3 \\ i=2, n=11 \\ i=3, n=7 \\ i=4, n=6 \end{cases} \qquad （式 8.11）$$

式中：

r_{cij} 表示该项目二级指标 C_i 的风险值；

W_{cij} 表示各二级指标 C_i 的相对权重；

n 表示该一级指标下二级指标 C_i 的个数；

R_{Bi} 表示该项目一级指标的风险值。

3. 确定项目的总体风险值

得到了各一级指标的风险值 R_{Bi} 后，通过公式 8.12 来计算该重大工程项目总体社会稳定风险值 R_A。

$$R_A = \sum_{i=1}^{4} W_{Bi} R_{Bi} \qquad （式 8.12）$$

式中：

R_{Bi} 表示该项目各一级指标 B_i 的风险值；

W_{Bi} 表示各一级指标 B_i 的权重；

R_A 表示该项目的总体社会稳定风险值。

8.3.2 风险评价等级的划分

为了有效进行风险决策，需要对风险评价等级进行划分，并且根据不同等级制定风险决策策略。我们将重大项目社会稳定风险程度分为低风险、较低风险、中等风险、较高风险、高风险五个等级，对风险程度等级进行划分的依据是风险发生的可能性大小、造成的后果严重程度、风险发生后可控程度，即：

低风险（$0<R\leqslant0.2$），表示重大项目社会稳定风险发生概率低，造成的后果不严重，风险发生后可以对其进行很好的控制，表现为多数群众理解支持，但少部分群众对项目建设实施有意见，如个别人非正常上访、静坐、拉横幅、喊口号等。

较低风险（$0.2\leqslant R\leqslant0.4$），表示重大工程项目社会稳定风险发生的概率较低，造成的后果基本不严重，风险发生后基本可以很好地控制，表现为多数群众理解支持，但有一部分群众对项目建设实施有意见，如多人非正常上访、请愿、静坐、拉横幅、喊口号等。

中风险（$0.4\leqslant R\leqslant0.6$），表示重大工程项目社会稳定风险发生的概率中等，造成的后果较为严重，风险发生后很难很好地控制，如较多的人上访、请愿，发生个别极端事件，围堵施工现场等。

较高风险（$0.6 \leqslant R \leqslant 0.8$），表示重大工程项目社会稳定风险发生的概率较高，造成的后果严重，风险发生后基本无法控制，如大规模群众集体上访、请愿，发生影响较大的极端事件，围堵施工现场、阻塞交通、示威游行等。

高风险（$0.8 \leqslant R < 1$），表示重大工程项目社会稳定风险发生的概率很高，造成的后果非常严重，风险发生后根本无法控制。如果再次评估的结果确认风险已经解除，该项目可以继续进行，如冲击、围攻党政机关、要害部门，发生聚众闹事，甚至造成人员伤亡，非法罢工、罢市等对社会治安和秩序造成非常大影响的事件。

8.4 本章小结

本章从文献资料以及各地颁布的有关评估文件入手，对现有重大工程项目社会稳定风险评价指标体系进行了深入分析，探讨了现行指标体系存在的问题和不足；在现行指标体系的基础上，从合理性、合法性、可行性、可持续性等方面构建新的评价指标体系。基于多维度的风险综合评价方法，从风险发生概率、造成影响、风险可控性三个维度对重大工程项目社会稳定风险进行综合度量，得到重大工程项目的总体社会稳定风险值和单个风险因素的风险值，同时对单个风险因素风险值的大小进行排序，以便对高风险因素加强防范与控制。最后使用算例进行计算，验证此评价方法的可行性。

9 重大工程项目社会稳定风险评估运行机制

9.1 重大工程项目社会稳定风险评估运行机制内涵

政府作为国家公共事务的承担者和公共设施的建设者，依法执行国家赋予的行政权力并履行管理义务。基于宏观视角分析，政府的管理职能推动了国家经济、社会、文化的全方位建设，例如根据我国国情制定相应的法律法规并随着时代发展社会进步不断调整升级，保障人民群众拥有安定和谐的生活工作氛围等。本研究主要是站在宏观视角的相对面探讨政府职能，即从微观视角研究相对于"市场主导"下的"政府主导"的含义。市场主导是指在事务的发展变化过程中，主要依靠市场自我调节机制推动事务向前发展演变，政府不过多干预和引导，让社会资源通过市场分配发挥其根本作用。部分专家认为重大工程项目社会稳定风险评估作为一项客观全面的测评工作，不应该让政府在其中既充当运动员又充当裁判员，有失评估本身的公正性和公平性，需要引入第三方专业的评估机构担任重大工程项目社会稳定风险的评估者。

但综观近年来各省市的重大工程项目社会稳定风险评估工作，政府主导仍占据着较高的比重。首先，重大工程项目由于规模大、资金量大、涉及面广，以社会公共项目居多，其建设目的是为人民群众创造更加美好的生活环境，推动全社会政治、经济、文化的全面进步。为了使项目建设达到预期目标，重大工程项目往往离不开政府的把关，从项目立项、选址、融资直到最后竣工、投产、运营、维护都需要政府进行统筹安排，社会稳定风险评估工作更是如此。因而，基于重大工程项目的特殊性质，采取"市场主导"的评估体制显得并不合理。群众在受到重大工程项目影响时，会第一时间寻求政府帮助，而并非期望依靠市场调节度过危机。再者，我国的重大工程项目社会稳定风险评估仍处于初级阶段，各项评估机制和风险应对措施不够成熟。在这个大背景下，更需要政府作为公共事务管理者构建更加完善合理的社会稳定风险评估机制，完善相关的法律法规，以及风险前端的防范机制和后端的应对机制。最后，重大工程项目所带来的社会不安定因素主要源于三个方面：其一，由于政府历史旧账导致群众对政府的信任感较低，加之某些政府官员采用暴力手段执法；其二，由于重大工程项目的社会稳定风险多发生在项目征地拆迁过程中，由于暴力拆迁、补偿不到位，致使群众的根本利益无法得到保障；其三，也是最为重要的核心问题，即重大工程项目实施是否得到合理论证，项目建设的各项条件是否已经具备，以及项目建设过程中面临的各种潜在问题将如何处理，由谁处理，责任分担机制是否合理等均需要政府在项目立项落地时进行讨论敲定。因此，本研究主要探讨重大工程项目社会稳定风险评估的决策阶段，而决策阶段是必须通过政府领导的，并结合"专家咨询""民众参与"才能够保证决策的公平性和合理性的。综上所述，重大工程项目社会稳定风险评估必须以政府作为主导。

9.2 "政府主导"机制

9.2.1 "政府主导"的限度

重大工程项目社会稳定风险评估要求政府作为项目实施的公证人客观地评判项目可能带来的风险，但由于在重大工程项目中，政府往往担任着项目建设的组织者和领导者的角色，促成项目的落地实施。因此，为了防范政府官员私下干预风险评估工作，使工作开展高效公正，应当对政府部门的评估主导行为设置权限，即政府评估工作的主导地位仅限于一定范围内，对超出范围的评估内容和评估行为，则视为"政府控制"。

1. 不能干预第三方评估机构评估结果的限度

为了切实保证第三方评估机构评估的真实性和有效性，政府部门在第三方进行评估时不应对其进行干预和引导，包括但不限于提供虚假信息、利益交集、干扰第三方正常的评估工作等各种对评估过程及结果产生影响的行为。委派第三方评估机构进行社会稳定风险评估是为了避免政府部门既当运动员又当裁判员的情况，若政府部门横加干预，会直接对评估过程及结果的真实性和有效性产生重要影响，一旦发生了干预情况，无疑是给社会稳定风险增添了更重的负担和危机，最终可能致使群众彻底丧失对政府的信任。

2. 不能影响群众真实想法的限度

重大工程项目社会稳定风险评估的根源是维护广大人民群众的根本利益，维护社会的和谐稳定。由于第三方评估机构身份和地位较普通，因而在进行重大工程项目社会稳定风险评估中将面临更多的困难，而政府作为公共事务的协调者和管理者，应积极配合第三方评估机构的工作，为其提供畅通的评估路径，如派遣相关部门的人员与第三方机构进行评估工作的对接，共同参与项目评审，体现政府和群众共同参与相互交流的良好氛围。在此过程中，政府委派的人员借由政府之名暴力执法或夸大实情，使群众无法表达自己的真实想法，如在征地拆迁时，政府通过易地安置补偿群众损失时，政府人员过分夸大安置房周边交通便利通达、环境舒适优美等不合实际的话语，从而导致群众真实想法无法表达，进而风险评估的结果也不准确。因此，在真正的风险评估工作中，政府应采取必要的措施或指定相关的法律法规保障评估工作的真实性和有效性，与此同时也增强了政府的公信力，巩固了政府在群众心中公正的形象。

3. 不能影响专家咨询结果的限度

在重大工程项目社会稳定风险评估工作中，以"政府主导"为核心，通过引入专家咨询，弥补风险评估工作中政府部门以及第三方评估机构在专业方面的不足，专家作为该领域的代表，能够起到更加权威且前沿的辅助作用。我国重大工程项目的很多建设阶段均会引入专家咨询机制，如方案设计阶段、攻克施工技术难题方面等，必须经过有关专家的多方论证方可决策。但引入专家咨询机制又面临着另一个问题，由于专家是由政府或第三方评估机构聘请而来，与之具有利益关系，因而专家在给出评估决策建议时可能会略有偏颇，从而间接影响社会稳定风险的评估结果。但由于重大工程项目社会稳定风险对其评估人员的专业性要求更高，因而聘请相关领域的专家学者又是必不可少的，尤其在技术和设计领域。因此，更需要加强专家咨询的客观性和严谨性，减少来自政府和第三方评估机构的干扰。

9.2.2 评估的指导思想和基本原则

1. 评估的指导思想

以习近平新时代中国特色社会主义思想为指导，深入贯彻十八届三中全会中关于积极构建重大决策社会稳定风险评估机制的统筹规划和系统规定，严格依照党中央有关积极解决社会矛盾的总体要求，以化解阻碍社会和谐稳定的根源性问题，坚持民主决策、主动维稳，按照"关口前移、重心下移、预防为主、标本兼治"的总体思路，将重大工程项目社会稳定风险评估作为工程项目建设领域的前置程序、必经步骤和必备条件，对可能出现的稳定风险实行先期预测、先期评估、先期化解，制定相应的风险应对策略和应急预案，着力从源头上预防和减少不稳定因素，预防社会矛盾纠纷的发生，不断提高民主决策和维稳工作水平，以社会和谐为根本价值取向、以主动创建稳定的社会局面为基本出发点、以妥善处理群众利益问题为重点关切，为经济社会又好又快发展创造更加和谐稳定的社会环境。

2. 评估的基本原则

（1）主动预防原则。在重大项目开始实施之前主动对其面临的风险级别进行评估是社会稳定风险评估的出发点，及时发现项目存在的各类潜在风险。同时，也要有针对性地制定风险预防方案，尽可能将项目潜在风险控制住。因此，在对项目社会稳定风险进行严格评估时，需要摒弃以往被动应对的观念，以主动预防为主要原则，运用科学合理的风险评估方式，对项目潜在的各类社会稳定风险进行有效评估，并制定相关的风险应对措施，尽力将其控制在正常范围内，做到从源头预防项目实施过程中可能面临的各种社会风险。

（2）合法合理原则。严格遵照国家相关法律法规是项目能够顺利进行的重要前提条件。另外，项目可能会对周边群众正常生活产生的各种不便，对项目所在地社会产生的各种经济社会方面的影响也是需要着重考虑的条件。在对项目社会稳定风险进行评估时，相关评估主导组织或人员需要详细分析相关的法律法规等，以此保证能够依法对项目的风险进行评估，尽可能避免相关法律法规对各利益主体产生的不利影响。

（3）民主决策原则。社会普通群众作为重大工程项目社会稳定风险评估工作的主要利益主体，需要相关评估组织或者人员积极听取意见，并将其意见详细分析。在对项目社会稳定风险进行评估时，首先需要更加关注项目前期的各类调研，特别是那些在社会上面临着较大争议或者涉及面较广的重大项目。针对这些特殊项目，风险评估主体必须广泛调查社会各界群众的意见，邀请多个领域的相关专家、政府部门与公众进行论证，以确保项目决策的科学性与民主性。

（4）责权统一原则。为了保证项目社会稳定风险评估工作的高效运转，分工明确、责权统一是其不可或缺的一项重要原则。在对项目进行风险评估时，由于相关的评估主体包含许多不同的单位、组织、机构等，涉及的方面众多，为了确保评估工作的顺利进行，必须明确各方的责、权、利，诸如相关领导层必须起到组织工作的作用，第三方评估结构主要负责项目的风险评估，其他相关单位必须及时主动提供项目资料等。只有这样，项目的风险评估工作才能顺利进行下去。

9.2.3　政府评估主体的明确与规范

在确定风险评估主体之前，首先要对评估这一概念进行界定。评估可分为广义评估和狭义评估，狭义评估是传统意义上讲的风险评估，也是风险评价，从风险发生的概率以及损失程度两个维度进行评估，最终计算出风险大小。广义评估是本研究所提出的重大工程项目社会稳定风险评估，既包括组建评估组织机构、制定评估流程、开展评估工作等前期事宜，也包括风险应对、风险评价等后期事宜。为了清晰地区分开本研究中所指的评估概念，此处声明本研究中所提到的"评估"均为广义评估，狭义评估则用"风险度量"来表达。

结合上文提出的广义评估概念，包括评估组织机构、评估流程、评估工作开展等环节，则相对应的评估主体也需要界定清楚。由于评估内容众多，涵盖多方面多组织，因而评估主体也是不止一个。针对重大工程项目本身的特殊性，本研究遵循第 4 章的组织架构和工程建设的基本程序，把风险评估的主体界定为建设单位、审批部门和维稳部门。三个评估主体的职能如下：

1. 建设单位。建设单位作为重大工程项目的发起者和建设者，是社会稳定风险最主要的度量主体。主要负责社会稳定风险度量以及基于度量结果有针对性地提出风险应对措施。同时，建设单位需负责编制风险评估报告（这里的"评估报告"为专有名词），并对报告中数据的真实性和有效性负责。

2. 审批部门。根据项目审批立项的规定程序，发改部门为项目立项的审批部门，也是评审的主体。对于重大工程项目则需交由省政府或国家发改部门审批。审批部门在对项目进行审查时，不仅要对项目本身的内外部条件进行审核，同时要对项目可能引发的社会稳定风险进行审核。该评审结果是项目能否顺利通过的关键。对于需要进一步上报国务院或国家发改部门的政府项目，则应由省发改部门编制项目社会稳定风险评估报告报送至国家发改部门审核。此外，发改部门作为项目立项审批的把关部门也应参与到风险评估工作的组织搭建、评估流程制度、风险管理及风险应对等工作中来。除了发改部门以外，凡是涉及项目前期报建批复的政府部门如国土部门、环保部门也应作为评估的主体之一。

3. 维稳部门。维稳部门作为我们党维护社会稳定，国家长治久安的重要部门，在评估工作中发挥着重要的作用，政府通过维稳部门进行社会稳定治理。重大工程项目社会稳定风险评估工作能否公平公正地开展取决于政府是否将评估部门的各项工作一一划分，责任界定清晰，是否有权责不明、管理空白的部分。重大工程项目或重大固定资产投资项目的社会稳定风险评估机制最初是由发改部门牵头构建的，但由于发改部门长期从事法律法规以及制度文件的编制工作，对于如何防范或应对由于群体性事件引发的社会不稳定缺乏经验且超过了其原本的职能范围，因而，社会稳定风险评估机制构建的责任部门应交给发改部门还是维稳部门在机制建立之初并没有完全确定。社会稳定风险评估机制的最初建立是应用在工程建设方面，由于工程项目建设最易引发参与主体之间的矛盾争端，因而其机制搭建的责任部门便落在了发改部门；但在我国完整的行政体系框架下，维稳办是专门维护社会稳定，消除一切不稳定因素的部门，因此，这块"烫手山芋"的归属问题成为开展社会稳定风险评估工作的关键和难题。十八大以来，党中央高度重视社会的和谐稳定，提出应将社会稳定风险的应用范围进一步扩大，跳出工程建设领域的圈子，凡是重大项目、决策、改革等涉及所有群众自身利益的事情都应构建完善的风险评估体系，从而保证群众自身利益得到保障，社会稳定团结。基于该背景，归属在党建机构下的维稳办的职责之一就是对社会稳定风险的评估工作负责，重大工程项目社会稳定风险评估更在此列。

9.2.4 重大工程项目社会稳定风险评估流程

1. 确定评估范围

项目的建设单位必须在前期策划时，明确界定拟建设项目的范围，判断其是否处于评估范围内，如果项目被认定处于评估范畴的，就必须严格按照项目社会稳定风险的评估程序进行各项工作。一般而言，重大工程项目社会风险评估的范围是指由政府或企业依照国家相关法律法规进行投资的，处于国家或者各地政府所划定的重点工程项目，并且涉及广大人民群众的切身利益，实施会对项目所处区域的经济发展、生态环境、群众生活等在一定范围内形成较为严重影响的各类项目。根据以上定义，各类项目是否需要进行社会稳定风险的评估工作主要是判断其有没有影响到广大群众的核心利益。为了使社会稳定风险评估的范畴更加清晰明了，应当着重考虑项目的类型、规模、社会影响力等。

（1）项目类型

依据《政府核准的投资项目目录》的相关划分标准，可以解析出以下几类项目的实施较易产生社会稳定风险：

① 城市建设项目，诸如市政道路桥梁、城市轻轨等项目；

② 城市大型综合体开发项目、城市更新改造项目等涉及面广的重大建设项目；

③ 大型水库以及其他影响范围较大的水利工程等水利项目；

④ 各类大型电站、电网工程、输油输气管网等能源类项目；

⑤ 各类新建（扩建）铁路、公路、航运、民航、集装箱码头等交通运输项目。

（2）项目规模

依据拟建设项目的规模，可以分析归纳出较易产生社会稳定风险的项目的特征，这些指标应当依据项目实施地的实际情况进行判断：

① 项目总投资额；

② 项目建设工期；

③ 被征用土地面积、涉及的房屋征收人、移民安置人口等。

例如，重庆市的重大项目风险评估暂行办法规定：占用耕地面积超过35公顷、征收房屋涉及被征收人100人、移民安置人口超过50人的项目就必须启动相关的社会稳定风险评估程序。其他地区在涉及类似项目时，可以将重庆市的相关规定作为参考，并结合当地实际情况确定风险评估范围。

（3）项目影响力

① 在项目规划、选址、环评公示阶段发生过大规模社会冲突事件的项目；

② 项目的实施可能会对周边产生较大的负面影响，如环境污染、破坏地质条件、破坏生态系统等；

③ 可能引发历史遗留问题的重大建设项目；

④ 其他产生较大负面影响的情形。

根据上述三个方面的分析结果，可以更加清晰明了地判断项目是否需要进行社会稳定风险评估。但是，为了更加全面地评判项目是否需要进行风险评估，一些没有同时满足以上三个条件的项目需要进一步进行分析，诸如某些项目虽不属于上述情况，但在实施过程中引发过较大规模的群众上访，或虽没有达到界定的投资项目，其实施会对当地生态环境产生严重影响的都应当按照实际情况进行社会稳定风险评估工作。

2. 制定评估方案

对于按规定要求必须进行社会稳定风险评估的项目，建设单位应首先组建项目社会稳定风险评估小组，根据评估内容如对周边生活生态环境的影响、是否涉及征地拆迁等有侧重性地邀请各行业专业人士加入风险评估小组，通过实地走访调研，汇总民情民意，共同探讨项目可能引发的社会稳定风险，并及时采取措施防范风险的进一步发生。

值得关注的是，为避免风险在未得到有效控制的情况下进一步恶化导致重大社会事件的发生，应提前制定全面系统的风险应急预案。由于应急预案应当围绕"防止事态扩大、保护人身安全、积极对话协调"的主旨进行设计，政府部门应首先开通 24 小时紧急事件热线电话，确保群众在群体性事件发生后能够第一时间联系上政府维稳部门的负责人；之后，社会稳定评估小组成员应第一时间赶赴现场制止事件的进一步恶化，与此同时通知公安部门赶赴现场维持秩序，确保人员安全，防止事态的进一步发展；项目负责人到达事发现场后，应积极地与冲突人群进行友好交涉，倾听冲突者心声，并做好记录，随后尽快召集领导小组商讨冲突解决事宜，双方应以解决纠纷为第一要义，通过邀请冲突方代表参会，共同商讨，换位思考，从而提出双方一致认可的解决方案。

3. 分步化解风险

本研究在上文中已经说明了社会稳定风险搁置到项目的决策阶段进行统一解决是不合理的。根据项目立项审批的法定程序，应在审批过程中首次发现项目中存在社会稳定风险就加以制止，坚决不能将风险堆积至决策环节再来解决。环保、规划部门的审批是发改部门最终审核通过的前置环节，发改部门只对未涉及的审批事项进行评估，因而在环保、规划等环节出现的风险应立即制止，将有关情况反馈至项目建设单位，要求整改，通过后方可进入下一个审批环节。针对一些特殊项目，仅需要在维稳办进行备案，不需要参与后期的社会稳定风险评估环节。项目决策应该是多方面多环节的决策，其中规划、环保也是决策中的一环，都制定了严格的审查程序，社会稳定风险的审核应嵌入到决策的各个环节。因此，本研究提出的社会稳定风险评估也不是单纯依靠发改部门或维稳办进行独立评估，环保局、规划局、国土局等均应对本职权范围内可能引发的社会稳定风险进行逐一评估，共同担负起维护社会稳定的重任，按照项目建设程序逐一化解社会稳定风险。

按照项目基本建设程序，对项目规划选址、环境评审、征地拆迁等几个方面进行风险度量，配合规划局、环保局、征地办等有关部门进行社会稳定风险的化解。因此，若项目在环境、规划、征地等环节存在引发社会稳定风险的可能性，应在审查发现的第一时间制定相应的风险化解策略及后续的风险应急预案，并报送至有关部门进行二次审查。将传统的风险评估报告的编制阶段提前至项目审批的开始环节。因为在上文对社会稳定风险进行案例分析时发现，大多数情况下一个项目的社会稳定风险往往是由一个方面引起的，如影响环境的重大工程项目一般不会涉及征地拆迁；反之，涉及征地拆迁的重大工程项目由于周围群众已基本搬走，其引发的环境冲突不会过于尖锐以至于引发社会稳定风险。因此，将风险评估前置既保障了政府各部门审批工作量的均衡性，又能够发挥各部门所长，从专业视角审查风险评估的真实性和有效性，以便更好地化解社会稳定风险。在编制项目的社会稳定风险评估报告时，应积极邀请相关领域的专家以及与项目建设有关的群众参与进来，从不同视角探讨项目的风险大小。规划、环保、征地等部门应在确保项目在该环节的审查完全通过的前提下，再放行至下一个审批环节，若发现项目在某方面存在较大的社会稳定风险隐患应坚决制止项目的进一步审批工作，将发现的问题第一时间反馈给项目负责人，并协助项目方共同完善项目方案，防范风险发生。

4. 提交最终审批

在项目通过了规划、环评等所有前置审批程序后，建设单位需根据前置的审批情况编制可行性研究报告及前置程序审批通过的相关资料文件提交至发改部门进行登记备案，在提交可行性研究报告时需同时提交社会稳定风险评估报告，评估报告可单独成册，也可以作为可行性研究的一个章节设置。评估报告的格式、内容可参考各地方政府颁布的相关文件，对于报告数据及结果的真实性和有效性是必须坚决执行的。在提交报告之后，发改部门再邀请第三方咨询机构对建设单位提交的项目可行性研究报告进行评审，同时对社会稳定风险评估报告进行评审，得出项目是否可以实施的结论。若项目在某方面存在较大的社会稳定风险，但可以采取相应措施加以化解，则应当暂时中止项目审批，协助项目建设方将风险化解后再放行通过。若项目在某方面存在的社会稳定风险无法化解，应根据相关规定终止项目建设。发改部门在评审社会稳定风险评估报告时，应进行实地调研，听取当地群众的真实想法并邀请相关领域的专家进行复审，确保评估报告的真实性和科学性。专家应当如何评审、群众如何进行参与将在下文进行详细介绍。

5. 项目备案

在上文中已经对项目建设过程中的相关责任主体进行了界定，维稳办作为政府维护社会秩序，保障社会和谐稳定的执行部门，在重大工程项目社会稳定风险评估组织中所承担的是维护社会稳定的职责。因此，当项目最终通过了发改部门的审批后，发改部门需将该项目前置审批环节的所有资料文件提交至维稳办备案。具体的备案项目清单需由维稳办在每年年初进行统一商讨制定，将最终的清单发送至发改部门，由发改部门根据清单所列项目进行项目前置审批资料的统一收集整理后交给维稳办进行备案，由维稳办再次组织有关专家对项目的审批材料进行评审，此环节为社会稳定风险评估的最终审核，并将审核结果反馈至发改部门。

6. 实时监测

真正的风险管理不止有前期的风险防范，更是延伸至风险发生后的应急处置，完全隔绝风险是不可能的。也意味着即使项目顺利通过了发改部门及其前置各部门的社会稳定风险评估，但仍不能保证其在项目后期建设过程中不会发生风险事件。尤其容易发生在征地拆迁类项目中，项目建设单位与当地群众已就征地拆迁补偿方案达成一致，由于后期的市场波动，部分群众坐地起价或不配合拆迁，若该环节处置不妥当，极易引发大规模的群体性冲突事件。因而，对于已经通过社会稳定风险评估的项目，项目建设方切不可掉以轻心，仍需时时监测可能引发的社会稳定风险，在维稳办已经登记备案的项目，维稳办有责任协助项目建设单位共同监测风险，通过风险监测及时发现隐藏的风险因素，提出风险化解策略，提早防范，如图 9.1 所示。

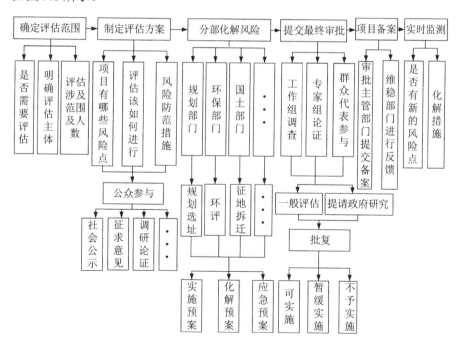

图9.1　重大工程项目社会稳定风险评估流程

9.2.5 "政府主导"的保障措施

评估机制为重大工程项目社会稳定风险评估搭建了总体框架，但现阶段，评估机制仍处于初级阶段，大部分制度仍停留在建设阶段，未形成切实可行的指导意见，无法有效地转化成风险评估措施，有待进一步完善。现阶段最紧要的任务是对评估机制的进一步细化，切实保障评估机制具有较高的指导意义，通过不断细化，帮助评估机构形成一套完善的规范性文件，有助于评估工作高效科学地有序开展。

1. 加快制定评估的相应机制

目前已出台的各省市评估办法，多以"暂定办法"命名，这说明我国社会稳定风险评估机制仍在不断完善和进步。以"暂定办法"命名，有利于对评估机制进行二次调整，顺应时代发展，操作较为灵活，但同时面临着权力逐步放大，方向性偏差等情况。因而，政府当前应尽快完善评估机制，将其纳入评估体系中，防止政府权力的无限放大。评估机制可用于具体指导全过程的评估工作，通过对评估各节点工作的不断细化，使评估更加精细和合理，增强重大工程项目社会稳定风险评估的准确性和真实性。在搭建了评估机制大框架下，仍需对重要的几项评估节点工作进一步制定详细的评估机制，如评估组织机构、专家咨询及公众参与模式等，从而使机制框架更加完整和有效。在制定相关机制的同时，完善与社会稳定风险评估相关的法律法规体系，规范社会稳定风险评估的过程和内容，为社会稳定风险评估工作推进提供制度保障。

2. 加强部门合作联动

本研究在上文中提出应搭建重大工程项目社会稳定风险多部门协同评估制度，通过多部门联动式风险管理，达到资源整合高效评估的目的。然而多部门协同联动不仅指各部门各司其职、各谋其事，更需要各部门之间协同配合，搭建合作沟通的渠道。若发改部门仅通过项目建设方提供的社会稳定风险评估报告来判断该项目的风险大小，则过于片面。因此，在进行审批时可向前置的审批部门进行项目情况调查，防止出现信息造假蒙混过关的现象。其中发改部门与维稳办之间的沟通最为重要，首先发改部门在完成项目最终的社会稳定风险评估后需将评估结果及相关资料报送至维稳办；而维稳办作为社会稳定风险管理的责任部门，需定期将维稳情况及出现的问题反馈至发改部门，通过两部门之间的密切沟通，发改部门可以更加准确和清晰地评判出项目存在的社会稳定风险，而维稳办则可以更有针对性地防范社会不稳定风险。

3. 加强对第三方机构的管理

（1）建立稳评第三方的组织遴选机制

现阶段，各省市还未对第三方的社会稳定风险评估机构进行资质认定，而是以达到一定咨询资质（一般是具有项目可行性研究咨询资质）作为选聘第三方评估机构参与社会稳定风险评估报告的主要标准。然而社会稳定风险评估报告的编制内容无论在难度、深度及广度上均要高于可行性研究报告，因此按照现行的选择标准不能满足社会稳定风险评估要求。但是，随着社会分工趋于精细化的趋势，未来社会稳定风险评估必将交由第三方专业评估机构完成。因而，为了保证评估工作的科学性和专业性，应对第三方社会稳定风险评估机构的资质认定搭建切实可行的管理平台，建立稳评第三方组织机构遴选机制，使评估工作走向专业化。

（2）建立第三方机构信用评价体系

为了确保第三方评估机构评估结果的真实性，应构建第三方评估机构信用评价体系，强化监管，采取末位淘汰制，逐步驱逐信用评级不良、专业等级较低的评估机构，挑选出具有良好资信的第三方评估机构，对于那些由于第三方评估机构未严格履行职责、弄虚作假、欺骗政府导致社会不稳定事件大规模暴发的情况，应立即查处并没收其相关资质认证文件，严肃追究其法律责任。

（3）积极培育专业的第三方机构

由于社会稳定风险涉及面广、专业性强，因而政府应加强第三方评估机构的专业化素养，为其积极搭建培训和资质认定平台、鼓励更多的专业人才投身评估工作中，进一步规范评估工作的责任和权利，使其快速走向制度化和规范化。

9.3 "专家咨询" 机制

现代决策"咨询系统"中的重要组成部分之一即专家咨询制度，专家咨询制度是防止决策随意性的一项重要措施，是决策的论证与责任制[263]。本研究提到的专家咨询主要针对政府及第三方评估机构由于专业知识缺乏、经验不足导致的评估结果偏颇，而并非指上文风险度量过程中的专家咨询，由于该过程主要依靠市场调节，通过第三方机构选派专家，故不在此处讨论范围内。专家咨询、专家论证主要是在政府及第三方评估机构由于专业知识缺乏导致无法化解风险的情况下，邀请该领域的专家进行专业咨询，给出合理的解决办法。

9.3.1　咨询专家的选择

1. 专家选择标准

评审专家的选择首先需要确定的是选择的标准。专家遴选的标准主要有专业领域、工作经验与道德品质。

（1）专业领域。针对重大工程项目社会稳定风险而言，虽然其风险源主要来自重大工程项目的建设运营，但就具体的风险评估工作来说，不仅涉及工程领域，还涉及社会学、心理学等多个学科领域。因而，在选聘专家时，要多方考虑，根据重大工程项目风险评估的需要，吸纳各领域的专家，复合型的专业人才是未来人才发展的主要方向。

（2）工作经验。工作经验主要分为两种，一种是理论型专家，另一种是实践型专家。理论型专家主要在高校、科研院所从事理论性研究工作，这类专家是目前风险评估工作聘请最多的专家，遴选的标准较为详细的则会提到"学科带头人""具有某某职称""获得过某某奖项""具有某某学位"等，但更多的则是没有这么具体的说明，只是提出类似"在本行业具有丰富的经验"等简单的选择标准。总体而言，理论型专家在其擅长的研究领域的确具有很高的专业地位，同时掌握着本学科最前沿的知识，但由于缺乏长期的实践经历，不可避免地对该领域的理解具有片面性。对于实践型专家，由于其多年从事相关工作，积累了丰富的经验，如拆迁补偿、移民安置等，对于化解风险的具体措施有着独到的理解。因而，在选择专家时，应尽可能地照顾到这两种类型的专家，互相配合才能够有效评估风险。

（3）道德品质。关于专家的道德品质，主要是要求专家在参与日常评估工作时，能够从专业视角出发，客观真实地给出评审意见，不能因为收取了某一方的咨询费，就有所偏袒而没有说出真话。专家，作为另一种意义上的"第三方评估机构"，应当保持绝对的公平、公正，绝不能在其中浑水摸鱼、混淆视听，最终导致风险评估结果不真实、不准确而影响到社会稳定。

2. 专家选聘规则

除此而外，选聘专家应从已搭建完成的专家库中进行挑选。上文已经提出重大工程项目社会稳定风险评估应当成立专家库，不能临时聘请。成立专门的专家库或专家咨询委员会，可以使专家的评估工作更加专业化、系统化，同时有利于专家之间沟通交流。如果采取临时聘请方式，会导致专家由于临时抽调过来，对需要评估的工程项目非常陌生，或由于与自己正在研究的课题时间冲突，而无法全身心地投入到风险评估工作中。对于专家库专家选聘规则而言，可以包含选聘程序、选聘人数设置、选聘任期等。

（1）选聘程序。为了充分挖掘各专业领域的专家，聘请专家的方式可采取自荐、推荐、单位机构评选等形式，但聘请专家必须建立在专家本人及其工作单位同意的前提下。在组织选聘工作时，可以首先由评估组织委托政府有关部门发布专家选聘公告，通过公告寻找自荐或推荐的专家，形成专家库的雏形，最终由政府及第三方评估机构根据风险评估的实际需要挑选出最合适的人选。

（2）选聘人数设置。一般而言，专家库人数设置需要根据实际情况进行设置，专家库设置的目的是进行广泛的咨询，人数似乎越多越好，但是人数多了反而不能够进行有效的讨论。重庆市经济和信息化委员会规定重庆市城镇燃气行业燃气专家库总人数不少于50人，每个专业专家不少于5人。对于省级重大工程项目社会稳定风险评估组织专家库而言，工程领域、社会学、政治学、心理学等方面的专家至少各2个，这样才能形成有效的讨论，而不是由一个人说了算，但是为了保证能够得出最终的意见，总的人数需要控制为单数，因此至少需要选聘9名专家。对于市一级评估组织来说，可以与省级专家库形成专家共享机制，一方面可以更加专业地进行评估事宜，另一方面可以节省评估工作的成本。

（3）选聘任期。目前来说，选聘任期并没有统一的规定，有没有规定任期的，比如交通运输部工程技术专家委员会；规定了任期的但是其任期也不一定相同，如最高人民检察院专家咨询委员会的任期为5年，重庆市城镇燃气行业燃气专家库专家每届聘期为3年。专家聘用任期可以根据实际情况进行设置，一般而言以3—5年为宜，任期太短会导致专家换届太频繁，不利于专家库的管理。

9.3.2 "专家咨询"的工作流程

评审专家的工作内容根据重大工程项目社会稳定风险评估的评估流程进行确定。在评估工作中，专家的工作任务包括项目现场实地走访，评判社会稳定风险，评估报告质量，根据项目实际情况判断项目社会稳定风险大小并给出相应的结论。

1. 项目现场实地走访

政府应积极组织评审专家深入项目所在地进行走访调研，掌握项目的一手资料，倾听群众的真实想法，从而对项目进行客观真实的评估。在实地走访中，主要针对项目规模、项目周期、项目征地拆迁补偿措施及项目产生的实际影响进行了解，同时鼓励项目周边群众积极参与到项目建设的讨论中，成立专题研讨会，倾听群众的诉求和希望，以及对政府工作的意见和建议，同时由政府领导和专家对群众提出的质疑进行一一回答，力求消除群众的不安心理，确保项目顺利实施。

2. 社会稳定风险评估报告质量评定

对于社会稳定风险评估报告质量，主要可以从项目有关资料、社会稳定风险度量时采用的方法以及报告的内容三个方面进行评判。

（1）首先，项目有关资料的评审，应当结合着项目现场实地走访情况，仔细审阅项目资料的完整性、真实性和有效性。其次，评判风险度量时采用的方法是否科学有效，现有数据是否能够满足该方法的使用条件、是否采用了科学的数据收集方法与数据处理方法、数据是否真实可靠、风险度量时是否注意到了关键点等方面。最后，在评判社会稳定风险评估报告的内容时，应当评判整个评估报告的逻辑是否通顺，各章节之间的设置是否具有连续性，各章节的内容是否具有层层深入的特点。

（2）对章节的内容设置进行评判，各地可以根据实际情况对内容进行相应的调整，但是风险识别、风险评价和风险防范三个部分的内容是社会稳定风险评估报告不可或缺的部分。接下来需要对各章的具体内容进行评判。评判各章节的内容是否符合题目，逻辑是否正确，内容是否有理有据，行文用词是否正确、规范等。

（3）对关键部分要进一步详细分析：群众的参与度是重大工程项目社会稳定风险评估的核心，因而政府在组织编制评估报告时，一定要将群众参与度作为报告是否真实有效的重要依据，其中群众参与度又要细化为参与群众的范围、参与方式、群众反映的问题等方面。之后，对风险识别、风险度量及风险防范进行评审。在风险识别方面，应着重对风险识别方法、识别的维度等进行评审；风险度量方面，应着重评判风险因素权重划分的合理性，风险防范措施的实操性等。

3. 给出最终结论

评审专家根据评估报告内容、总结来评判评估报告的质量，提出相应的意见。在进行评价总结及提出意见时，专家需要就其所提出的意见提供论据。如对于风险评价方法提出意见时，不能简单提出方法不合理，而是要详细说明不合理之处，以便能够形成可以归纳总结的经验教训，为将来制定相应的规范奠定基础。此外，专家还需结合评估报告判断项目社会稳定风险等级大小并根据现场调研情况，给出项目是否可以实施的结论，并就如何处理项目的社会稳定风险给出专家组的建议。

　　重大工程项目社会稳定风险评估组织"专家咨询"运行机制如图 9.2 所示。

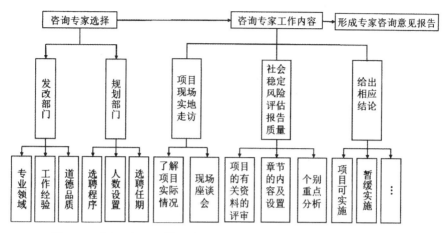

图 9.2　重大工程项目社会稳定风险评估组织"专家咨询"运行机制

9.3.3 "专家咨询" 的机制保障措施

　　法律的制定是专家咨询能够得到落实的重要保障，并能促进重大工程项目的专家咨询规范化、法律化。政府相关部门应尽快制定重大工程项目社会稳定风险评估专家咨询管理办法，并把专家咨询作为工程决策的法定程序，纳入政府的工作日程，明确界定专家咨询的内容、权利及责任。建立和完善与专家咨询密切相关的系统，如社会开放、社会监督、选择机制和责任机制。积极探索专家参与的方法、途径和程序，并应用于实际工程中。通过不断整改和修订，使方法和途径形成制度化和合法化。

　　1. 完善咨询支持环境

　　专家咨询需要根据相关信息提供建议，因此专家所掌握信息的质量决定着专家意见的可靠程度。政府部门掌握着大量的高质量信息，它对于重大工程项目社会稳定风险评估来说是极为重要的，在进行专家咨询时，政府部门应当及时提供给专家尽量多的相关信息，包括项目内容、影响的距离、社会稳定风险评估采取的方法、流程、群众的意见、处理的方法、补偿的方式等。这些信息能够为专家咨询提供良好的咨询环境。同时，应尽量保证所提供的信息是真实可靠的，减少信息在传递过程中的失真情况。此外，还应当对专家的咨询意见在法律或法规上进行保障，以制衡政府决策权，让专家决策不流于形式。在进行决策时，需要回应专家的咨询意见并公开说明对专家咨询意见的处理情况及理由，让专家咨询能够充分地支持决策。

2. 建立健全专家选择及评价机制

通过构建专家选择机制，挑选出能胜任重大工程项目社会稳定风险评估咨询工作的专家。鉴于不同省份的科研院所、高校、科研机构等存在差异，因此对拥有重点大学或重点科研院所的省份可以积极地从高校或科研机构挑选相关的专家；而一些重点大学、科研机构等比较缺乏的省份，则可以调整不同专家类型的比例，着重选择实践经验丰富的专家参与评估的工作，减少理论型专家比例。选定专家后，为了确保专家的能力，应当及时更新与调整专家库中的专家。在更新专家时，不应当只看重专家过去的成果与地位，更多地要参考专家近 5 年的科研成果。在遴选及参与过程中，应设置一系列科学指标对他们进行客观公正地评价，以确保有能力、有实力的专家能参与决策咨询工作，并淘汰不利于评估工作开展的专家。

3. 规范专家的权利与义务

（1）专家有获得相应报酬的权利

大多数专家参与评估工作并不是在其固定工作之内的责任，付出额外劳动就需要得到额外的报酬。在保证专家的付出与收益后，他们才会愿意投入自身时间和精力参与咨询工作并提出高质量意见。但是需要根据专家的能力与工作量设定相应的报酬标准，防止专家利用咨询工作进行牟利。此外，应当对专家报酬制度的制定与执行进行公开，这是响应政府执政透明、信息透明的号召，有利于对专家的行为起到监督与规范作用。

（2）专家有参加团体事项的权利

专家应当能够充分参与到相应的事项中，这是保证专家咨询有效性的条件之一，比如会议、访谈、调研等团体事项。充分发挥专家作用的前提条件是专家能高效地参与其中，专家之间的意见交流是咨询过程十分重要的步骤，只有通过交流进行信息的汇集、意见的沟通，进而在这些观点的相互碰撞中产生火花，最后才能对各自的观点进行深化、提炼与整合，得出科学的结论。因此，不能因为一些专家给出反对性意见，而把他排除在活动之外。即使是反对意见，也是一种提醒，它是保障决策正确性的重要意见。

（3）专家有保密的义务

在专家咨询活动中，为使专家参与的效果最大化，必然会提供给专家大量的信息，在这当中很有可能会涉及一些国家机密、商业机密或个人隐私等。对于这些机密内容，专家有保守机密的责任与义务，特别是对于重大工程项目涉及征地拆迁补偿等方面，更需要专家进行保密。对于某些不是官方发布的消息，比如有关征地拆迁的补偿问题或项目规划信息透露出去，可能会造成不必要的猜疑；还有可能造成群众在得到了项目即将建设的消息后，为了获得更多的补偿而采取临时违法加盖建筑、新增农业面积等行为，这些行为会严重影响征拆活动的进行。

（4）专家有及时回避的义务

专家的中立性是有效支撑决策的重要方面。专家在咨询活动中不能代表任何一个利益集团，而是尽可能地从理性中立的角度、结合自身的专业知识对事项进行科学的分析与判断。对于涉及公共行政事项重大工程项目社会稳定风险评估而言，由于群众在该类事项中大多处于弱势，群众会希望通过影响专家来影响政府部门决策，从而使得自身的利益可以最大化。这并不能说群众的愿望是错误的，反而说明了这类事项在进行调研与现场访谈活动时，专家应当避免不正当接触有改观群众或带有商业性质的利益集团，且不得以各种方式收取不正当的报酬和费用。当专家参与到的事项关系到自身利益时，或受到某些方面影响时，会导致专家给出的意见不具有客观性。因此，在咨询活动中，专家应当提高自身的要求，并主动回避与自身利益相关的事项决策过程。

4. 建立专家咨询责任追究制度

目前而言，无责任、无风险的现象是现存专家咨询过程中存在的重要问题，这导致许多专家给出的咨询意见看似认真负责，给出了较多的意见与建议，但是实则具有较大的随意性，给出的意见或建议并不能对决策起到很大的作用。对专家在咨询活动中的行为建立责任追究制度，可确保重大工程项目社会稳定风险评估事项的有效性、严肃性与科学性。例如，应把专家咨询过程中的相应活动、专家给出的相应意见记录在案，从而有效抑制灰色交易的同时便于事后的追责。通过建立专家的诚信档案，把在咨询活动中弄虚作假、敷衍了事、徇私牟利、不保密、不回避或有其他违规行为的专家，取消其专家资格并从专家库中除名，情节严重的在当地发布公告进行声明；对于触犯到法律规定的专家，应当依法追究其法律责任。

9.4 "公众参与"机制

人民作为国家的主人，有权参与到与自身利益切实相关的一切事项之中。将公众参与机制落到实地，引导人民群众畅言自身真实想法，将提升决策的民主性和普适性。为决策者提供参考依据是开展本研究重要的目的，即通过公众参与机制将公众真实意见与想法反馈到决策活动中来，机制建立越完善，公众参与程度越深，决策的社会基础将会越牢固，在后期决策执行阶段也会越加顺利，实现决策目的。

9.4.1 "公众参与"的现状

对十八大以后各地出台的有关重大事项决策和重大项目社会稳定风险评估的政策文件进行梳理，发现地方政府对加强公众参与决策已形成普遍共识，但如何引导规范公众参与决策仍缺乏系统的政策性文件。公众参与机制在实践中已取得初步成效，但仍具有较大的发展空间。以重大工程项目为例，公众虽具有较强的参与意识，但参与方式单一、参与过程不明晰、相关参与法制不健全等问题始终阻碍公众参与机制的进一步深入和发展。

1. 公众具有较强的参与意愿。在重大工程项目中，公众具有较为明显的参与意识，其原因在很大程度上是重大工程项目往往涉及征地占用、拆迁补偿以及环境污染等，与公众自身利益产生密切关联。因此，公众对于参与重大工程项目的决策意愿尤为强烈。自媒体时代的到来，为公众获取各种信息与发表诉求提供了极为便利的渠道，单一公众的意愿能够通过微信、微博等新兴媒体得到普遍认同和产生强大的感召力，一改过去公众发表诉求时势单力薄的窘境，反馈渠道的便捷与通畅增强了公众参政议政的意愿。但在与政府进行博弈的过程中，信息不对称始终存在，民众难以实现主动参与，决策前期信息不披露，仅对决策进行告知，这一被动式的参与极易导致公众产生不满情绪，从而影响项目后期的实施。

2. 公众参与方式单一。当下，信息公示是公众参与重大工程项目决策评估的主要途径，即相关部委通过官方网站发布项目信息或在现场对项目信息进行公示。互联网因其便捷性和普及性而备受政府及公共部门青睐，但公众有意识地去主动查阅政府官网相关消息的积极性欠缺，即使存在部分民众主动性较高，但从我国大多数地方政府官网的运营现状来看，涉及的此类信息也不会置于网页中突出显眼的地方，在网页上进行相关信息的公示往往沦为形式主义，难以实现参政议政的目的。至于现场公示，其公示所在地往往仅局限在项目用地的中心位置或项目街道的公告栏，覆盖面小且宣传效果欠佳。此外，座谈会、听证会、实地走访、问卷调查等更是流于形式，实际效果往往大打折扣。

3. 公众参与过程不明晰。没有清楚明晰的参与过程，就难以保证公众参与的质量与预期效果的实现，往往会打击公众参与的积极性，容易造成不良的社会影响。公众参与过程不明晰，一方面体现在现有公众参与方式单调，且没有较为科学合理的方法对公众参与过程进行完善和补充；另一方面则缺乏必要的法律法规对公众参与过程进行制度化的法律解释，法律保护公众参与的力度欠缺。通过明晰有效的公众参与过程，明确政府与公众在决策过程中的权责利，在最大程度上将保证公众参与的效果。

4. 公众参与相关法制不健全。法治社会强调依法行事，这同样适用于公众参与，然而目前相关法制缺失，导致公众参与难以更进一步发展。中央政府强调民主政治的意志虽在各地方政府出台的相关政策文件中得到凸显，但由于缺乏必要的法律法规，公众参与的深度与广度、参与的强制性无法得到保证。地方政府流于形式，公众缺乏参与的主动性和积极性，走过场式的公众参与仅会劳民伤财，难以发挥真正的作用。

9.4.2 "公众参与"的机制构建

从确定公众参与的范围、明确公众参与的方式以及制定公众参与的流程三个方面进行公众参与机制构建，保证公众参与在重大工程项目社会稳定风险评估中的效果。

1. 确定公众参与的范围

构建公众参与机制的第一步，就是要明确公众参与机制的主体，即首先要明确哪些人应当参与重大工程项目社会稳定风险评估。一般来说，以项目可能影响到的利益主体为参考标准，即根据项目影响的原因作为划分依据。当项目涉及征地拆迁补偿时，征地范围内的公众的利益都受到影响，所以应纳入参与范围。但对于影响范围难以界定，例如可能对环境造成污染等项目，则需要具体项目具体对待，以免发生不良的社会影响。以厦门PX 项目为例，虽然该项目仅对选址周边产生一定的环境影响，但由于厦门公众缺乏对 PX 项目的必要了解，加上政府某种程度上的不作为，最后引起全域范围内的市民游行。以厦门 PX 项目作为典型则明显不具备参考价值，因此，对于涉及征地拆迁、移民等事项的项目，项目范围内的群众都应纳入参与范围；而对于环境污染较大的项目，根据项目的特点进行科学有效的分析，并参考当地环保部门等权威机构的观点，从而最终确定项目可能影响的范围。

2. 明确公众参与的方式

当项目可能影响的公众范围确定后，下一步工作就应当是确保项目范围内的公众都有合适的方式来行使自己的参与权。除了普遍现行的网上公示和现场公示之外，座谈会、听证会、实地调研、手机短信、微信公众号推送等都是值得参考借鉴的方式。具体来看，手机短信和微信推送两种方式极具便捷性，但仍存在一些明显不足。短信发送，首先需要收集项目范围内所有公众的相关信息，任务量巨大，费时费力，与此同时，公众因为自身实际情况对项目需求存在明显的不同，难以实现有针对性的告知，因此难以实际操作。微信公众号发送推文简便易操作，公众可根据自身需要在公众号了解对应的信息，但仍存在部分公众不会使用或不具备相应使用条件的情况，因此实施效果也很难保证。至于座谈会和听证会两种参与方式，因可能涉及较大数量的公众，全员参与明显不符合实际情况，民主选举产生的群众代表也容易出现寻租等损害全体公众利益的行为。实地走访和问卷调查，在项目范围内对群众进行随机抽样，也可以集中对一些群众进行调查，都能够取得不错的效果。

3. 制定公众参与的流程

要想真正发挥公众在重大工程项目决策中的作用，就必须一改往日决策后再进行公示的做法，具体而言，在可能的重大工程项目立项之前，按照项目特点及实际情况对公众参与范围进行界定，采取必要手段使得范围内的公众知道或理应知道此项目，然后根据项目的影响范围，选择并确定公众参与方式。前两步工作完成之后，就应该制定公众参与的流程，即政府和公众在此过程中的做法或责任。

界定项目影响范围之后，选择合适的地点对项目信息进行公示，公示点以实现范围全覆盖为基本条件，除对必要的项目信息进行公示外，公众参与的方式以及如何参与都应当一起在公示点进行公示，除此之外，每一个公示点均应设置一个意见箱，为公众提供反映民声的渠道。信息公示的时间应当满足国家有关法律法规对政府政务公开的具体要求，此后项目单位应当委托第三方咨询机构进行问卷调查和意见的重新收集，从而进一步调查了解公众对项目的真实看法和建议。项目建设单位在此过程中，应当提供必要的帮助和相应的配合措施，同时着手准备座谈会的相关事宜，召开座谈会向公众说明项目的详细情况，并就公众关心的问题进行针对性的回复，当场解决不了的问题做好记录，并指示专人进行处理落实。项目进行到评审阶段时，同样需要公众的有效参与。

9.4.3 "公众参与" 机制的保障措施

1. 促进公众参与制度化、法律化

为充分保障公众参政议政的合法权利，实现民主政治，除政府提高自身民主执政的意识外，还应该从相应的立法层面对公众参与的权利进行保障。党的十八大报告中指出要加快转变政府职能，充分实现民主和谐的发展理念，公众参与越来越受到顶层意志和地方政府的高度重视，但对已出台的法律法规和部门规章体系进行梳理，不难发现目前仅《环境影响评价公众参与暂行办法》和《环境保护行政许可证暂行办法》两部部门规章对公众参与做出较为详细的规定，即明确环境影响评价的对象是各类建设项目，并明文规定公众需要参与的项目类型，以及对公众参与的方法和环境影响评价信息的公示做了说明。除上述部门规章外，《城市规划环境影响评价条例》中亦较为简单地说明了公众参与的具体方式与方法，但就重大工程项目的公众参与而言，则缺乏相应的法律法规。重大工程项目社会稳定风险评估机制的提出将会为公众如何参与决策重大项目提供良好的政策导向。在制定重大工程项目社会稳定风险评估的公众参与规章制度时，可以参考借鉴《环境影响评价公众参与暂行办法》，除包含通用条款外，应针对重大工程项目的特点，制定针对性的专用条款。不仅要明确公众如何参与重大工程项目，还要保证公众合法参与重大工程项目的权利不受侵害；不仅要保证公众的问题建议能够得到反映，还要保障公众的意思表示能够具体反馈。

构建相应的公众参与的法律体系，以弥补当前仅以政府部门的规章制度为主的法律空白。仅依靠部门的规章制度，对违反公众参与的有关行政处罚，威慑力和警示作用力度不够，容易出现贪污受贿和寻租等行为。建立相应的法律体系，以法律的形式来保障公众参与民主政治的权利，避免出现政府执政过程中的不当行为。

2. 鼓励公众参与，提升参与意识

改革开放以来，人民群众的物质世界丰富了，但精神世界和政治素养却没有跟上物质世界的发展步伐，公众参与不仅强调公众参与的数量，而且更应强调公众参与的程度。从当下我国公众参与实施的现状来看，公众参与的广度和深度难以达到预期效果。意识世界是客观世界的反映，公众潜意识里怀疑和抗拒政府鼓励公众参与的出发点和落脚点，对政府执政怀有一种不信任感，自然就没有主动性和积极性来参与。政府部门应该主动出击，对症下药，通过线上线下相结合的方式宣传公众参与的重要作用，并结合实际案例分析和说明公众参与重大工程项目决策对自身的利益所得，从潜意识里改变公众的看法，逐渐提高公众的参与意识。

3. 提高项目及评估事项的信息公开度

为进一步提高公众参与的广度和深度，除全面提升群众参与意识外，政府部门应该提供公众参与的基础，即尽可能弥合政府和公众之间存在的信息不对称。建立和完善重大工程项目信息公开制度，并严格落到实地，这也是满足公众知情权的需要。信息量的多少在一定程度上影响了公众参与程度的高低。信息是公众做出判断的主要依据，政府部门理应做的就是尽可能将项目相关的信息进行公开，公众充分了解项目的相关信息，是推进项目稳步实施的重要基础。政府在信息方面的优势，会随着时间的推移而逐渐降低，一旦在项目实施过程中发生了严重损害公众利益的事项而公众事先并不知道该事项可能会发生，公众就会逐步失去对政府的信任，由此引发社会不稳定因素，项目在后续实施过程中会遭遇越来越多的阻力乃至可能失败。因此，提高信息公开透明的程度，相信公众并自觉接受公众的监督，才能始终占据民心。

2008 年 5 月 1 日实施的《中华人民共和国政府信息公开条例》（以下简称《条例》），将政府信息公开分为在其法定职权范围内主动公开与申请公开。除必要的事项进行主动公开外，在申请公开上无具体细则，条件规定不明确，对于申请公开所引起的民众质疑无明确强制回应的要求，申请公开在一定程度上成为地方政府的面子工程。在重大工程项目中，对于公众来说，仅仅知道项目的基本信息还远远不够，项目的风险评估结果、专家对项目方案的评审意见、项目环境影响的评价结果等都应该及时准确并有效地进行公开。

4. 构建信息反馈机制

及时有效处理公众反馈信息是实现公众可持续参与的重要保证。应牢记的一点是，沟通是双向之间的交流，单向的交流必定不会长久。公众通过将自身的问题和建议反馈给政府部门来表明自身的利益诉求，政府则通过对公众反馈的信息及时有效处理来表明自身态度和对公众的重视程度，以此为双方解决问题提供一个良好的合作沟通基础。

（1）责任主体需要审慎对待公众反馈的信息。从心理学的角度进行分析，公众作为感性的人，有希望得到重视的情感需要，尤其是自身提出的观点能够得到对方及时有效的反馈时，将会拉近自身与对方的距离，从而更好地解决问题。正面回答或反面拒绝都是一种积极有效的应对方式，视而不见不可取。

（2）建立反馈信息快速响应机制。前期准备工作越充分，对项目成功的实施越重要。及时处理公众在项目前期反馈的问题或建议，不拖沓、不遮掩，如果公众在项目前期反映的问题一直拖到后期才予以考虑，不仅会使解决问题的成本大大增加乃至无法妥善处理，还会在一定程度上影响到公众参与的积极性，引发不同利益群体之间的矛盾[264]。

（3）打通信息反馈通道。由责任主体设立专人负责对公众的问题及意见进行分门别类的收集和分析，然后，针对不同类别的问题建议做出有针对性的反馈。回复公众反映较多的问题或建议时，可以通过集中座谈或公告栏进行统一公示的方式进行，对于个别问题则采取一对一的回复方式，并指定专人负责，反馈过程中存在的疑难问题要有针对性地记录并做好跟踪响应工作。

9.5 本章小结

在分析重大工程项目社会稳定风险评估组织运行机制内涵的基础上，建立了以"政府主导"为主，充分结合"专家咨询"以及"公众参与"的重大工程项目社会稳定风险评估运行机制，并在此基础上对如何保障机制的运行提出了针对性的措施。

10 重大工程项目社会稳定风险防范措施

目前，针对重大工程项目社会稳定风险的防范措施多种多样，但这些风险防范措施普遍存在系统性较弱的问题，没有从系统的角度出发分析重大工程项目社会稳定风险的防范原理。根据事故致因理论，只要切断风险生成过程中的任何一个环节，都能够起到阻碍风险传导的作用。本研究从生成机理的角度出发，分析了重大工程项目社会稳定风险的防范原理，并在风险识别的基础上，提出了基于生成机理的风险防范措施。

10.1 基于生成机理的风险防范原理

由事故致因理论可知，重大工程项目社会稳定风险的生成过程是一条首尾相连的因果关系链，这个链条一共包括四个环节，即风险源、个别事件、群体事件以及风险后果，缺少任何一个环节都不能够生成重大工程项目社会稳定风险，同时这些环节也是对风险进行预防、控制和管理的关键突破口。结合重大工程项目社会稳定风险的生成机理以及实际风险所处的状态，在对重大工程项目社会稳定风险进行防范时，可以从三个方面入手：一是识别重大工程项目可能存在的社会稳定风险的风险源，并采取措施进行预防，争取将风险一开始就避免，但如果重大工程项目社会稳定风险的风险源已经形成，应该采取一定的风险防范措施，避免个别事件发生；二是个别事件已经形成，利益受损群众已经开始采取非理性手段诉求利益时，应该积极采取安抚、补贴等手段，阻止不稳定因素进一步扩大，造成群体性事件；三是群体性事件已经发生，各级政府部门应该立即实施应急方案，避免群体性事件的进一步扩大，从而维持社会的稳定状态。

10.1.1 基于风险源的风险防范原理

风险源作为重大工程项目社会稳定风险形成的源头，一般情况下是指重大工程项目系统内部、外部环境所面临的各种不确定性，包括经济、社会、环境、项目本身、法律制度、项目管理以及项目实施等。风险源是重大工程项目社会稳定风险产生的基础，是重大工程项目导致社会不稳定现象的根源，消灭了风险源，重大工程项目社会稳定风险的生成链条就不会形成，更加不会导致社会不稳定的后果。基于风险源的防范原理，如图10.1所示，只要将风险源控制在萌芽状态，个别事件、群体事件乃至社会不稳定现象都不会发生。比如重大工程项目的建设往往会涉及民众土地、搬迁、再就业等一系列问题，若后期的补偿安置不到位、再就业受阻，则这些由于项目所引发的次生风险便会导致民众的经济利益受到损害，由此导致民众产生对该项目甚至当地政府的不满情绪。这种情绪经过长时间的酝酿，最终会引发冲突事件，若政府处理不当，就会使矛盾层层升级，干群关系不断紧张，引发大规模的集体上访、集会、游行、暴力冲突等群体性事件，导致社会动荡不安。但是，只要对民众进行合理地安置补偿，提供更多的就业机会，使居民的基本利益得到保障，就不会引发各类事件的发生，更不会导致社会的不稳定。

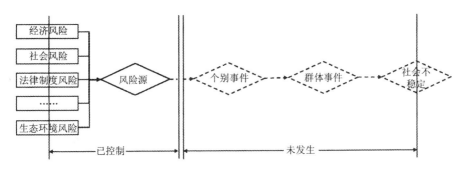

图 10.1　基于风险源的防范原理图

10.1.2 基于个别事件的风险防范原理

风险事件的定义为在项目实施过程中发生的能够直接给项目主体带来损失的事故或问题，具体到重大工程项目社会稳定风险，包括个别事件和群体事件两类，其中个别事件是导致群体事件的直接原因。重大工程项目社会稳定风险的个别事件是社会稳定风险生成链条的中间环节，是群体事件发生的前兆，如果个别事件能够得到妥善处置，组织风险能量进一步向下传递，就可以避免群体事件的发生，防范原理如图10.2所示。比如重大工程项目由于其体量巨大，涉及方面广，故生态环境也受此影响。由于施工引发的噪声污染、辐射污染会严重影响当地民众的日常生活，甚至危及民众的健康状况。同时，重大工程项目若前期防范不当，未采取有效的预防措施，后期可能导致地质结构被破坏，水土流失及绿地量严重减少。疯狂地"大兴土木"更会导致资源量严重不足，环境容量逐渐递增。在具有浓厚人文地方特色的区域，人文景观也有可能被破坏。以上的种种事件均会引发当地民众强烈的地方保护主义情绪，地区民众阻止项目施工，若施工单位仍不管不顾甚至与民众引起正面冲突，便会使冲突迅速升级，导致大规模的集体上访、集会、游行、暴力冲突等群体性事件的发生，使社会动荡不安。因此，重大工程项目建设应该加强前期的预防措施之外，在阻止施工等小规模的个别事件发生时，应该积极采取措施，避免导致大规模的冲突事件。

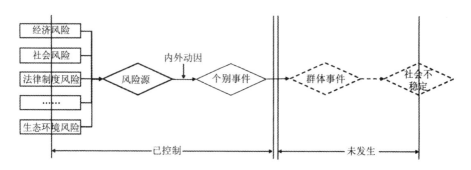

图 10.2　基于个别事件的防范原理图

10.1.3 基于群体事件的风险防范原理

重大工程项目建设过程中所发生的群体性事件一般是指由多人参与，以利益诉求为目的，使用扩大事态、加剧冲突、滥施暴力等手段，扰乱、破坏工程项目的建设，或者通过游行、示威、暴力冲突等手段直接威胁到社会秩序，危害公共安全的大规模冲突事件。这一类事件是由个别事件演化而来的，如果问题不能被妥善解决，事态可能进一步恶化，最终导致社会的不稳定。因此，可以说群体性事件是控制社会稳定风险的最后一道防线，在这一阶段采取防范措施，虽然控制成本较高，但效果更加明显，能够直接阻断社会稳定风险的形成，防范原理如图 10.3 所示。比如重大工程项目征地拆迁过程中可能导致民众的不满，这种不满不但会引起群体性事件，如组织当地民众进入施工现场阻止现场施工，若政府处理不当，经过多次冲突事件后，便会引发大规模的交通围堵事件，造成项目所在地周边的交通全部瘫痪，大量的人员聚集还易引发踩踏事件的发生，导致社会不安定因素迅速增加和扩散。为了控制不稳定因素的进一步扩散，政府部门应该实施应急方案，疏通交通要塞，保障交通的顺畅，同时采取相应的征地拆迁补偿措施，安抚群众，避免事态的进一步扩大，从而达到阻止社会稳定风险形成的目的。

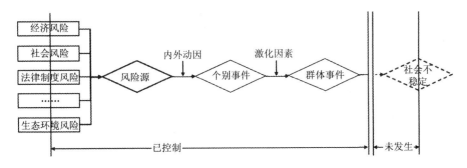

图 10.3　基于群体事件的防范原理图

10.2　基于生成机理的风险防范措施

10.2.1　基于风险源的风险防范措施

风险预控是风险管理的重要手段之一，依据已经识别出的 31 个重大工程项目社会稳定风险的风险源，提出以下风险防范措施。

1. 依法办理项目前置要件

重大工程项目前置条件报批过程的特点为：涉及部门多、覆盖范围广、政策把握难、纵横联系紧密、过程较复杂、经历时间长以及衔接难度大。为了工程能够早日立项与开工建设，法定前置条件手续的办理应统筹规划、提前谋划、及时申请、全力配合、积极协调、避免往复，以便更早地发挥工程效益。相关主管部门应该削减整合重复或交叉的审批要件，提高报审的效率；持续优化流程设计，推行网上并联审批，探索建立多评合一、统一评审的新模式，大幅缩减审批时间。具体来讲，立项审批的前置条件一共包括以下几个部分：停建令、移民安置规划大纲、移民安置规划、水土保持、环境保护、用地预审、项目选址意见书、地震安全性评价、节能审查等。

2. 开展重大工程项目立项审批改革

重大工程项目立项审批是一个系统工程，它需要统筹兼顾，通盘考虑。首先，对于政府部门来讲，重大工程项目建设有利于促进地区社会经济的发展，政府应该树立服务意识，构建服务型的重大工程项目立项审批体系，避免复杂的立项审批程序造成不必要的经济损失，推进重大工程项目的实施。其次，重大工程项目的立项审批应该适度集权，将过度分散的重大工程项目立项审批职权、程序以及职责集中起来，简化重大工程项目的立项审批程序，提高立项审批效率，充分发挥政府部门的服务型职能。最后，落实重大工程项目立项审批的职责，避免各主管部门相互推诿责任，加强对行政审批工作的监督，确保在行政区域内法律、法规和规章中的有关行政审批规定得到贯彻执行。

3. 加强对行业准入条件等内容的评估

重大工程项目事关国民生计，影响范围甚广，因此必须加强对重大工程项目行业准入条件的审批，加强重大工程项目与国家、地区产业政策和产业结构匹配度的论证，以保证重大工程项目建设的顺利开展。具体包括以下几点：一是通过对与拟建项目相关的国民经济和社会发展总体规划、区域规划和专项规划以及城乡规划等各项规划的相关内容进行分析，提出拟建项目与有关规划内容的衔接性及目标的一致性等评估结论。二是通过对拟建项目的工程技术方案以及产品方案等是否符合相关产业政策、法律法规等要求进行评估。三是通过对相关的行业准入的法律、法规、规章和国家有关规定对拟建项目的要求进行分析，评估拟建项目和项目建设单位是否符合有关行业准入标准的规定。

4. 完善土地征用制度

针对我国征地制度存在的种种缺陷和不足，提出以下建议：一是从登记效力、登记程序和登记机构三个角度出发，健全与完善我国集体土地产权权属登记制度，为有土地使用权利的居民发放相应的土地权利证书，从法律的角度确认和保护居民相应的土地权益。二是切实做好被征拆人关心的集体土地留地工作，防止纠纷。在征拆前须向被征拆人做出以下承诺：在未来多少年、月以内如果未对征拆土地开展建设，将每月给予被征拆人集体补偿，具体金额由留地的位置与面积所确定。三是在《宪法》对土地征收补偿相关条文规定的基础上，将散见于各种法律法规中的征地补偿的条文规定收集整合，使各个条文之间的立法精神和相关规定能够很好地衔接与协调，制定以及推广实施系统完备的土地征用补偿法，使各个条文之间的立法精神和相关规定能够很好地衔接与协调，使补偿标准和补偿形式更加明晰化和合理化，使相关法律更加适应市场经济的发展和农民权益的要求，切实改变现实征地制度中农民所得的补偿标准严重偏低，违反市场经济与城镇化发展基本规律的现状。

5. 合理界定利益调节对象

土地、房屋的征收和征用一直以来都是重大工程项目建设过程中所涉及的敏感问题，由于征地补偿的标准不能够达成一致往往会导致重大工程项目一些社会冲突事件的发生。针对土地征用，建议各级政府在对农民进行实际的利益补偿时，采取的土地征用补偿标准可以适当参照土地的市场价值以及农民对土地的经济预期，健全与规范征地收益分配方式。按照"谁影响谁补偿、谁受益谁补偿"原则，完善重大工程项目补偿机制，促成动态协商的达成，并可能提出创新方案，进而促进社会稳定风险的预防与控制。

6. 建立公平合理的利益补偿机制

由于重大工程项目具有明显的外部效应，其产生的效益为社会共享，但是产生的环境污染等负面效益却是由重大工程项目附近的城乡居民来承担的，容易引发附近居民对项目建设的不满情绪，从而阻碍项目建设。通过建立公平合理的利益补偿机制，补偿项目建设对附近居民造成的损失，合理分配项目建设所带来的收益，可以减轻民众对重大工程项目的不满。群体利益矛盾是社会稳定风险产生的内在动因，建立补偿机制的核心在于运用经济手段化解利益矛盾，将重大工程项目的外部效应内部化。可以通过给付环境影响补偿金、税收减免、改善社区环境、完善社区公共服务体系等货币和非货币化方式，弥补项目附近居民的"受害者"心理，从而提高公众对重大工程项目的接受程度，保障重大工程项目的顺利实施。

7. 平衡区域之间利益

利益分配不均和资源有限等原因是造成地区或区域之间相互攀比、盲目投资建设重大工程项目的主要原因。为了避免区域之间为了寻求有限资源而盲目上马重大工程项目，有必要平衡好各区域之间的利益。一方面，在国家总体布局中，各级政府需要找准自己的定位，在强化中央宏观调控的职能以及明确中央政府在利益均衡机制中的恰当角色的同时，划定中央政府与地方各级政府的事权，确定各级政府在规划方面的职责分工。另一方面，完善区域间的协调合作机制，积极探索区域共同利益目标，从资源共享、信息共享、市场共享等多个方面出发，建立各区域间的利益共享机制，充分发挥各地区的自主性以及各自的地区优势，通过各个地区的合理行为来实现各自的利益均衡。

8. 提升失地农民持久生存能力

一直以来，由于重大工程项目建设所导致的农民失地问题，都是社会稳定问题产生的重要原因。通过提供就业岗位等方式，能够有效提升失地农民的持久生存能力,能够妥善解决由于失地等原因造成的社会稳定问题。首先,各级政府部门应该针对失地、失业人员建立合理的登记备案机制,并连同各级政府的劳动保障部门定期收集就业信息,为失地、失业人员提供高效的就业平台;其次,各级政府部门应该积极引进优秀企业的入驻,通过招商引资,在促进区域内社会经济发展的同时,为失地、失业人员的就业提供充足的就业机会;再次,各级政府劳动保障部门应该与企业建立良好的合作关系,定期组织相关内容的就业培训和就业指导,为失地、失业人员的再就业提供基本保障;最后,各级政府部门还应该与各种中介机构建立良好的合作关系,从各大中介机构了解企业的需求,掌握求职者的求职意向,从而更好地制定相关政策。

9. 强化公众参与

重大工程项目在经过充分论证之后,还需要进行规划方案公示和环境影响评价公示等程序,强化公示中的群众参与所涉及的重点如下:一是规划方案公示和环评公示的程序需要合法合理实施。公示的目的既是公众知情的权利,同时也是政府征询公众意见的过程。公示的进行有必要在合法性的条件下兼顾合理性的原则,以便政府在更大范围内用合理的方式和手段告知群众,进一步收集群众的反馈信息。二是在进行环境影响评价过程中的公众参与工作的时候,必须严格保持合法性原则。《中华人民共和国环境影响评价法》《环境影响评价公众参与暂行办法》以及各地区制定的相关实施细则,对环境影响评价过程中的公众参与环节提出了严格要求。在实施环境影响评价中的公众参与工作的时候,有关各方必须严格遵守国家的法律、法规和地方性法规,通过工作合法性来杜绝风险事件的发生。

10. 合理制定安置补偿方案

一是严格执行安置补偿标准。征迁方应当依据上级部门下发的政策提出详细周全的用于被征迁人的安置补偿方案,一个以人为本的安置补偿方案通常包括:对被征迁人以货币形式发放安置补助费、土地流转安置和统建房安置以及为被征迁人缴纳社会保障金和购买社会保险。二是拆迁安置应当充分体现"拆迁为民,为民拆迁"的思想。据调查,对于绝大多数被拆迁户而言,最大的需求还是对居住的需求,应当加大实物的安置力度。在用于被征迁人安置补偿的安置房最终建造前,政府可以事先征求被拆迁户意见,然后设计出各种户型供其选择,使最终的户型更合理。同时,政府有关部门应当加大对安置房建造质量把关的力度,力争做到高标准规划、高质量建设和高水平管理,使被拆迁户能够放心、安心。对于一些选择迁建安置的被拆迁户,政府和拆迁人应当尽可能地为其提供方便,便于其尽快完成安置用房的建造。三是对于补偿资金的使用，必须做到科学地安排和监管，以便在政策制定的初期能够制定出更加科学合理的补偿安置标准。一旦标准制定完成以后政府和拆迁人就应当严格执行。同时，政府应当在拆迁安置协议签订前，就告知被拆迁人，如其后对其他征地拆迁人有更优惠的补偿标准，对于其先前签订合同的人也同样适用，以此在政策的制定上引导被征地拆迁人不成为"钉子户"。

11. 正确把握重大工程项目建设时机

由于重大工程项目突出的特点是投资巨大，对于某个建设项目，其建设时机选择不当会给建设单位和相关的金融机构带来巨大的不良影响，使重大工程项目建设投资人的原计划要产生的次级消费链条意外中断，不但违背了拉动经济、刺激需求的建设初衷，而且会阻碍国民经济保持持续、快速、健康发展的趋势，因此必须正确把握项目开展的时机。首先，要充分发挥城市规划的宏观指导作用，对项目进行甄别选择，挑选出一些交通迫切需求、经济效益显著的项目优先对其进行可行性研究；其次，在对具体的重大工程项目进行可行性研究时，加大建设时机研究的力度，提高可行性研究质量，关键问题是把握住重大工程项目效益的分析；最后，根据重大工程项目经济和财务评价指标，选择正确的建设时机。

12. 统筹考虑项目规划、土地利用规划和城乡规划

要实现重大工程项目和土地利用规划、城乡规划的协调，应当在开展工作的过程中保持相应实施工作之间的一致性。要求政府在开展相应工作的过程中严格遵循科学的发展观念，统一协调环境、人口、资源各方面的内容，加快规划的推广力度，这样有利于更好地促进重大工程项目和土地利用规划、城乡规划的协调。同时，应当以土地利用总规划作为重要的指导内容，对于重大工程项目的建设和发展进行宏观调控，更好地促进土地利用的合理性。结合我国发展的实际情况，加强对于重大工程项目建设过程中耕地的保护工作，同时应当考虑到城市发展过程中基础设施的建设情况，明确城市的发展方向，拓宽重大工程项目的建设和发展范围，促进重大工程项目和土地利用规划、城乡规划的协调，更好地促进城市的发展，满足人们工作和生活对于土地的需要。

13. 树立正确的政绩观

领导干部必须树立正确的政绩观，一切都以巩固党的执政地位为基础，把做好党建工作作为最大的政绩。但有些领导干部片面地认为硬指标是抓经济建设，为了提高政绩，随意颁发或发布政府文件，导致政策文件的严密性不足，加上领导班子的更新换代，导致政策的不连续。建议对各

级领导干部开展政绩观教育培训活动，强化领导干部的身份意识和执政观念。在重大工程项目建设中，虽然经济效率不可忽视，但更要重视社会效益，以民意为重、群众为先、以人为本、阳光透明、法律为上作为建设准则，领导干部应坚持以人民为中心、以执政为重点的政绩观。

14. 促进重大工程项目和区域的协调发展

重大工程项目的建设应该充分考虑项目和地区社会经济发展水平是否相互适应，不相适应很可能成为社会稳定风险的导火索。为了促进重大工程项目和区域的协调发展，首先，在项目开展前期应进行充分的项目论证，论证内容包括拟建项目是否满足地区当前社会经济发展的需要，是否会造成环境破坏，是否会造成当地居民的反对等；其次，可由省政府牵头每年组织召开联席会议，政府根据各部门和城市的建设规划来协商确定具有区域性影响的建设项目清单；最后，加大地区政府的监管力度，发挥调控作用。对于重大工程项目要加强监管力度，确保其工程保质保量，避免出现豆腐渣工程。

15. 决策前做充分的项目论证

对于重大工程项目的选址工作，要做前期项目论证，在规划方案公示、群众知晓该项目前，要对政府内部的职能部门进行协调工作。另外，重大工程项目的选址宜有多个选择以供后续决策参考。有备选址的意义是在此地建和彼地建之间增加更多的选择，避免非此不可的简单线性选择和矛盾的不良情况产生。针对不同类型重大工程的负外部性特点，事前应从宏观层面、微观层面、可行性研究和政府财力可承受力度的角度出发，初步确立对选址地进行补偿的机制和措施，避免后续仓促应对群众的意见和诉求。同时，通过第三方中介机构对项目的社会风险进行评估。第三方中介评估机构能够独立、客观、公正地评估项目选址可能引发的社会风险，其意义不仅在于能够为政府科学决策提供依据，还能够提出风险防范措施，在项目利益和群众利益之间获得平衡点。

16. 完善资金筹措和保障方案

一直以来，对于重大工程项目而言，其资金来源基本都是来自政府，但在社会经济不断深化发展的今天，仅仅依靠政府投资存在很大的局限性，所以应当拓宽重大工程项目建设的融资渠道，投资主体的发展应该趋于多元化。在重大工程项目建设领域采用政府和社会资本合作的融资模式，既能够有效地起到吸引社会资本，弥补政府资金不足的作用，还能够为私营企业和个体工商户提高投资机会，拓宽投资领域，这种融资模式对于我国经济的发展十分有利。同时，应形成重大工程项目资金管理监督的体系，实现对各级参与部门的全面监督。监管体系应包括内部监督和外部监督两个层面，依靠对各部门权力的划分和制衡以及责任追究机制，实现对政府部门的内部监督；通过建立独立的、专门的监督以及规范化和制度化的公众舆论监督形成外部监督，从而实现对非经营性政府投资项目资金使用的有效监管。

17. 完善重大工程项目建设配套措施

实施重大工程项目建设需要多项配套措施：一是需要完善外部环境，具体包括市场监管、法律优化以及担保和信用体系建设。对于市场监管，需要加强市场准入制度建设，打破长期以来的地方保护主义，减少行业垄断的情况发生，创建统一公平的行业竞争环境，保证市场上招标工作的有序、开放与竞争。加大法律优化工作的力度，确保重大工程项目建设的合理性，建立和完善相应的法律制度。需要尽快完善行业自律标准和建立企业信用档案，并建立投标单位的投标担保、履约担保和发包人的项目付款担保制度。二是做好评标专家队伍的选择，完善招标制度，做好招标方的工作。招标方要精心挑选评审专家，以确保评标专家资格符合法定要求，能够保证评标专家所擅长的领域符合工程的要求，保证评标专家的公正廉洁，要求评标专家具有良好的职业道德，保证其公正、客观地评标。招标方要做好完善招标制度的工作，在项目投标过程中必须规范资格审查行为，做好投标方的资格审查工作，制定公平可行的评标细则，并规范合同的签订和管理程序，还要做好投标工作的后期管理，减少不公平现象，完善评标的举报和反馈。

18. 加强项目前期可行性论证

重大工程项目往往会出现决策失误的情况。为了解决这一关系全局的重大决策问题，除了研究论证重大工程项目的正常事项外，还必须对重大工程项目进行不可行性的研究论证，使重大工程项目可行性决策方案真正可行。如今，许多所谓的可行性研究都会刻意回避不可行因素，最终得出的结论与客观现实相差甚远，给国家、企业、社会以及个人造成巨大的损失。事实上，可行性研究的另一面应该是研究不可行性，不可行性的研究通常对决策者全面考虑问题有很大帮助。

19. 与周边地区构建和谐关系

对于"污名化"效应或会带来"不确定忧虑"的重大工程项目，不仅要在运营期间加强对设施的内部管理，更要以多管齐下的方式与周边地区建立和谐的关系。一是建筑外观造型的设计不仅要与周边地区的整体环境相协调，还要考虑到特定地区和人群的风俗、文化和社会心理；二是加强内部管理，避免因管理疏漏引起的风险事件；三是与周边地区建立定期沟通机制，对各种需求进行响应，及时沟通协商。与此同时，除了直接经济补偿之外，还可以考虑与周边地区共同建设，在可能的情况下，更多地为人民提供便利和利益，建立与周边地区的利益共享机制。

20. 统筹规划公共安全管理制度

要提高重大工程项目公共安全管理的水平，可以从以下几个方面入手：一是重大工程项目的安全管理部门应该从战略高度对重大工程项目的公共安全管理体系进行制度设计，对重大工程项目的公共安全管理进行指导，具体内容可以包括预警机制、安全风险分级制度、应急响应制度、公共安全基金制度等；二是适时更新应急预案和定期演练；三是妥善处理和当地民众的关系，避免因文化、宗教、风俗习惯不同造成冲突而危及公共安全。同时，对于一般劳工，可直接招收当地居民，充分满足当地区域就业需求，使项目与当地区域形成利益共同体。善待当地员工，充分尊重当地员工的权利，尊重其宗教和传统文化，尊重当地法规，杜绝歧视，有条件的情况下，要积极关心社会公益事业，赢得当地民众的信任与尊重。

21. 完善风险预警、应急机制

针对重大工程项目社会稳定风险，各级政府部门应该建立应急指挥中心，以便集中领导，统一指挥。纵向看，应从中央到地方，设计"国家—省级—市级"三级管理委员会进行分级管理；横向看，在每一级，应在总指挥管辖下的各职能部门设立若干指挥员，分工协作，协调各方资源保证应急所需资金。按照分级响应的原则，应在对社会稳定风险进行评估的基础上，启动相应的应急预案。除此之外，由社会稳定风险诱发的社会安全事件或社会危机具有突发性、紧急性和外部性的特征，一旦暴发，要求财政部门必须在第一时间做出反应，尽快遏制事态的蔓延和恶化，否则贻误时机，可能导致灾难性的后果。这就决定了各级财政应按照"特事特办、急事急办"的原则，设立专用账户，开通紧急拨款和用款的"绿色通道"，从而保障财政应急资金及时足额到位，维护经济社会安全运行。

22. 充分的信息沟通

信息沟通不仅是指政府与上级之间相互沟通以及外部宣传解答统一口径，更重要的是，政府与职能部门和利益受损群体之间的信息交流和定期沟通。政府与群众之间信息沟通的内容是群众的意见和要求，这是一个广泛意义上的"民意"。这一过程是政府听取民意，改善决策，保护人民权益的过程，最重要的是建立沟通机制和平台，使各职能部门能够直接接受群众的意见和要求，反应更加迅速，采纳意见更加谨慎。同时，我们必须依法应对，维护政府的公信力和权威性，保护群众的合法权益和合理要求，这需要适当地把握分寸。

23. 加强重大工程项目的安全管理

重大工程项目建设的安全管理关系着重大工程项目建设方面的安全、人们生活的环境安全甚至是国家的社会治安安全。因此，加强重大工程项目安全管理是重中之重。首先，要提高安全意识，降低工程风险。不断加强施工人员的安全意识和对其进行安全质量培训，确保施工人员按照相关安全管理制度进行施工作业。施工前对施工现场进行严格检查，消除不安全因素，加大对施工防护措施和防护工具的投入，尽可能保证安全生产施工。其次，加大工程安全监管的力度，明确工作职责。工程监管人员不仅要加强对建筑材料和施工设备的安全管理，还要加强对施工技术和施工工艺的监督管理，确保施工细节符合施工要求和工程标准。

24. 保护好历史文化建筑

对于国有不可移动文物，在保证国家所有权的前提下，允许开发和利用不动文物资源，调动有关管理单位的积极性，保护文物。在征迁的主体方面，如果国有不动文物需要大量的专业保护和深度保护，如旅游开发破坏文物的程度非常大，而且很难修复，那么它不适合企业加入对其进行经营，而应该是国家规定的机构对其实行有效的保护。在允许企业介入的情况下，还应就其业务项目和范围达成一致，并监督其对文物保护的影响。对于国有的可移动文物，应迁址到一个位置良好的地方进行修复和还原，以确保原貌再次现世。另外应建立政府层面的文物保护意识，建立文物破坏责任追究机制。

25. 重建社区文化

首先，充分考虑重大项目移民的宗教信仰，恢复人们在安置区内原有的宗教生活，不仅可以为民众指明通往精神家园和精神世界的道路，也可以在安置区内营造一种身心和谐、人际和谐的氛围。其次，政府和有关部门应加强基层党组织和村民委员会的建设，鼓励长老和宗教权威在宗教事务和社会稳定中发挥作用，还可以鼓励各种民间社会团体的建立，让其在社区的各个领域发挥作用，保护安置区公共利益。最后，安置区内的移民可能来自不同的村庄和不同的地方，与传统社区相比，存在着不完整性、零碎性和偶然性，这样一个新兴群体很难在短时间内形成具有深厚文化底蕴的民俗文化。但是，如果基层组织和民间社会鼓励人们自发地组织一些节日活动，让人们积极参与，将有助于形成共同的风俗习惯、道德观念、审美情趣，有助于形成人们始终遵循的民俗风情。

26. 确保持久生态平衡

一是政府在规划土地和批准土地时应严格对其用途进行控制，不要轻易改变土地和建筑物的用途。二是应该注意保持原有生态系统的平衡，在原来的基础上尽可能地增加绿色区域，做好河堤的保护，并让被拆迁人的生活在各个方面得到提升，过上一个宜居、低碳的生活。三是转变经济增长方式，从资本和自然资源支撑的经济增长，转向人力资本投资、劳动质量改善和技术进步支撑的经济增长，形成低投入、低消耗、低排放、高效率的节约型的经济增长方式。四是将环境保护纳入干部绩效考核内容，并将考核结果作为干部任命的一个主要依据，防止官员为追求"短平快"的政绩与一些追求暴利的公司结合在一起，应建立可操作性的责任追究制度。

27. 加强环境保护、实施环境补偿

重大工程项目建设过程中难免会造成环境污染，对周边地区造成不良环境影响。因此，重大工程项目应加强环境保护、实施环境补偿、减少负外部性。第一，必须不断对项目工艺流程设计方案进行优化，选择技术成熟、运行稳定的环保设备，严格控制设备的安装和调试，加强运行期间的管理，减少甚至消除项目可能产生的环境污染。第二，必须召集政府环境保护和监督部门、媒体和周边群众，加大对运行期间重大工程项目环境监督的力度。第三，要结合当地生活环境的美化工作，实施生态隔离带建设，对于此类工程比较集中的区域，有必要突破在单一项目上实施环境治理的简单思想。另外，在政府层面应设立工作组，统筹协调区域环境的综合整治工作。

28. 完善流动人口管理制度

由于重大工程项目建设过程中社会管理制度和社会资源配置不均等等原因，为了谋求生存和发展，会出现大量的流动人口。这些流动人口是重大工程项目建设过程中的弱势群体，如果进一步被边缘化、被游民化，则可能危及社会稳定。解决这一问题的关键就是化解这些流动人口的生存危机，为他们提供基本的生存和安全保障。具体可以从以下几方面入手：一是在完善流动人口管理法律规范和加强管理行为的同时突出对流动人口权利的保护，从制度层面避免流动人口中的部分群体边缘化、游民化。二是要尽快完善社会保障和医疗保障法律制度，实现基本服务均等化，给边缘群体提供一个基本的底线保障，增强其安全感，避免因生存危机而陷入游民化的泥沼。三是完善司法救助和法律援助制度，加强对流动人口的权利保障。司法救助制度和法律援助制度都是对困难群体实施法律救济、提供法律救助的重要法律制度，都是困难群体合法权益的重要渠道。

29. 构建社会保障体系

重大工程项目是一项长期性、复杂性、艰巨性的系统工程，重大工程项目安置拆迁居民的工作通常具有突出的补偿特征和一定的救助性质。但是，安置工作的最终目的不是达到补偿或者救济，而是应该在人力资源、自然资源和社会资源等方面的基础上，为拆迁居民在安置中提供发展的机会，以便最终形成可持续安置的良性循环机制。为此，不仅必须有一个自上而下的决策过程，而且还必须有一个自下而上的信息反馈过程和政策修订过程，通过失业保护、最低生活保障、再就业项目以及社会救济等建立安全保障网络体系，为受影响人口提供各种制度保障和政策支持，降低移民风险，维护社会稳定。因此，社会保障和制度保障网络的建设是减少甚至杜绝拆迁风险保护体系或载体的前提，只有严格的措施保障，才能使拆迁居民愿意主动脱离旧有关系网的保护而外迁。

30. 合理制定交通管制方案

增加相关的道路基础设施，制定合理的交通指导和管理方案。从短期来看，人们对生活环境变化的不适应影响是难以消除的，为了降低群众的不适应程度，有必要在项目及其配套设施的基础上增加分离式立交、通道和行人天桥，改善周边道路，实现合理有效的交通指导和管理，同时政府和媒体需要共同努力做出正面的调整，积极开展宣传工作。具体来讲，可以从以下三方面入手，一是做好建设期间的交通组织工作，使项目在建设期所影响的范围能够最小化，影响程度最低化，同时做好交通管制的预告，赢得受影响群体的理解；二是针对既有交通组织的改变，应完善标志、标线以及信号灯等交通管理设施，使居民能够出行便捷与畅通；三是对于已发生的交通拥堵问题，各职能部门组织相应的交通组织员，采取合理、有效的交通管理措施，以便有序、快速地疏散交通。

31. 促进社会治安稳定

针对重大工程项目可能导致的社会治安问题，应该采取以下措施：第一，与当地有关部门合作，加强对居民和施工人员的法制教育。第二，施工单位应当充分注意当地人民的生活习惯、宗教信仰和风俗习惯。第三，当地公安部门应当按照有关规定加强对外来人口和社会治安的管理工作，严厉打击违法犯罪活动，为居民营造良好的生活环境。第四，确保居民的补偿款到位后才进入施工现场，首先要保障村集体和村民的切身利益；有必要强行进入的，在补偿款到位的前提下，保全现场证据，并要求公安、民政等部门在现场维持秩序；密切关注由于对补偿不瞒引起的请愿、煽动群众、示威等情况，并采取教育、说服、化解等措施，将问题遏制在萌芽状态。第五，施工单位应及时兑现员工工资，与地方政府开展形式多样、内容丰富的联合活动，增进了解和建立友谊，积极构建和谐社会。

10.2.2 基于个别事件的风险防范措施

1. 个别群众上访、信访

个别群众上访、信访主要体现为个别群众越级上访，个别群众信访，甚至有的会出现个别群众闹访、缠访的情况。在这个时候，政府部门作为群众表达意见的接收部门，应当引起高度重视，接访的工作人员也应该增强责任心，采取有效措施，认真解决问题，将矛盾遏制在萌芽期。

（1）落实工作责任，建立健全信访协调解决制度

做好信访工作的关键在于建立完善的信访协调解决制度，无论是基层还是上级应该共同参与。县级以上政府部门应该深入基层，详细了解情况，辨明是非，谨慎决策。对于有理者，引导其采取司法途径解决问题；对于无理者，一些接访者对其不但没有驳斥，反而偏听偏信，导致无理上访者更加坚定上访的决心，认为只有上访才能给基层的官员施压，县级不行就到市级，市级不行就再上一级，上访也就变得越演越烈。同时，乡镇基层官员也应该多与人民群众沟通，对于群众反映的问题也要及时处理，保持公平公正。对于信访、上访工作要做好责任落实，推行信访工作责任制和领导接访制度，上级领导要亲自接访，对因思想不重视、工作不到位、措施不得力导致群众异常上访、越级上访甚至群体性上访的直接责任人和责任领导依照国家相关法规追究责任。

（2）密切党群干群关系，改进干部作风

群体性上访都有一个发展和酝酿的过程，其前奏大多表现为普通的信访举报，如果可以及时解决这些问题，就可以有效地避免群体性上访的发生。第一，政府机关人员应该热情接待来访人员，认真处理每一次群众的来信和来访，深入了解情况，努力提高工作质量，维护好人民群众的利益，切实帮助群众解决问题。第二，机关人员要转变思维变"上访"为"下访"，积极主动，坚决摒除"门难进，脸难看，事难办"的恶习，不要怕麻烦，更不要怕上访者缠闹，要热情接待，了解问题，积极帮助解决，力争在萌芽期将问题解决。第三，变越级上访为领访。有时群众反映的问题确实不是基层可以解决的，群众需要越级上访，应该从中选取几位代表带领他们去上级部门咨询，不仅可以取信于群众还能加快上访案件的处理速度。

2. 小规模群众阻止项目现场施工

小规模群众阻止项目现场施工主要表现为小规模群众在施工现场拉

横幅抗议、小规模群众阻止施工器械作业和小规模群众与施工人员发生冲突。工程施工方与群众发生矛盾，此时，政府作为管理者应该主动协调双方，解决问题。

（1）提前介入，树立超前预防的意识

认真做好群众工作，深入宣传政策法规。在工程开工前，各有关乡镇政府要提前做好准备，组织国土、司法、综治等部门机关人员对村民展开政策宣传的教育工作，事先清楚工程的基本状况，努力做好思想工作，争取得到群众的理解。大力宣传重大工程对当地经济发展具有重要意义，对征地拆迁可能会产生的社会稳定风险进行合理分析、科学评估，落实责任主体，事先疏导和化解矛盾，避免矛盾进一步升级和激化。

（2）聚焦重点，强化工程矛盾纠纷的调解处理

一是灵活处理由于政策而导致的纠纷，重大工程项目可能会产生的矛盾纠纷一般都是由征地拆迁补偿或本身设计缺陷造成的。因此，对于发生的纠纷，在保障工程能够顺利实施的前提下，要从多个方面分析矛盾的原因，发现问题的本质，因事施策，灵活处理，采取多种手段综合处理，化解矛盾。二是严厉打击非法阻拦施工的行为，对于利用各种手段和借口获取无理赔偿的行为，要予以严厉的打击，维护工程正常施工。特别是一些打着"维权"为借口的个别拆迁户，阻止国家征用土地，煽动其他群众上访闹访，乡镇政府机关一方面要配合司法、公安、国土等做好群众工作，另一方面还要对个别滋事闹事的人员做好取证工作，依法处理。三是客观公正地处理好因施工不当导致的矛盾纠纷，重大工程的施工可能会导致环境、道路、交通等方面的矛盾，政府部门应当查明导致矛盾的原因，坚持客观公正的原则，对责任过错方进行调查处分，坚决惩处野蛮施工侵害群众利益的行为。

3. 小规模群众冲突

小规模群众冲突主要表现为小规模群干冲突、小规模群众聚众闹事和小规模不同民族群众打架斗殴。当发生类似情况时，政府要谨慎处理，掌握事态局面，一旦处理不当，极易扩大事态的严重性，引发大规模的群体事件。

（1）初始阶段，做好超前预防

一是要重视信访上访，群众一般在最开始都是正常的信访上访，只有当问题没有得到解决或者接访者不愿意处理时，才会采取一些非常手段来维护自己的权益。二是关注异常上访，在接待时要耐心细致，捕捉到不同寻常的信息，积极做好防范工作，把问题化解在萌芽期。三是认真分析问

题产生的根本原因，灵活处理不同原因产生的问题。

（2）发生阶段，及时采取措施

一是掌控事态局面，认清事件性质。当发生群众冲突时，涉事单位、政府党委等负责人员要亲临现场，弄清事情缘由，正确界定事件性质，讲究策略和方法，采用各种手段协商、调解问题，尽快平息事件，禁止拖沓导致事态进一步恶化。二是谨慎使用警力和强制措施。对事件的规模、影响以及现场态势和危害程度进行正确的判断，从而决定采取何种措施来平息事件。一方面要防止警力和强制手段的不当使用，另一方面也要防止当断不断而使局面失去控制。三是做好舆论导向工作，堵不如疏，对于正在发生的重大事件要主动发布消息，引导舆论，防止被不法分子利用，混淆视听，造成问题恶化。

（3）处理阶段，严格依法执行

一是认真处理群众反映的问题，做好调查取证、处理问题和回访的工作。调查取证时，对反映的问题要一一进行核实，不能简单地凭主观判断，更不能凭单方证据就证实问题是否存在。处理问题时，对于反映属实的问题要严格依法执行，不徇私，不袒护，坚决维护人民的权益。回访时，要向上访者公开查处结果，反映属实的问题要说明处理意见，不属实的问题要进行解释，并对上访者进行教育。二是对导致冲突事件的责任单位进行问责，由纪委、信访、组织等部门联合进行调查，群众之前是否向责任单位反映过问题，责任单位是何态度，责任单位是如何处理的，哪个环节有问题追究哪个领导的责任。三是进行总结反思，在冲突事件处理结束后，要查找出工作中的不足，并制定改正措施及防范措施，避免类似的事件再次发生。

10.2.3　基于群体事件的风险防范措施

1. 大规模群众集体上访

（1）防治结合，重在预防。针对已经发生的群众申诉事件，必须要加大处理力度，但如果我们只注重事情发生后的补救处理，就会陷入"头痛医头，脚痛医脚"的状态，失去主动预防的机会，很容易导致矛盾激化，增加处置的困难程度，这往往是事倍功半的。因此面对群众集体上访问题，我们必须做到预防为主。

（2）疏导为主。坚持对上访群众进行疏导工作一直以来都是信访工作的一个重要方针。绝大多数人的上访都是基于事实，群众有事第一时间是找党委、政府和信访部门，这足见群众对党委和政府是信任的，相信党委和信访部门能够为他们做主，能够做出他们满意的决定。因此，在处理来访工作特别是群众集体访问时，必须注重深入细致的思想政治工作，耐心地向群众讲解有关法律、政策，晓之以理，动之以情，争取得到群众的理解和支持。

（3）整合各方面力量，完善协调机制。一是按照"属地管理""谁主管，谁负责"的原则，加强各部门之间、地方与部门之间的协调与配合，在不同层面上落实。建立联席会议制度来处理信访和群体事件，完善信访制度的职能部门，加强职能部门和地方政府之间的协调，及时研究并协调解决一些重大困难的信访问题,加强与党委政府相关监管部门的相互配合，与机关站所连为一体，以促进信访的有效处理。二是加强农村基层工作，提高基层解决问题的能力。基层是解决信访问题的关键，也是减少集体访问、越级访问、重复访问的关键。与此同时，我们必须加强群众的思想政治工作，广泛开展宣传法律、法规和政策的活动，理顺群众情绪，引导群众依法上访，维护他们的合法权益。

2. 大规模群众现场闹事、阻工

（1）设立预案，沟通信息。施工单位必须对工作抗拒事故的预防和处置有心理准备和工作计划，加强信息工作，及时发现影响施工的不稳定因素，实现早发现、早报告、早指导、早解决、早控制。

（2）加强领导，统一行动。与相关部门、地方政府、公安机关密切配合，满足合理要求；对于群众过分行为，要坚决阻止，迅速制止和平息抵抗施工事件。

（3）疏导教育，讲究策略。对于群众阻工事件，施工单位要积极配合有关责任部门进行疏导教育，要坚持贯彻"可散不可聚、可解不可结、可疏不可激"的方针，化解矛盾，平息事态，不能简单、盲目从事，激化矛盾，扩大事态。

（4）快速出动，妥善处置。对于已发生的阻工事件，在向上级报告的同时，要快速组织力量赶赴现场，采取果断措施控制局面的发展，防止由阻工转变为械斗，造成重大治安事件。要了解阻工原因及有关人员情况，配合有关部门妥善处置，争取尽快恢复正常建设工作秩序，减少损失。

（5）区别对待，慎用警力。在明确造成阻工事件的直接原因或者中心问题之后，必须依法有针对性地解决有关问题。对于严重的、影响大的、不合理的阻工事件，应当对其加强对法律教育、政策宣传力度，教育多数人，孤立少数人，必须正确地运用法律和政策来区分事件的组织者和煽动闹事者的公众。在采取强制措施时，必须确定目标，并获得证据，一般来说，不要现场抓人或随意抓人。严禁滥用警力，参与现场处置的一线警务人员不要携带警具和武器，以防因不当使用警力而引起的冲突升级。

（6）严格执法，打击主谋。对于制造矛盾、挑起事端、寻衅闹事、煽动群众、严重破坏施工现场治安秩序的违法犯罪分子，要充分运用法律武器，严厉打击，震慑违法犯罪分子，教育广大群众，做到疏导教育和强制惩戒相结合，增大处置效果，维护施工现场治安、秩序，确保工程建设顺利进行。

3. 民众聚众、游行、示威

（1）建立广泛、灵敏的信息网络是处理群体性安全事件的首要环节。信息是控制能力，这是多年来处理群体性公共安全事件的深刻体会。信息是各种事件发生前的一种信号，捕捉其信号并快速地搞清问题的本质，就把握了处理事件的先决条件和主动权。为了履行维护社会政治稳定的职责，公安机关必须大力加强情报信息工作。通过开展社会调查，建立一个信息员制度，加强基层基础治安工作和其他手段与措施，建立广泛而有效的信息网络，对一些深层次的、内部的信息如事件的组织者及其动机与目的要坚信全面地、及时地把控，达到"灵、准、快、广、深"，从而掌握整个工作的主动权。一旦事件的迹象出现，就必须迅速地做出反应，迅速查明问题的本质及其因果关系，并迅速采取措施，把问题消灭在萌芽之中。公安派出所的工作人员要深入到群众中去了解和掌握各方面的情况，实现"四早"：早发现，早报告，早处置，早化解，及时采取强有力的措施，重点整改，狠抓预防，消除各种不稳定因素，努力做到各种大规模的公共安全事故不发生、不扩大或者少发生。

（2）建立社会预警系统和提出处理各类群体性安全事件的工作预案。大规模公安事件虽然具有突发性，但作为一种社会现象，其发生仍具有须经历萌生、发展、消亡三个阶段的特点。公安机关应当建立一套灵敏通畅的预警系统，利用信息传递技术对各部门、各渠道获取的社会不安定因素信息进行管理和利用，真正做到信息的收集、传递、存储和处理等环节的现代化和科学化，为公安决策提供依据。要及时预测社会不安定因素可能对公安工作造成的危害，并就社会不安定因素可能引发群体性治安事件向有关部门和机构发出预警。预案应根据未来可能发生的公共安全事件的性质、重要地点、敏感时间或可能针对特殊人群制定。一旦出现这种情况，我们的指挥系统可以根据预先设定的计划调动警力，控制局面，及时制止事态的发展，减少对社会的危害。制定预案必须在确保不泄密的前提下进行演练，每次演练后要认真总结存在的问题，提高公安机关处理群体性治安事件的能力。

（3）对重点对象严格控制，及时对其进行依法处置。对已被打击处理过的违法犯罪对象必须进行严格控制，防止事件复杂化。大多数被打击过的罪犯在接受教育后都有不同程度的进步，但仍有相当一部分人有异常心理。他们对公安和司法始终怀有对立的情绪，通常是在大规模的公共安全事件中寻找机会发泄。因此，为了稳定局势、防止矛盾激化，控制"打击处理的对象"具有重要的意义。在处理群体性治安事件时，公安机关必须努力控制这些对象。一旦发现这些对象在现场，应该主动与他们交谈并告诫他们，一旦发现他们存在非法行为，应该立即采取行动将他们带离现场。在处理群体性治安事件时，警察的公开介入往往会使群体更容易产生对立情绪，这不利于缓解矛盾。因此，在正面处置的情况下，还必须采用秘密手段，明暗结合，实时监控。要及时把握事态趋势，对领导者或头目重点关注，当其社会不良行为暴露出来后，要根据实际情况予以处理。为了孤立少数和教育多数，处置机关应当在实施强制处置手段之前，必须依照有关法律、法规，发出紧急公告，向群众说明事件的本质，并要求参与者区分是非，以大局为先，自觉地撤离现场，以便平息事态。与此同时警告事件的组织者和一些捣乱分子，如果不听从处置机关劝导，执意破坏，处置机关将会依法采取强硬措施，对其进行强制处置。

（4）加强对群众的法制宣传教育，总结经验教训，做好综合治理工作。在群体性公共安全事件发生的过程中，公安机关应当会同有关部门对该群体进行有针对性的法制宣传教育。当群众情绪激动时，可以派经验丰富、反应灵敏、知识渊博、有口才、善于与人沟通的研究心理的专家直接与小组的代表沟通，以适当地平息事件。如果采取强制的办法，即使稳定了局势，但是这样会使不了解真相的群众与党和政府之间的对立情绪可能还会在更大的范围和更长的时间内存在，不稳定因素也慢慢地增加。因此，一旦事件平息，相关部门必须与当地党和政府组织仔细分析事件的整个过程，及时总结经验教训，找出工作中的薄弱环节。同时，通过各种座谈会，开展法制宣传教育，对群众的情绪起到稳定的作用，把消极因素变成积极因素。在新的历史时期，群体性治安事件的发生危及国家政治稳定和社会稳定，影响社会经济发展和人民生活。因此，有必要进一步研究新形势，解决新问题，采取切实措施解决各种矛盾。

4. 斗殴、干群冲突

（1）深刻认识到发展是第一要务，必须密切关注和做好经济建设工作，消除造成和激化干部群众矛盾的经济根源。发展是中国解决一切问题的关

键和硬道理，是执政兴国第一要务，这是中国成立以来，特别是改革开放
40 年以来，中国共产党执政的宝贵经验。新时期干群利益矛盾的很大一部
分是由于中国的生产力还很落后，不能满足人民日益增长的物质文化需要。
现实生活中存在许多案例表明，干群内部的冲突区域大多集中在经济发展
不佳、人民生活水平提高缓慢、职工收入不增反减的企业等地区。因此，
解决干群的利益矛盾，构建干群和谐关系的根本途径是推动经济发展，解
决经济发展过程中出现的社会公平问题。从根本上说，只有生产力发展起
来，社会的物质和精神财富才会增加，国家和人民才会富裕，才能解决干
群利益矛盾等。由于物质生活的生产方式限制了整个社会生活、政治生活
和精神生活的过程，干群的利益矛盾对干群的关系产生了影响和制约，同
时干群利益的矛盾也影响和制约着其他社会矛盾。

　　（2）加强民主意识，加快民主政治建设进程。新时期解决干部群众利
益冲突的关键在于民主政治，这是综合历史经验和实际需要得出的基本结
论。只有发展社会主义民主，才能动员千百万人参与国家的经济建设，才
能建设社会主义。只有发展社会主义民主政治，才能实现广大群众对领导
机关和领导干部的批评和监督，才能使国家政权真正实现为人民的利益工
作。从这个意义上说，解决干群利益矛盾的根本问题是保证公共权力始终
保持人民性、公仆性以及先进性。为了确保干部的公仆本质，我们必须有
一个良好的公共权力授权机制，健全选举制、监督制以及罢免制，让那些
愿意为人民工作的人成为领导干部，让那些贪污腐败损害人民利益的人被
踢出领导干部的队列，以免其继续做损害人民利益的勾当；同时必须建立
良好的公共权力运行机制，保证公共权力向群众合理流动，使符合人民群
众切身利益的方针和政策能够出台，使那些危害人民群众切身利益的权力
不能随意行使。因此，必须加快政治体制改革的步伐，发展社会主义民主，
完善社会主义法制，消除造成和激化干群矛盾的制度根源。

　　（3）提高认识，带头树立好榜样，加强思想政治教育，消除造成和激
化干部群众利益矛盾的思想根源。我们党真正优势是思想政治工作，无论
是在革命战争时期还是在社会主义建设时期，我们都是依靠思想政治工作
来解决一个又一个的难题。然而近年来对这方面的工作有所放松，领导干
部和普通群众都对经济发展太过于重视，对思想道德方面的要求却很低。
在深化改革开放的新时代，党的领导机关要腾出大量的时间和精力做思想
政治工作。一方面，必须要加强干部思想教育，党的十六届四中全会的"决
议"指出："领导干部要自重、自省、自警、 自立、以身作则、言行一致。
要求别人做的自己首先做到，禁止别人做的自己坚决不做，自觉接受党和

人民的监督，经受住权力、金钱、美色的考验。"领导干部要明白真正代表人民的利益，做到权为民所用，利为民所谋，情为民所系，逐步改变一些人的"当官发财"以及官本位的思想。另一方面，必须加大对群众的思想教育工作力度。在干群矛盾中，虽然干部是矛盾的主要方面，承担着主要责任，但群众也有责任，如一些群众的政策观念、法律概念、是非观念淡薄，拒绝承担应有的义务，拒绝服从合理的安排，甚至无理取闹，聚众闹事。因此，我们必须加强群众的思想政治工作，使其能够正确处理长期利益与切身利益、集体利益和个人利益的关系，正确处理权利、责任和义务三者的关系。

（4）坚持教育与法治相结合。要解决干群利益矛盾，必须依靠法制，建立健全各项政策法规，严格执行已经制定的法律法规；对需要修改的政策法规要尽快地修改完善。根据新的情况尽快研究制定新的法律法规，必须严格依法办事，必须以事实为依据，以法律和纪律为准绳，对危害群众利益的领导干部违法案件进行调查，罪由法定，量刑判决，使群众从根本上认为自己的利益可以受到法律保护。解决干群利益矛盾，必须依靠教育，通过学习和教育提高群众和干部的思想政治素质。要匡扶正气，大力宣传和表彰先进模范，推动勤政爱民、乐于奉献以及爱岗敬业的新风尚。必须使广大群众理解和拥护党和国家的方针政策，使他们能够建立正确的国家、集体和个人三个层面的利益荣辱观。

10.3 本章小结

本章在重大工程项目社会稳定风险识别、演化及评估的基础上，基于社会稳定风险生成机理提出了重大工程项目社会稳定风险的防范原理，并有针对定性地提出了防范措施。

11 重大工程项目社会稳定风险评估应用研究

重庆沙坪坝铁路综合交通枢纽工程地处沙坪坝老火车站，是在沙坪坝老火车站的基础上进行改造，工程项目投资规模大、不确定性因素多、影响范围广、影响程度大。同时，工程项目涉及征地拆迁、区域交通保障、施工现场安全、环保等众多复杂问题，极易引发各类社会矛盾。因此，本研究选取沙坪坝铁路综合交通枢纽工程作为研究对象，对其社会稳定风险评估开展应用研究。

11.1 项目基本概况

沙坪坝火车站，始建于 1979 年，是沙坪坝区与外界联系的重要纽带，也是重庆主城区的重要交通枢纽之一。但是，自从江北地区的重庆北站建好以后，替代了沙坪坝站大部分的运输功能，沙坪坝站的功能利用效率已被逐渐削弱。根据成渝高铁（成渝客运专线）的规划，沙坪坝车站作为成渝客运专线进入重庆主城区的第 1 站，沙坪坝火车站的改造被提上议事日程，工程名称为沙坪坝铁路综合交通枢纽工程（以下简称该工程项目）。根据重庆市政府和铁路总公司签署的协议，该工程项目整合了高铁、轨道交通、城市铁路、公共交通、出租车、人行交通等现代城市核心综合交通枢纽，实现乘客乘车无缝衔接，上盖广场将扩大三峡广场，为公众提供更宽敞、更优质的生活融合场所，最终达到沙区核心区交通改善、商圈升级、核心区扩张的综合目的。

该工程项目总占地面积约 22 公顷，建设内容包括成渝铁路客运专线沙坪坝站场、综合交通换乘枢纽、相关城市道路工程和城市轨道 9 号线交通节点工程等部分，工程总投资约 105 亿元。枢纽部分建筑面积为 27 万平方米，其中包含成渝客运专线沙坪坝站站房（高架）、进站架空通道、铁路配套用房、高铁出站厅、高铁换乘通道、地下出租车站、地下公交车站、地下停车库、设备用房。该工程项目充分利用了地下空间，打破了国内大型综合交通枢纽常用的平面布局方式，采用全立体的布局：成渝客运专线沙坪坝站站房位于盖上一层，高铁站台位于负一层，高铁换乘通道、高铁换乘厅位于盖下负四层；铁路配套用房位于盖下负三层至负一层；公交车站位于盖下负一层；出租车站位于负二层；轨道 9 号线车站位于负七层；地下停车库位于盖下负七层至负一层；设备用房主要分布于盖下负二、三、六层。各主要交通方式换乘距离均在 100 米以内，实现了真正意义的"零换乘"。

　　沙坪坝铁路综合交通枢纽工程于 2012 年 12 月正式开工。该工程项目被业内人士称为"亚洲最难、最复杂"的工程。一方面，在改建过程中涉及大量的征地拆迁工作，如果处理不当就很容易引起民众的不满情绪，造成社会不稳定。另一方面，工程所在的位置是沙坪坝区的核心商圈，周边高楼林立，管网复杂，项目施工过程除了工程本身技术的复杂性和施工场地狭小的制约外，还面临着更为复杂的外部因素干扰。首先，最基本的前提是不能对既有建筑造成破坏，安全管理十分重要；其次，要确保周边交通畅通，最大程度减少对居民出行、生活的影响，同时着重考虑文明施工，如何将施工噪声、粉尘降到最低，不影响市民的正常生活。由此可见，该工程项目面临着众多的社会不稳定因素，社会稳定风险问题突出。在工程项目建设全过程中，各级政府、建设单位和施工单位都十分重视该工程项目的社会稳定风险评估，努力从源头上化解种类社会矛盾，从而保证工程项目的顺利实施。

11.2　沙坪坝铁路综合交通枢纽工程社会稳定风险识别

　　根据第 4 章运用的文献分析法和案例研究法，可得到该项目的初步的风险清单，如表 11.1 所示。

表 11.1　沙坪坝铁路综合交通枢纽工程社会稳定风险清单

风险类别	编号	风险
风险源 A	A1	法定前置要件不齐备
	A2	立项审批程序不合法
	A3	不符合国家与地区产业政策、产业结构规划、行业准入标准
	A4	项目造成的居民丧失土地的风险
	A5	利益调节的对象和范围界定不准确，调节的依据不合法
	A6	项目不能兼顾不同利益群体的诉求、不能统筹兼顾人民群众的现实利益和长远利益

风险类别	编号	风险
风险源 A	A7	项目引发的地区、行业、群体之间的盲目攀比
	A8	项目造成的居民就业困难、收入降低、生活水平下降的风险
	A9	信息公示与公众参与程度不够
	A10	拆迁方案不合理、安置补偿不到位
	A11	项目开展时机不成熟
	A12	与土地利用总体规划和城乡规划不符
	A13	政策的连续性和严密性较差
	A14	项目与当地经济社会发展水平不适应
	A15	实施方案不周密、不完善，可操作性和连续性低
	A16	项目资金筹措和保障方案不可行
	A17	项目不具备完善的配套措施
	A18	受到时间、空间、人力、物力、财力等因素的制约
	A19	当地对工程项目的建设不认可、不接受
	A20	项目建设实施存在连带风险或公共安全隐患
	A21	对可能出现的社会稳定风险，没有相应的风险监控措施、应急处置预案和可行有效的防范、化解措施
	A22	宣传解释和舆论引导措施不充分
	A23	对国家和地区安全造成影响
	A24	项目引起的人文景观破坏
	A25	工程移民与安置区居民民俗宗教不融合
	A26	项目造成的水土流失
	A27	项目造成的噪声、辐射、粉尘影响
	A28	项目引起的流动人口增加
	A29	项目引发的社区关系断裂的风险
	A30	项目所在地可能引发的交通风险
	A31	给周边的社会治安带来重大的冲击
个别事件 B	B1	个别群众上访、信访
	B2	小规模群众冲突
	B3	小规模群众阻止项目现场施工
群体事件 C	C1	大规模群众集体上访
	C2	大规模群众现场闹事、阻工
	C3	民众聚众、游行、示威
	C4	交通围堵
	C5	斗殴、干群冲突

风险类别	编号	风险
风险 结果 D	D1	社会不稳定

结合本章案例，运用风险因素识别方法中的客观识别法——实地调研法和问询法对第 4 章给出的风险因素清单中的指标进行筛选，通过访谈法将该案例涉及的风险因素进行整合。

1. 访谈目的

本次访谈的主要目的是对该工程建设过程中存在的风险进行调研，通过访谈可以从第 5 章普遍适用的风险因素清单中筛选出该项目存在的风险因素。

2. 访谈思路

从文献研究转为访谈研究，从感性认识转为理性认识，了解项目建设中的实际情况。侧重点在于现实中存在的、可操作的"评估"这一微观层面以及风险因素产生的原因及应对措施，访谈遵循"评估现状—风险识别—解决办法"的结构进行。

3. 访谈内容

遵循本次访谈的目的，访谈内容具体包括：对沙坪坝铁路综合交通枢纽工程的了解程度，信息获取途径；对沙坪坝铁路综合交通枢纽工程持有的态度和看法；沙坪坝铁路综合交通枢纽工程建设过程中所带来的影响，既包括积极的和消极的，也包括对调查对象自身和周边环境所带来的影响；对第 5 章已识别出的 23 个关键风险因素进行筛选，保留符合沙坪坝铁路综合交通枢纽工程实际情况的风险因素，为风险评价做准备。

4. 访谈对象

本次访谈对象包括重庆市沙坪坝区发改委、重庆市城市综合交通枢纽开发投资有限公司相关部门、项目周围商铺及居民。

5. 访谈过程

本次访谈从准备访谈内容、接触访谈对象到正式访谈，最终结束访谈共分为四个环节。

6. 访谈结果

删除 A1、A2、A3、A12 风险指标，原因如下：

由于该项目为市区共建的重点项目，被列为重庆市"十二五"重点工程，在规划审批方面，政府严格把关，一切按照法律规定的流程进行，不存在法定前置要件不齐备、不符合产业政策、规划审批不合法等方面的风险。

删除 A4、A8 风险指标，原因如下：

由于该地块改造建设前就是国有土地，故不存在由于征地导致居民丧失土地的风险因素，且该项目仅对原沙坪坝站进行改造扩建，未关闭企业、工厂等大型单位，故未影响到居民的就业、收入及生活水平。

删除 A25、A28、A29 风险指标，原因如下：

由于该地块原址也为沙坪坝站，周边也未建有学校、居住区、企业等大型社区团体，故不具有社区解散、外来流动人口增加和由于移民导致无法融入安置区居民风俗习惯、宗教信仰的风险因素。

删除 A26、A27 风险指标，原因如下：

由于该项目为沙坪坝铁路综合交通枢纽工程，未涉及广播电视发射台、工业、医疗高频设备制造厂等具有严重的辐射污染性的项目，故不存在较大的辐射污染。同时，并未造成严重的生态破坏，未引发大规模的水土流失。

删除 C2、C3 风险指标，原因如下：

由于该项目属于政府重点建设项目，建成后将实现商业载体、换乘、缓堵三大功能，并极大地改善沙坪坝核心区的交通状况。在项目前期投资决策时，政府已进行了调研走访，该项目的建设工作是完全符合民情民意的，故不会发生大规模的群众现场闹事、阻工，以及民众聚众、游行、示威事件。

删除 C5 风险指标，原因如下：

同 C1 大规模群众集体上访风险因素一样，作为重庆市政府重点建设项目，该项目在前期筹划工作中，已充分考虑民众的意愿，项目建设中也尽量减少对民众正常生活的打扰，故不会发生大规模群众打架斗殴、干群冲突等恶性事件。

对以上的访谈结果进行分析整理，重新编号，得到本项目最终的风险因素如表 11.2 所示。

表 11.2　沙坪坝铁路综合交通枢纽工程社会稳定风险清单

风险类别	编号	风险
风险源 A	A1	利益调节的对象和范围界定不准确，调节的依据不合法
	A2	项目不能兼顾不同利益群体的诉求、不能统筹兼顾人民群众的现实利益和长远利益
	A3	项目引发的地区、行业、群体之间的盲目攀比
	A4	信息公示与公众参与程度不够
	A5	拆迁方案不合理、安置补偿不到位
	A6	项目开展时机不成熟
	A7	政策的连续性和严密性较差
	A8	项目与当地经济社会发展水平不适应
	A9	实施方案不周密、不完善，可操作性和连续性低
	A10	项目资金筹措和保障方案不可行
	A11	项目不具备完善的配套措施
	A12	受到时间、空间、人力、物力、财力等因素的制约
	A13	当地对工程项目的建设不认可、不接受
	A14	项目建设实施存在连带风险或公共安全隐患
	A15	对可能出现的社会稳定风险，没有相应的风险监控措施、应急处置预案和可行有效的防范、化解措施
	A16	宣传解释和舆论引导措施不充分
	A17	对国家和地区安全造成影响
	A18	项目引起的人文景观破坏
	A19	项目所在地可能引发的交通风险
	A20	给周边的社会治安带来重大的冲击
个别事件 B	B1	个别群众上访、信访
	B2	小规模群众冲突
	B3	小规模群众阻止项目现场施工
群体事件 C	C1	大规模群众集体上访
	C2	交通围堵
风险结果 D	D1	社会不稳定

11.3　沙坪坝铁路综合交通枢纽工程风险网络构建与演化规律

11.3.1　沙坪坝铁路综合交通枢纽工程社会稳定风险链识别

依据事故因果连锁原理，在上文对重庆市沙坪坝铁路综合交通枢纽工程风险源、个别事件、群体事件和风险结果等分析整理的基础上，基于风险源之间、风险源与个别事件之间、个别事件与群体事件之间、群体事件与风险结果之间的因果关系，对重庆市沙坪坝铁路综合交通枢纽工程的社会稳定风险因素间因果关系进行分析。依据上文分析结果，主要有以下风险因素间因果关系，如表 11.3 所示。

表 11.3　沙坪坝铁路综合交通枢纽工程社会稳定风险因素间因果关系

序号			风险因素间因果关系	
1	A1 利益调节的对象和范围界定不准确，调节的依据不合法	→	A2	项目不能兼顾不同利益群体的诉求、不能统筹兼顾人民群众的现实利益和长远利益
2			A5	拆迁方案不合理、安置补偿不到位
3			A9	实施方案不周密、不完善，可操作性和连续性低
4			A13	当地对工程项目的建设不认可、不接受
5			A14	项目建设实施存在连带风险或公共安全隐患
6			A17	对国家和地区安全造成影响
7			A20	给周边的社会治安带来重大的冲击
8			B1	个别群众上访、信访
9			B2	小规模群众冲突
10			B3	小规模群众阻止项目现场施工
11	A2 项目不能兼顾不同利益群体的诉求、不能统筹兼顾人民群众的现实利益和长远利益	→	A3	项目引发的地区、行业、群体之间的盲目攀比
12			A5	拆迁方案不合理、安置补偿不到位
13			A9	实施方案不周密、不完善，可操作性和连续性低
14			A13	当地对工程项目的建设不认可、不接受
15			A14	项目建设实施存在连带风险或公共安全隐患
16			A17	对国家和地区安全造成影响
17			A20	给周边的社会治安带来重大的冲击
18			B1	个别群众上访、信访
19			B2	小规模群众冲突
20			B3	小规模群众阻止项目现场施工

序号	风险因素间因果关系			
21	A3 项目引发的地区、行业、群体之间的盲目攀比	→	A14	项目建设实施存在连带风险或公共安全隐患
22			B1	个别群众上访、信访
23	A4 信息公示与公众参与程度不够	→	A1	利益调节的对象和范围界定不准确，调节的依据不合法
24			A2	项目不能兼顾不同利益群体的诉求、不能统筹兼顾人民群众的现实利益和长远利益
25			A5	拆迁方案不合理、安置补偿不到位
26			A6	项目开展时机不成熟
27			A9	实施方案不周密、不完善，可操作性和连续性低
28			B1	个别群众上访、信访
29			B2	小规模群众冲突
30	A5 拆迁方案不合理、安置补偿不到位	→	A2	项目不能兼顾不同利益群体的诉求、不能统筹兼顾人民群众的现实利益和长远利益
31			A3	项目引发的地区、行业、群体之间的盲目攀比
32			A13	当地对工程项目的建设不认可、不接受
33			B1	个别群众上访、信访
34			B2	小规模群众冲突
35			B3	小规模群众阻止项目现场施工
36	A6 项目开展时机不成熟	→	A8	项目与当地经济社会发展水平不适应
37			A9	实施方案不周密、不完善，可操作性和连续性低
38			A12	受到时间、空间、人力、物力、财力等因素的制约
39			A15	对可能出现的社会稳定风险，没有相应的风险监控措施、应急处置预案和可行有效的防范、化解措施
40			B1	个别群众上访、信访

序号				风险因素间因果关系
41	A7 政策的连续性 和严密性较差	→	A1	利益调节的对象和范围界定不准确，调节的依据不合法
42			A2	项目不能兼顾不同利益群体的诉求、不能统筹兼顾人民群众的现实利益和长远利益
43			A5	拆迁方案不合理、安置补偿不到位
44			A9	实施方案不周密、不完善，可操作性和连续性低
45			A15	对可能出现的社会稳定风险，没有相应的风险监控措施、应急处置预案和可行有效的防范、化解措施
46			B1	个别群众上访、信访
47	A8 项目与当地经 济社会发展水 平不适应	→	A6	项目开展时机不成熟
48			A9	实施方案不周密、不完善，可操作性和连续性低
49			A12	受到时间、空间、人力、物力、财力等因素的制约
50			A13	当地对工程项目的建设不认可、不接受
51			B1	个别群众上访、信访
52	A9 实施方案不周 密、不完善， 可操作性和连 续性低	→	A1	利益调节的对象和范围界定不准确，调节的依据不合法
53			A2	项目不能兼顾不同利益群体的诉求、不能统筹兼顾人民群众的现实利益和长远利益
54			A5	拆迁方案不合理、安置补偿不到位
55			A10	项目资金筹措和保障方案不可行
56			A11	项目不具备完善的配套措施
57			A13	当地对工程项目的建设不认可、不接受
58			A15	对可能出现的社会稳定风险，没有相应的风险监控措施、应急处置预案和可行有效的防范、化解措施
59			B1	个别群众上访、信访
60	A10 项目资金筹措 和保障方案不 可行	→	A2	项目不能兼顾不同利益群体的诉求、不能统筹兼顾人民群众的现实利益和长远利益
61			A5	拆迁方案不合理、安置补偿不到位
62			A9	实施方案不周密、不完善，可操作性和连续性低
63			A13	当地对工程项目的建设不认可、不接受
64			B1	个别群众上访、信访

序号				风险因素间因果关系
65	A11 项目不具备完善的配套措施	→	A6	项目开展时机不成熟
66			A9	实施方案不周密、不完善，可操作性和连续性低
67			A13	当地对工程项目的建设不认可、不接受
68			B1	个别群众上访、信访
69	A12 受到时间、空间、人力、物力、财力等因素的制约	→	A2	项目不能兼顾不同利益群体的诉求、不能统筹兼顾人民群众的现实利益和长远利益
70			A6	项目开展时机不成熟
71			A8	项目与当地经济社会发展水平不适应
72			A9	实施方案不周密、不完善，可操作性和连续性低
73			A11	项目不具备完善的配套措施
74			A13	当地对工程项目的建设不认可、不接受
75	A13 当地对工程项目的建设不认可、不接受	→	A7	政策的连续性和严密性较差
76			A14	项目建设实施存在连带风险或公共安全隐患
77			B1	个别群众上访、信访
78			B2	小规模群众冲突
79			B3	小规模群众阻止项目现场施工
80	A14 项目建设实施存在连带风险或公共安全隐患	→	A6	项目开展时机不成熟
81			A9	实施方案不周密、不完善，可操作性和连续性低
82			A13	当地对工程项目的建设不认可、不接受
83			A15	对可能出现的社会稳定风险，没有相应的风险监控措施、应急处置预案和可行有效的防范、化解措施
84			A17	对国家和地区安全造成影响
85			A20	给周边的社会治安带来重大的冲击
86			B1	个别群众上访、信访
87			B2	小规模群众冲突
88			B3	小规模群众阻止项目现场施工

序号	风险因素间因果关系			
89	A15		A6	项目开展时机不成熟
90	对可能出现的		A9	实施方案不周密、不完善,可操作性和连续性低
91	社会稳定风		A14	项目建设实施存在连带风险或公共安全隐患
92	险,没有相应	→	A17	对国家和地区安全造成影响
93	的风险监控措施、应急处置预案和可行有效的防范、化解措施		B1	个别群众上访、信访
94	A16		A3	项目引发的地区、行业、群体之间的盲目攀比
95	宣传解释和舆		A4	信息公示与公众参与程度不够
96	论引导措施不	→	A13	当地对工程项目的建设不认可、不接受
97	充分		B1	个别群众上访、信访
98			A13	当地对工程项目的建设不认可、不接受
99	A17		A14	项目建设实施存在连带风险或公共安全隐患
100	对国家和地区		A20	给周边的社会治安带来重大的冲击
101	安全造成影响	→	B1	个别群众上访、信访
102			B2	小规模群众冲突
103			B3	小规模群众阻止项目现场施工
104	A18		A9	实施方案不周密、不完善,可操作性和连续性低
105	项目引起的人	→	A13	当地对工程项目的建设不认可、不接受
106	文景观破坏		B1	个别群众上访、信访
107	A19 项目所在地可能引发的交通风险	→	B1	个别群众上访、信访
108	A20		A13	当地对工程项目的建设不认可、不接受
109	给周边的社会		B1	个别群众上访、信访
110	治安带来重大	→	B2	小规模群众冲突
111	的冲击		B3	小规模群众阻止项目现场施工
112	B1		B2	小规模群众冲突
113	个别群众上		B3	小规模群众阻止项目现场施工
114	访、信访	→	C1	大规模群众集体上访
115			C2	交通围堵

序号	风险因素间因果关系			
116	B2	→	B1	个别群众上访、信访
117	小规模群众冲突		B3	小规模群众阻止项目现场施工
118			C1	大规模群众集体上访
119			C2	交通围堵
120	B3	→	B1	个别群众上访、信访
121	小规模群众阻止项目现场施工		B2	小规模群众冲突
122			C1	大规模群众集体上访
123			C2	交通围堵
124	C1 大规模群众集体上访	→	C2	交通围堵
125	C2 交通围堵	→	C1	大规模群众集体上访

11.3.2 沙坪坝铁路综合交通枢纽工程社会稳定风险网络构建

根据表 11.3 中所示，沙坪坝铁路综合交通枢纽工程社会稳定风险共识别出 125 个风险源之间、风险源与个别事件、个别事件之间、个别事件和群体事件、群体事件之间及群体事件的相关关系，若将以上识别出来的 20 个风险源，5 个风险事件，1 个风险结果的集合 $V=\{A1, A2, A3, \cdots, A20, B1, B2, B3, C1, C2, \cdots, D1\}$ 抽象为设计结构矩阵的节点。假设一个风险因素同另一个风险因素存在相关关系，也就是意味着一个风险因素由于受到系统外部威胁而突破阈值，导致另一个风险因素的也因此受到影响，则可以假设在对应的矩阵中二者对应的关系坐标为"1"，若二者无此关系，则设为"0"，所有的关系构成设计结构矩阵 A（此时的设计结构矩阵不包含边权信息），则有：

$$A_{n \times n}=\begin{bmatrix} a_{11} & \cdots & a_{1n} \\ \vdots & \vdots & \vdots \\ a_{n1} & \cdots & a_{nn} \end{bmatrix}$$

其中：

$$a_{ij}=\begin{cases} 1, & 节点\ i\ 对节点\ j\ 有影响 \\ 0, & 节点\ i\ 对节点\ j\ 没有影响 \end{cases} \quad 且当\ i=j\ 时\ a_{ij}=1$$

因此，根据表 11.3 所识别出的因果关系，可以得到设计结构矩阵 A，如图 11.4 所示。

表 11.4　沙坪坝铁路综合交通枢纽工程社会稳定风险因素关系矩阵

	A1	A2	A3	A4	A5	A6	A7	A8	A9	A10	A11	A12	A13	A14	A15	A16	A17	A18	A19	A20	B1	B2	B3	C1	C2	D1
A1	0	1	0	0	1	0	0	0	1	0	0	0	1	1	0	0	1	0	0	1	1	1	1	0	0	0
A2	0	0	1	0	1	0	0	0	1	0	0	1	1	0	0	1	0	0	1	1	1	1	1	0	0	0
A3	0	0	0	0	0	0	0	0	0	0	0	0	0	0	1	0	0	0	0	0	0	1	0	0	0	0
A4	1	1	0	0	1	1	0	0	0	1	0	0	0	0	0	0	0	0	0	0	1	1	0	0	0	0
A5	0	1	1	0	0	0	0	0	0	0	0	0	1	0	0	0	0	0	0	0	1	1	1	0	0	0
A6	0	0	0	0	0	0	0	1	0	0	0	0	1	0	0	0	0	0	0	0	0	0	0	0	0	0
A7	1	1	0	0	1	0	0	0	0	1	0	0	0	0	0	1	0	0	0	0	0	0	0	0	0	0
A8	0	0	0	0	0	1	0	0	1	0	0	0	0	0	0	0	0	0	0	0	0	0	0	0	0	0
A9	1	1	0	0	1	0	0	0	0	1	1	0	0	0	1	0	0	0	1	0	0	0	0	0	0	0
A10	0	1	0	0	1	0	0	0	0	0	0	0	1	0	0	0	0	0	0	0	1	0	0	0	0	0
A11	0	0	0	0	0	0	0	0	0	0	0	0	0	0	0	0	0	0	0	0	1	0	0	0	0	0
A12	0	1	0	0	0	1	0	1	1	0	0	1	0	0	0	0	0	0	0	0	0	0	0	0	0	0
A13	0	0	0	0	0	0	1	0	0	0	0	0	0	0	0	0	0	0	0	0	1	1	1	0	0	0
A14	0	0	0	0	0	0	0	0	0	0	0	0	0	0	0	0	0	1	1	1	1	1	1	0	0	0
A15	0	0	0	0	0	0	0	1	0	0	0	0	1	0	0	0	0	0	0	0	1	0	0	0	0	0
A16	0	0	1	1	0	0	0	0	0	0	0	0	0	0	0	0	0	0	0	0	0	0	0	0	0	0
A17	0	0	0	0	0	0	0	0	0	0	0	1	1	0	0	0	0	0	0	0	1	1	1	0	0	0
A18	0	0	0	0	0	0	0	0	0	0	0	0	1	0	0	0	0	0	0	0	1	0	0	0	0	0
A19	0	0	0	0	0	0	0	0	0	0	0	0	0	0	0	0	0	0	0	0	0	0	0	0	0	0
A20	0	0	0	0	0	0	0	0	0	0	0	0	0	0	0	0	0	0	0	0	1	1	1	0	0	0
B1	0	0	0	0	0	0	0	0	0	0	0	0	0	0	0	0	0	0	0	0	0	1	1	1	1	0
B2	0	0	0	0	0	0	0	0	0	0	0	0	0	0	0	0	0	0	0	0	1	0	1	1	1	0
B3	0	0	0	0	0	0	0	0	0	0	0	0	0	0	0	0	0	0	0	0	1	1	0	1	1	0
C1	0	0	0	0	0	0	0	0	0	0	0	0	0	0	0	0	0	0	0	0	0	0	0	0	1	1
C2	0	0	0	0	0	0	0	0	0	0	0	0	0	0	0	0	0	0	0	0	0	0	0	1	0	1
D1	0	0	0	0	0	0	0	0	0	0	0	0	0	0	0	0	0	0	0	0	0	0	0	0	0	0

为了更加直观地反映沙坪坝铁路综合交通枢纽工程社会稳定风险因素之间相关关系，将上述设计结构矩阵导入 UCINET 软件中，从而得到设计结构矩阵 A 的网络拓扑结构图，如图 11.1 所示。从图 11.1 可以看出，沙坪坝铁路综合交通枢纽工程社会稳定风险因素间的关系非常复杂，两个社会稳定风险因素间不仅会相互影响，还会通过其他风险因素传递影响。

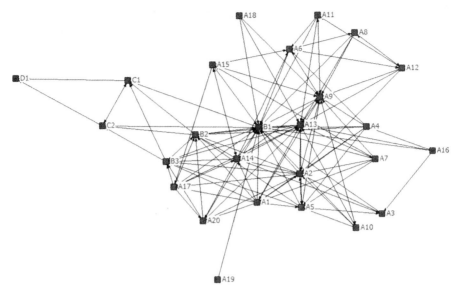

图 11.1 沙坪坝铁路综合交通枢纽工程社会稳定风险网络

11.3.3 沙坪坝铁路综合交通枢纽工程社会稳定风险关键因素及关系识别

1. 关键风险因素的识别

通过计算点的中间中心度，对沙坪坝铁路综合交通枢纽工程社会稳定风险进行个体网络分析，探究各个风险节点多大程度上处于整个风险网络的"中间"。一个中间中心度较高的点在整个社会网络中起到了沟通和桥梁的作用，若失去这个点，则许多节点间将失去联系。网络中任一点 i 的中间中心度计算公式如公式（1）：

$$D_i = \sum_j^n \sum_k^n p_{jk}(i), \text{且} j \neq k \neq i, \ j < k \tag{1}$$

式中：$p_{jk}(i)$ 表示点 i 控制点 j 和点 k 交往的能力。若点 j 和点 k 之间有 b_{jk} 条关系路径，其中需要经过点 i 的有 $b_{jk}(i)$ 种，则 $p_{jk}(i)=b_{jk}(i)/b_{jk}$，对网络中每个点的控制能力求和得到每个点的中间中心度，中间中心度排名前 80% 的风险因素如表 11.5 所示。

由此可知，在 20 个风险因素中取前 80% 为关键风险因素，点的中间中心度得出的重要风险因素为 A9、A14、A13、A2、A6、A7、A5、A15、A4、A1、A12、A11、A17、A3、A8、A20。因此综合上述指标，重大工程项目社会稳定风险关键风险因素，如表 11.6 所示。

表 11.5　节点中间中心度排名前 80%的风险因素

排名	风险因素	点的中间中心度	排名	风险因素	点的中间中心度
1	A9	89.925	9	A4	10.733
2	A14	61.8	10	A1	9.6
3	A13	60.525	11	A12	4.35
4	A2	36.425	12	A11	3.875
5	A6	34.567	13	A17	3.767
6	A7	14.9	14	A3	2.733
7	A5	12.1	15	A8	0.867
8	A15	11.283	16	A20	0.833

表 11.6　沙坪坝铁路综合交通枢纽工程社会稳定风险关键风险因素

序号	风险因素
A9	实施方案不周密、不完善，可操作性和连续性低
A14	项目建设实施存在连带风险或公共安全隐患
A13	当地对工程项目的建设不认可、不接受
A2	项目不能兼顾不同利益群体的诉求、不能统筹兼顾人民群众的现实利益和长远利益
A6	项目开展时机不成熟
A7	政策的连续性和严密性较差
A5	拆迁方案不合理、安置补偿不到位
A15	对可能出现的社会稳定风险，没有相应的风险监控措施、应急处置预案和可行有效的防范、化解措施
A4	信息公示与公众参与程度不够
A1	利益调节的对象和范围界定不准确，调节的依据不合法
A12	受到时间、空间、人力、物力、财力等因素的制约
A11	项目不具备完善的配套措施
A17	对国家和地区安全造成影响
A3	项目引发的地区、行业、群体之间的盲目攀比
A8	项目与当地经济社会发展水平不适应
A20	给周边的社会治安带来重大的冲击

2. 关键风险关系的识别

运用 UCINET 软件中的 Line Betweenness 功能实现关键关系的计算。其中，线密度矩阵中密度大于 0 的数有 113 个，取前 20%的节点关系作为关键关系，结果如表 11.7 所示。

表11.7 沙坪坝铁路综合交通枢纽工程社会稳定风险关键风险关系

排名	关系	线的中心度	排名	关系	线的中心度
1	A13→A7	32.9	12	A20→A13	15
2	A14→A6	26.5	13	A9→A2	14.333
3	A13→A14	25.267	14	B1→C1	13.75
4	A3→A14	23.733	15	B1→C2	13.75
5	A14→A9	21.5	16	A9→A5	13.017
6	A6→A12	19.6	17	A18→A9	12.667
7	A9→A11	19.25	18	C1→D1	12
8	A9→A10	18	19	C2→D1	12
9	A6→A8	17.867	20	A6→A9	11.733
10	A9→A1	15.417	21	A16→A4	11.733
11	A9→B1	15.125	22	A9→A15	10.85

11.4 沙坪坝铁路综合交通枢纽工程
社会稳定风险评估目的、范围、主体、流程

1. 评估目的

该工程项目是重庆市"十二五"重点建设工程项目,建成后将会给沙坪坝区乃至重庆市主城带来巨大的经济效益,但是同时该工程的建设过程中也面临着巨大的挑战和不确定性。因此,该项目社会稳定风险的评估目的是采用各种的方法手段,准确地识别对该工程项目建设期间可能遭遇的风险因素,采取一定的预防和控制措施,保障工程项目的顺利开展,确保工程项目建设区域的稳定与和谐。

2. 评估范围

考虑到该工程影响范围广,牵涉巨大的利益,极小的风险因素都可能造成巨大的社会影响,因此,在对该工程的社会稳定风险进行评估时,应该尽可能将所有能识别出的会造成社会不稳定的因素列入评估的范围。根据项目的具体情况,在对该工程项目的社会不稳定因素进行调查时,被调查对象主要是项目周围的居民、工作人员以及企业等。

3. 评估主体

该工程的评估主体主要包括以下四个:(1)领导主体,根据我国对社会稳定风险评估流程的规定,该项目的社会稳定风险评估领导主体由市信

访办牵头，其他相关部门配合完成调查工作；（2）责任主体，该工程的责任主体是重庆城市综合交通枢纽开发投资有限公司；（3）实施主体，根据该工程项目建设要求，以及该工程项目周围的基本环境现状，从资质等级、业绩优良等角度对评估实施主体进行审查，从而确定评估实施的主体；（4）监督主体，为保证该工程项目社会稳定风险评估过程的公平公正性，政府相关部门、人民群众、新闻媒体和民间组织都应该作为监督主体参与到该工程的建设过程中。

4. 评估流程

（1）建设的自我审查，针对该工程在建设过程中可能出现的影响社会稳定的因素进行初步审查，并形成相应的社会稳定风险评估报告，以备进行下一步的评估。

（2）聘请专业的评估机构进行评估，在建设单位对该工程进行自我审查，在形成的社会稳定风险评估报告的基础上，由专业的社会稳定风险评估机构对沙坪坝铁路综合交通枢纽工程的社会稳定风险进行评估。评估机构对该工程项目进行评估时，应该根据工程项目的实际情况，确定评估的流程、标准和方法等，认真开展社会稳定风险评估，并形成沙坪坝铁路综合交通枢纽工程的社会稳定风险评估报告。具体如下：

① 搜集项目相关资料，包括项目基本信息、项目周边信息、各参建单位信息、可行性研究报告、环评报告、一些项目政府审批文件等，把这些资料进行归纳整理，提取有用信息，为后续项目现场调研工作做准备。

② 问卷、访谈、征求意见。在现场调研之前，评估公司可以借助评估小组其他部门的帮助，在互联网上和项目周边区域公示项目的一些信息，以确保被调研的公众能够对项目有一定的了解。在现场调查的过程中，可以结合问卷调查和访谈两种方式。一般通过现场调查只能了解到一些项目的外部信息，如项目所带来的经济、生态、社会治安等问题。因此，在访谈和问卷调查中，需要将项目实施时所采用的补偿方案、环保方案以及项目周边治安管理方案向公众公示，征求公众意见。在进行问卷调查时，可以采取现场沟通的形式，介绍项目的具体情况，解答公众的疑惑，收集公众意见。在现场调查完成后，对收集到的问卷、访谈记录以及征求到的意见进行汇总分析，总结归纳出一些对社会稳定风险评估有价值的信息。

③ 专家访谈。现场问卷和访谈主要针对的对象是项目周边的人群，是项目的外部环境。专家访谈法主要对与项目本身相关的因素进行访谈，如技术、资金等，以判断项目自身因素产生社会稳定风险的可能性。访谈的对象主要为两名有从事重大工程项目经历的专家。访谈结束后，对访谈

信息进行分析和整理。

④ 定量风险评价。通过专家评分的方式进行风险评价。为了避免由于对项目了解不足而造成盲目评分，这次风险评价工作选取的评分对象共计 15 人，其中 8 名为工作人员和 6 名为访谈专家，他们参与了整个资料搜集和研究过程。由于重大工程项目实施过程中存在风险相似性，评价指标和权重均基于之前分析的结果，定量风险评价采用专家评分法。经计算，综合风险评估结果为 0.531，即项目实施的风险水平为中等风险。项目负责人必须采取一些风险缓解措施，以减少项目实施过程中面临的社会稳定风险。

⑤ 制定项目风险化解措施。项目实施所面临的风险是中等风险。为了确保项目顺利实施，必须采取一些风险防范措施。沙坪坝铁路综合交通枢纽工程位于市中心，面临的社会稳定风险因素主要有拆迁安置补偿问题、施工过程中的环境保护方案、施工技术方案管理等。

11.5 沙坪坝铁路综合交通枢纽工程社会稳定风险综合评价

1. 确定二级指标的权重

本案例采用专家打分法确定各风险因素对应的各个变量的评价值。为了保证风险评价的准确性，本研究向发改委、维稳办、国土局等部门的 8 位工作人员和高等院校的 6 位专家发放问卷（见附录 8），共收回问卷 14 份。经过对问卷数据进行汇总，根据第 8 章 8.2.5 评价指标权重的确定方法，利用公式 8.1、公式 8.2 计算各二级指标的权重 R_{Bi}，具体计算过程如表 11.8 所示。

表 11.8　沙坪坝铁路综合交通枢纽工程社会稳定风险评估二级指标权重

| 一级指标 B_i | 二级指标 C_i | 不同重要程度的频数 | | | | | | 均值 MS | C_i 的绝对权重 W^*_{Ci} |
		1	2	3	4	5	合计		
合法性 B_1	利益调节的对象和范围界定不准确，调节的依据不合法 C_{11}	1	1	7	3	3	15	3.400	0.059
合理性 B_2	项目不能兼顾不同利益群体的诉求、不能统筹兼顾人民群众的现实利益和长远利益 C_{21}	0	1	1	8	5	15	4.133	0.071
	项目引发的地区、行业、群体之间的盲目攀比 C_{22}	1	2	9	3	0	15	2.933	0.051
	信息公示与公众参与程度不够 C_{23}	0	1	5	6	3	15	3.733	0.064
	拆迁方案不合理、安置补偿不到位 C_{24}	0	0	4	8	3	15	3.933	0.068

续表

一级指标 B_i	二级指标 C_i	不同重要程度的频数						均值 MS	C_i的绝对权重 W^*_{Ci}
		1	2	3	4	5	合计		
可行性 B_3	项目开展时机不成熟 C_{31}	0	0	3	8	4	15	4.067	0.070
	项目与当地经济社会发展水平不适应 C_{32}	0	4	9	2	0	15	2.867	0.049
	实施方案不周密、不完善，可操作性和连续性低 C_{33}	0	0	1	2	12	15	4.733	0.082
	项目不具备完善的配套措施 C_{34}	1	3	7	3	1	15	3.000	0.052
	受到时间、空间、人力、物力、财力等因素的制约 C_{35}	0	2	8	5	0	15	3.200	0.055
	当地对工程项目的建设不认可、不接受 C_{36}	0	1	2	6	6	15	4.133	0.071
	政策的连续性和严密性较差 C_{37}	0	2	2	6	5	15	3.933	0.068
	对可能出现的社会稳定风险，没有相应的风险监控措施、应急处置预案和可行有效的防范、化解措施 C_{38}	0	2	3	6	4	15	3.800	0.066
可持续性 B_4	项目建设实施存在连带风险或公共安全隐患 C_{41}	0	0	2	3	10	15	4.533	0.078
	给周边社会治安带来重大的冲击 C_{42}	2	4	7	1	1	15	2.667	0.046
	对国家和地区安全造成影响 C_{43}	2	3	5	4	1	15	2.933	0.051

2. 确定一级指标的权重

根据各二级指标的绝对权重 W^*_{Ci}，计算出各一级指标的权重 W_{Bi}（式 8.3）和各二级指标的相对权重 W_{Ci}（式 8.4），计算结果如表 11.9 所示。

表 11.9　沙坪坝铁路综合交通枢纽工程社会稳定风险评估指标权重

一级指标	一级指标权重 W_{Bi}	二级指标 C_i	C_i的相对权重 W_{Ci}	C_i的绝对权重 W^*_{Ci}
合法性 B_1	0.059	利益调节的对象和范围界定不准确，调节的依据不合法 C_{11}	1.000	0.059

续表

一级指标	一级指标权重 W_{Bi}	二级指标 C_i	C_i 的相对权重 W_{Ci}	C_i 的绝对权重 W^*_{Ci}
合理性 B_2	0.254	项目不能兼顾不同利益群体的诉求、不能统筹兼顾人民群众的现实利益和长远利益 C_{21}	0.281	0.071
		项目引发的地区、行业、群体之间的盲目攀比 C_{22}	0.199	0.051
		信息公示与公众参与程度不够 C_{23}	0.253	0.064
		拆迁方案不合理、安置补偿不到位 C_{24}	0.267	0.068
可行性 B_3	0.513	项目开展时机不成熟 C_{31}	0.137	0.070
		项目与当地经济社会发展水平不适应 C_{32}	0.096	0.049
		实施方案不周密、不完善，可操作性和连续性低 C_{33}	0.159	0.082
		项目不具备完善的配套措施 C_{34}	0.101	0.052
		受到时间、空间、人力、物力、财力等因素的制约 C_{35}	0.108	0.055
		当地对工程项目的建设不认可、不接受 C_{36}	0.139	0.071
		政策的连续性和严密性较差 C_{37}	0.132	0.068
		对可能出现的社会稳定风险，没有相应的风险监控措施、应急处置预案和可行有效的防范、化解措施 C_{38}	0.128	0.066
可持续性 B_4	0.175	项目建设实施存在连带风险或公共安全隐患 C_{41}	0.447	0.078
		给周边社会治安带来重大的冲击 C_{42}	0.263	0.046
		对国家和地区安全造成影响 C_{43}	0.289	0.051

3. 确定二级指标的风险值

本案例同样采用专家打分法确定各风险因素对应的各个变量的评价值。为了保证风险评价的准确性，本研究向发改委、维稳办、国土局等部门的 8 位工作人员和高等院校的 6 位专家发放问卷（见附录 9），共收回问卷 14 份。经过对问卷数据进行汇总，并将各风险因素中各变量的评价值按照第 8 章公式 8.6、公式 8.7、公式 8.8 计算，得到表 11.10 所示数据。例如指标 C_{21} 项目不能兼顾不同利益群体的诉求、不能统筹兼顾人民群众的现实利益和长远利益。

有 11 位专家认为其发生的概率非常小，2 位专家认为其发生的概率较小，1 位专家认为其发生的概率中等，利用公式 8.6 得到 P_{c21} 的值为 0.257。

$$P_{c21} = (1 \times n_1 + 2 \times n_2 + 3 \times n_3 + 4 \times n_4 + 5 \times n_5)/5N$$
$$= (1 \times 11 + 2 \times 2 + 3 \times 1 + 4 \times 0 + 5 \times 0)/70$$
$$= 0.257 \hspace{3cm} （式 11.1）$$

有 1 位专家认为其产生的影响很小，1 位专家认为其产生的影响较小，1 位专家认为其产生的影响一般，2 位专家认为其产生的影响较大，9 位专家认为其产生的影响很大，利用公式 8.7 得到 C_{c21} 的值为 0.843。

$$C_{c21} = (1 \times n_1 + 2 \times n_2 + 3 \times n_3 + 4 \times n_4 + 5 \times n_5)/5N$$
$$= (1 \times 1 + 2 \times 1 + 3 \times 1 + 4 \times 2 + 5 \times 9)/70$$
$$= 0.843 \hspace{3cm} （式 11.2）$$

有 2 位专家认为其完全可控，1 位专家认为其基本可控，1 位专家认为其基本不可控，3 位专家认为其一般可控，7 位专家认为其完全不可控，利用公式 8.8 得到 C_{c21} 的值为 0.771。

$$K_{c21} = (1 \times n_1 + 2 \times n_2 + 3 \times n_3 + 4 \times n_4 + 5 \times n_5)/5N$$
$$= (1 \times 2 + 2 \times 1 + 3 \times 1 + 4 \times 3 + 5 \times 7)/70$$
$$= 0.771 \hspace{3cm} （式 11.3）$$

再利用公式 11.4 得到 r_{c21} 的值为 0.6761。

$$r_{c21} = \sqrt{\frac{P_{c11}^2 + C_{c11}^2 + K_{c11}^2}{3}} \hspace{2cm} （式 11.4）$$

同理计算 r_{c12} 至 r_{c46} 的值，计算结果如表 11.10 所示。

表 11.10 沙坪坝铁路综合交通枢纽工程社会稳定风险专家评分结果

沙坪坝铁路综合交通枢纽工程社会稳定风险评估指标体系			专家打分结果统计			
一级指标	序号	二级指标	概率 P_{cij}	后果 C_{cij}	可控性 K_{cij}	风险值 r_{cij}
合法性 B_1	1	利益调节的对象和范围界定不准确，调节的依据不合法 C_{11}	0.18	0.841	0.129	0.5021
合理性 B_2	2	项目不能兼顾不同利益群体的诉求、不能统筹兼顾人民群众的现实利益和长远利益 C_{21}	0.257	0.843	0.771	0.6761
	3	项目引发的地区、行业、群体之间的盲目攀比 C_{22}	0.06	0.08	0.095	0.08
	4	信息公示与公众参与程度不够 C_{23}	0.469	0.492	0.579	0.5155
	5	拆迁方案不合理、安置补偿不到位 C_{24}	0.506	0.787	0.457	0.6012

沙坪坝铁路综合交通枢纽工程社会稳定风险评估指标体系			专家打分结果统计			
一级指标	序号	二级指标	概率 P_{cij}	后果 C_{cij}	可控性 K_{cij}	风险值 r_{cij}
可行性 B_3	6	项目开展时机不成熟 C_{31}	0.652	0.95	0.145	0.6705
	7	项目与当地经济社会发展水平不适应 C_{32}	0.005	0.042	0.033	0.0312
	8	实施方案不周密、不完善，可操作性和连续性低 C_{33}	0.866	0.972	0.907	0.9159
	9	项目不具备完善的配套措施 C_{34}	0.146	0.099	0.36	0.2315
	10	受到时间、空间、人力、物力、财力等因素的制约 C_{35}	0.623	0.41	0.361	0.4782
	11	当地对工程项目的建设不认可、不接受 C_{36}	0.867	0.885	0.545	0.7814
	12	政策的连续性和严密性较差 C_{37}	0.409	0.75	0.6	0.6026
	13	对可能出现的社会稳定风险，没有相应的风险监控措施、应急处置预案和可行有效的防范、化解措施 C_{38}	0.657	0.384	0.546	0.5409
可持续性 B_4	14	项目建设实施存在连带风险或公共安全隐患 C_{41}	0.847	0.883	0.887	0.8725
	15	给周边社会治安带来重大的冲击 C_{42}	0.012	0.01	0.035	0.0221
	16	对国家和地区安全造成影响 C_{43}	0.146	0.099	0.36	0.2315

对单个二级指标对应的风险值由高到低进行排序，如表 11.11 所示，可以得知沙坪坝铁路综合交通枢纽工程实施方案不周密、不完善，可操作性和连续性低，项目建设实施存在连带风险或公共安全隐患，当地对工程项目的建设不认可、不接受，项目不能兼顾不同利益群体的诉求、不能统筹兼顾人民群众的现实利益和长远利益，项目开展时机不成熟，政策的连续性和严密性较差，拆迁方案不合理、安置补偿不到位这 7 个指标的风险值均大于 0.6，属于高风险因素。在项目开展过程中应对这些因素进行着重控制，加强防范。

表 11.11　沙坪坝铁路综合交通枢纽工程单个风险因素值的大小排序表

序号	二级指标	风险值
1	实施方案不周密、不完善，可操作性和连续性低 C_{33}	0.9159
2	项目建设实施存在连带风险或公共安全隐患 C_{41}	0.8725
3	当地对工程项目的建设不认可、不接受 C_{36}	0.7814

序号	二级指标	风险值
4	项目不能兼顾不同利益群体的诉求、不能统筹兼顾人民群众的现实利益和长远利益 C_{21}	
5	项目开展时机不成熟 C_{31}	
6	政策的连续性和严密性较差 C_{37}	
7	拆迁方案不合理、安置补偿不到位 C_{24}	
8	对可能出现的社会稳定风险，没有相应的风险监控措施、应急处置预案和可行有效的防范、化解措施 C_{38}	
9	信息公示与公众参与程度不够 C_{23}	
10	利益调节的对象和范围界定不准确，调节的依据不合法 C_{11}	
11	受到时间、空间、人力、物力、财力等因素的制约 C_{35}	0.4782
12	项目不具备完善的配套措施 C_{34}	0.2315
13	对国家和地区安全造成影响 C_{43}	0.2315
14	项目引发的地区、行业、群体之间的盲目攀比 C_{22}	0.08
15	项目与当地经济社会发展水平不适应 C_{32}	0.0312
16	给周边社会治安带来重大的冲击 C_{42}	0.0221

4. 确定一级指标的风险值

根据公式 8.11 计算各一级指标的风险值 R_{Bi}，具体计算过程如表 11.12 所示。计算的合法性、合理性、可行性、可持续性四个一级指标的风险值分别为 0.5021、0.497、0.574、0.463，结果表明沙坪坝铁路综合交通枢纽工程在合法性、合理性、可行性和可持续性风险水平均较低。

表 11.12　沙坪坝铁路综合交通枢纽工程社会稳定风险一级指标计算表

沙坪坝铁路综合交通枢纽工程社会稳定风险评估指标体系					
一级指标	序号	二级指标	权重 W_{cij}	风险值 r_{cij}	$W_{cij}r_{cij}$
合法性 B_1	1	利益调节的对象和范围界定不准确,调节的依据不合法 C_{11}	1	0.5021	0.5021
	$R_{B1} = \sum_{j=1}^{1} W_{cij} r_{cij}$			0.5021	

一级指标	序号	二级指标	权重 W_{cij}	风险值 r_{cij}	$W_{cij}r_{cij}$
合理性 B_2	2	项目不能兼顾不同利益群体的诉求、不能统筹兼顾人民群众的现实利益和长远利益 C_{21}	0.281	0.676	0.190
	3	项目引发的地区、行业、群体之间的盲目攀比 C_{22}	0.199	0.080	0.016
	4	信息公示与公众参与程度不够 C_{23}	0.253	0.516	0.130
	5	拆迁方案不合理、安置补偿不到位 C_{24}	0.267	0.601	0.161
		$R_{B2}=\sum\limits_{j=1}^{4}W_{cij}r_{cij}$		0.497	
可行性 B_3	6	项目开展时机不成熟 C_{31}	0.137	0.671	0.092
	7	项目与当地经济社会发展水平不适应 C_{32}	0.096	0.031	0.003
	8	实施方案不周密、不完善，可操作性和连续性低 C_{33}	0.159	0.916	0.146
	9	项目不具备完善的配套措施 C_{34}	0.101	0.232	0.023
	10	受到时间、空间、人力、物力、财力等因素的制约 C_{35}	0.108	0.478	0.052
	11	当地对工程项目的建设不认可、不接受 C_{36}	0.139	0.781	0.109
	12	政策的连续性和严密性较差 C_{37}	0.132	0.603	0.080
	13	对可能出现的社会稳定风险，没有相应的风险监控措施、应急处置预案和可行有效的防范、化解措施 C_{38}	0.128	0.541	0.069
		$R_{B3}=\sum\limits_{j=1}^{8}W_{cij}r_{cij}$		0.574	
可持续性 B_4	14	项目建设实施存在连带风险或公共安全隐患 C_{41}	0.447	0.873	0.390
	15	给周边社会治安带来重大的冲击 C_{42}	0.263	0.022	0.006
	16	对国家和地区安全造成影响 C_{43}	0.289	0.232	0.067
		$R_{B4}=\sum\limits_{j=1}^{3}W_{cij}r_{cij}$		0.463	

表头: 沙坪坝铁路综合交通枢纽工程社会稳定风险评估指标体系

5. 确定项目 A 的总体风险值

$$R_A = \sum_{i=1}^{4} W_{Bi} R_{Bi}$$

=0.059×0.5021+0.254×0.497+0.513×0.574+0.175×0.463

=0.531

沙坪坝铁路综合交通枢纽工程的风险值为 0.531，社会稳定风险发生的概率中等（0.4≤R≤0.6），造成的后果较为严重，如较多的人上访、请愿，发生个别极端事件，围堵施工现场等，且风险发生后很难很好地控制，因此需要引起相关部门的高度重视，积极进行风险管理，采取相应措施预防风险、降低风险和做好应急处置准备。

11.6　社会稳定风险防范措施

如果第三方专业评估机构的评估结果是项目存在较大社会稳定风险，则建设单位（重庆城市综合交通枢纽开发投资有限公司）就有必要采取一定的风险控制措施，尽量从风险源头控制风险的产生，并进行有效的事前预防。

沙坪坝铁路综合交通枢纽工程的社会稳定风险是一系列风险源在不同环境条件的影响下，通过一定的风险载体进而演化形成对应的社会稳定风险事件，这些社会稳定风险事件之间相互影响、相互作用，最终导致社会稳定风险事故的发生。因此，在沙坪坝站的改造过程中，社会稳定风险因素的生成机理在各个阶段之间都是一环扣一环的，如果要对社会稳定风险进行有效的防控，只要破坏社会稳定风险传达过程中的任何一环，都能阻止社会稳定风险的形成。因此，利用风险的这一特性，在制定对应的风险控制措施时，针对任何风险的生成路径，都可以制定出一系列的风险防控措施，用来预防和控制社会稳定风险的发生。总的来说，社会稳定风险的防控措施可以分为以下三种：第一，从风险源头对社会稳定风险进行预防；第二，在风险传导的过程中对社会稳定风险进行控制；第三，在社会稳定风险发生后，采取一定的措施尽可能减小风险传导所导致的影响。

1. 预防社会稳定风险源的发生

（1）减少项目外部风险源

沙坪坝铁路综合交通枢纽工程涉及的外部风险源主要包括区域内的

经济发展水平、自然环境、社会文化等，因此，社会稳定风险的防控措施也应该是多角度的、系统化的。针对区域内的经济发展水平，应该在项目开始建设前，对项目周围的居民、工作人员、商人和企业等受项目影响最深的群体进行深入的调查，从而确定出最优的征地拆迁方案，切实维护群众的根本利益，满足受影响群众的合理需求。在法律制度方面，政府部门应该不断完善相应的法律法规，做到项目建设活动的有法可依，健全群众参与的监督机制，明确参与建设主体的责任划分，提高建设管理部门的积极性，严惩在改建项目中私自收受施工单位或建设单位钱财而为其谋取非法利益的人员。在社会文化方面，一是改建项目一定要符合沙区风俗文化，避免和群众的不必要冲突，加强对历史文化古迹的保护；二是在征地拆迁的过程中做好安置补偿工作，对群众进行积极的、正面的疏导，同时加强建设项目周边的安全保卫工作。在环境保护方面，由于建设项目地处沙区最繁华的经济地带，项目建设过程中必然会产生大量的建设垃圾、建筑粉尘、建设废水等污染物，会对周围的环境造成破坏，进而影响周围居民的生活。同时，在改建项目的建设过程中还应该注意对噪声等进行严格的控制，固体废弃物采取分散收集、集中转运，统一填埋的综合管理。

（2）内部风险源的控制

沙坪坝铁路综合交通枢纽工程涉及的内部风险源主要是项目的建设审批流程、项目的内部管理、项目的投融资等方面，故该项目内部风险源的控制同样也应该是多角度的、系统化的。在改建项目的建设过程中，对项目影响最大的应该是项目的决策立项阶段，在该阶段应该对项目进行准确的定位，瞄准目标人群、选择合适的建设地址，从经济、技术等各方面论证项目的可行性，由于该项目属于重庆市沙坪坝区重点工程项目，政府根据重庆市的未来发展规划和市民的实际需要进行沙坪坝铁路综合交通枢纽工程，符合城市规划要求和民声民意，故没有受到群众的抵触和反抗。在技术方面，本项目分为成渝客运专线改建、高铁站场上盖及物业开发和道路工程三个方面。该项目影响重大，建设运营过程中一旦出现质量事故，后果往往是难以估计的，因此，该改建项目的技术方案、施工组织设计等一定是经过详细论证的，而且不论是设计单位，还是施工单位，同样需要对其资质等级进行严格的审查，确保该单位有能力完成业主的建设要求。在投融资方面，沙坪坝铁路综合交通枢纽工程的建筑面积大，建设内容不仅包括火车站本身的改造还包括沿路专线的改善等多项内容，故所需要的资金量是巨大的，要确保项目的正常运作，足够的资金支持必不可少。同时，由于该项目涉及的巨额建设资金，为了保证建设资金使用在建设项目中，还要建立完善的资金使用监督机制，对建设资金的用途进行严格的审查。在改造项目的管理方面，一方面要健全项目的管理机制，另一方面还要吸纳高素质的管理人员参与到项目的建设过程中。

2. 阻碍风险传导路径

（1）充分利用新闻媒体的宣传功能

沙坪坝铁路综合交通枢纽工程的建设不仅仅会带来巨大的经济效益，同时还会带来巨大的正面的社会效益。为了使广大人民群众更加了解该项目的建设目的和意义，积极配合改建项目的征地拆迁工作，保证项目的顺利开展，在该项目的建设过程中应该积极利用新闻媒体对该项目进行正面的报道和宣传，如区政府、市级有关部门和承建单位应该积极与媒体开展合作，以防会对该项目造成不利影响的信息的扩散，引导舆论朝着有利于项目建设的方向发展。尤其是在建设前期，宣传工作对项目的建设就显得更加重要。

（2）提高群众甄别正确信息的能力

社会稳定风险形成的重要原因之一往往就是广大人民群众缺乏基本的信息真伪判别能力，容易被舆论导向错误的方向。同时由于现实存在的信息不对称现象，也会导致群众对该项目的真实情况缺乏了解，造成信息传递失真，以讹传讹，最终导致社会稳定风险的形成。因此在项目开展的前期，建设单位以及政府部门一定要积极开展宣传教育工作，对改造项目的意义、目的等方面进行宣传，使广大人民群众能够正确认识到开展沙坪坝铁路综合交通枢纽工程的目的，不至于被错误的信息所误导。同时仍需要建立健全相应的监督管理机制，使群众有足够的渠道获取正确的信息并且进行相应的反馈。

3. 提高风险应急控制能力

沙坪坝铁路综合交通枢纽工程应急办公室是统筹管理项目各种事故的组织机构，该组织机构是根据项目的实际情况建立的，受项目部的统一管理。虽然沙坪坝区政府部门针对建设项目设立了统一的应急管理办公室，但是难以对施工现场发生的各项事故进行实时的处理，并且往往滞后于事故的发展。同时沙坪坝区政府部门针对建设项目设立了统一的应急管理办公室，其管辖的施工项目多且复杂，精力有限，往往难以兼顾，因此有必要针对项目设立专门的应急管理机构。

4. 完善社会稳定风险应急预案

社会稳定风险应急预案是指导相关部门对社会稳定风险事故进行预防、控制和处理的最高行动纲领。为了尽可能将社会稳定风险事故发生后的影响减低至最低程度，社会稳定风险应急预案应该在应急办公室的主持下，从事前、事中和事后等风险事件发生的环节制定应急方案或者计划。但是应急管理办公室制定的社会稳定风险应急预案在通过有关部门的审批之后，才能够投入使用。当影响社会稳定的事故发生时，应该立即启动应急预案，尽可能减小损失。

11.7 社会稳定风险应急预案

由于沙坪坝铁路综合交通枢纽工程位于沙坪坝区核心地段，工程建设涉及的当地社会因素尤其是与居民直接相关的问题比较多且突出，发生影响社会稳定的风险事件的可能性总体较大，但从防患未然的角度考虑，做到事前预防，事中处置，事后恢复，切实做好沙坪坝铁路综合交通枢纽工程建设的社会稳定工作，结合工程实际情况，根据有关规定，制定沙坪坝铁路综合交通枢纽工程社会稳定风险应急预案。

1. 沙坪坝铁路综合交通枢纽工程社会稳定风险应急处理指挥系统

沙坪坝铁路综合交通枢纽工程社会稳定风险应急处理工作领导小组，负责领导、指挥、协调重大事故的处理工作。组长由分管工程建设的领导人担任，副组长由区应急指挥中心负责人担任，小组成员由区民政局、建设局、卫生局、城管办（城管行政执法局）、交通局、公路局、应急指挥中心、沙坪坝区公安局、沙坪坝区国土房产分局、沙坪坝区交警大队、沙坪坝区消防大队、各街道办相关负责人组成。领导小组下设办公室，负责具体的应急组织工作。办公室设在区城管办（城管行政执法局），办公室主任由区城管办（城管行政执法局）负责人兼任。

2. 应急处理工作领导小组及办公室具体职责

（1）负责沙坪坝铁路综合交通枢纽工程建设日常检查和监督的工作。

（2）负责督促各应急小组进行应急救援日常演练。

（3）组织有关职能部门按照应急预案迅速开展抢险救灾工作，力争将事故损失降低到最低程度。

（4）根据事故发生情况，统一部署应急预案的实施工作并对应急救援工作中的冲突、争议采取紧急处理措施。

（5）负责紧急调用事故所需的各类物资、设备、人员及占用场所。

（6）根据事故情况，有危及周边单位和人员的险情时，组织人员和物资疏散工作。

（7）配合上级或其他有关部门进行事故调查处理工作。

（8）做好稳定社会秩序和伤亡人员的善后及安抚工作。

3. 重大事故应急处理领导小组成员职责

（1）区应急指挥中心。

① 检查、督促各相关职能部门做好风险事故的预测、预防及警示工作，防患未然。

② 负责指挥、协调重大事故处理中各相关职能部门的工作。

③ 根据需要调用应急资源。

（2）沙坪坝区交通局、城管办（城管行政执法局）、公路局、各街道办对在建的沙坪坝铁路综合交通枢纽工程实施科学有效监测，做好桥梁的日常监督检查工作，组建应急小组，制定现场应急措施，明确人员分工。

① 对各类风险因素和可能出现的情况及时记录上报。

② 收集整理事故处理动态信息和处置情况，负责事故有关汇报及组织新闻媒体通报危机信息和救援情况。

③ 负责重大事故抢险救灾物资的贮备调度和供应等。

④ 组织落实救灾队伍、物资和款项等，积极做好善后处理工作。

⑤ 迅速组织对存在风险的工程建设部分进行清障及抢修加固工作，保证施工的有效进行。

⑥ 组织专家对事故现场进行勘查，并提供相关的技术支持。

⑦ 组织相关的事故调查。

（3）沙坪坝区公安局。

① 负责维持事故现场的秩序，确保抢险救灾工作有条不紊地进行。

② 负责处理事故现场的突发事件，维护正常的社会秩序。

（4）沙坪坝区交警大队。

①对事故现场做好交通组织及疏散工作。

② 对涉及交通事故的部分做好现场勘查、取证工作。

（5）沙坪坝区卫生局。

① 迅速组织救援队伍做好现场伤亡人员的救援工作。

② 尽最大能力做好受伤人员的施救、治疗工作。

（6）沙坪坝区民政局。

负责配合做好伤亡人员的善后处理及安抚工作。

（7）沙坪坝区建设局。

① 加强沙坪坝铁路综合交通枢纽工程建设监督工作，确保工程建设质量符合国家有关规范要求。

② 组织专家对事故原因进行技术调查，并提交事故原因技术调查报告。

（8）沙坪坝区国土房产管理分局。

① 对负责建设的沙坪坝铁路综合交通枢纽工程加强建设管理、监督工作，确保工程按时按质竣工交付使用，必要时竣工前应进行静载或动载试验。

② 负责召集设计、施工单位配合事故分析工作，查找事故原因。

③ 对因建设引发的安全事故负责，并做好善后处理工作。

4. 沙坪坝铁路综合交通枢纽工程社会稳定风险应急预案

（1）应急措施

① 根据设施损坏程度，判断事件轻重，逐级上报。

② 根据危险程度，及时启动抢险程序。

③ 根据上级领导批示对现场进行必要处理，采用留守观测、周期监测、围挡、断道等手段，同时判断损坏发展趋势，防止损坏扩大或造成事故。

④ 重大隐患或事故一旦发生，立即启动社会稳定风险事件应急处理预案，应急处理领导小组立即投入工作，小组成员应迅速到位履行职责，及时组织实施相应事故应急预案。

⑤ 事故处理完毕，由领导小组做出事故结论。结论内容应包括引发事故的原因、事故责任单位和责任人、以后应采取措施等内容，同时宣告应急工作结束，并做好相关善后工作。

（2）保障措施

① 在全面开展设施巡查管理工作的基础上，加强工程建设的巡查力度，随时掌握设施动态，发现问题及时解决。

② 对沙坪坝铁路综合交通枢纽工程进行全面检测，认真执行定期检测工作制度。

③ 区城管办（城管行政执法局）、交通局、公路局和各街道办组建一个不少于20人的应急小组。应急小组应由具有施工及抢险经验的电工、焊工、机械工、架子工、安全员组成；应急材料应包括：警示灯、切割工具、铁马围栏、反光衣、反光桶、反光带、伸缩梯、脚手架型材、安全帽、安全绳、安全网、绝缘手套、绝缘鞋、工程抢险车、铁锹、镐、撬棍、千斤顶、电缆、配电箱、开关箱、照明灯、发电机、吊车、铲车、空压机、风炮等。

11.8 本章小结

本章以沙坪坝铁路综合交通枢纽工程为例，分别进行了沙坪坝铁路综合交通枢纽工程社会稳定风险识别、风险网络构建与演化规律分析，介绍了沙坪坝铁路综合交通枢纽工程社会稳定风险的评估目的、范围、主体和评估流程，并在此基础上对沙坪坝铁路综合交通枢纽工程的社会稳定风险进行了综合评价，并针对该案例提出了相应的社会稳定风险防范措施和应急预案。

12 重大工程项目社会稳定风险评估的政策建议

本章共包含两部分内容，解决两个问题。第一，在重大工程项目社会稳定风险评估组织架构和运行机制设计的基础上，如何在评估过程中促进政府各部门间的协同联动。第二，通过应急管理机制的构建解决社会稳定风险发生后的应急管理问题。

12.1 重大工程项目社会稳定风险多部门协同评估机制构建

12.1.1 重大工程项目社会稳定风险多部门协同评估机制构建思路

重大工程项目社会稳定风险多部门协同评估机制的构建依据问题导向，在明确谁协同评估，协同评估谁的基础上，解决如何协同评估的问题。协同评估谁，即评估的客体，是"稳评"机制建立的逻辑起点，在各地市颁布的评估文件中基本都有明确说明。例如 2012 年重庆市颁布的《重庆市发展和改革委员会重大固定资产投资项目社会稳定风险评估暂行办法》，明确规定了哪些项目需要进行社会稳定风险评估。谁协同评估，即重大工程项目社会稳定风险评估的参与主体是"稳评"机制得以顺利运转的基础，简单来讲，包括政府、项目单位、公众及第三方评估机构，政府起主导作用，项目单位负责具体实施，公众需要积极参与并反馈意见，第三方评估机构起到评估咨询的作用。而如何协同评估就是本节需要解决的问题，如何通过政府多部门的协同联动，统筹评估客体及其他评估主体，实现重大工程项目社会稳定风险评估机制的真正落地，就是接下来解决的问题。在第 7 章和第 9 章对重大工程项目社会稳定风险评估组织架构和运行机制设计的基础上，分别从评估组织和评估运行两方面研究如何促进评估过程中政府多部门的协同，并提出相应的保障措施，如图12.1所示。

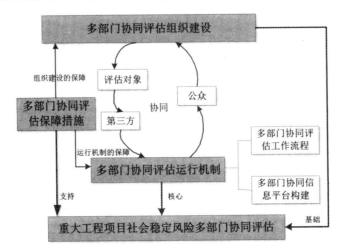

图 12.1　重大工程项目社会稳定风险多部门协同评估机制构建思路

　　结合现有的行政设置方式，在第 7 章对重大工程项目社会稳定风险评估组织架构设计的基础上，厘清参与评估过程的各主体之间的合作关系，从组织上促进政府各部门在评估过程中的协同。在第 9 章对重大工程项目社会稳定风险评估运行机制设计的基础上，构建线上的协同信息平台，在保证政府各部门相互配合、联动组织评估的同时实现评估组织、评估对象、公众、项目单位及第三方之间的协同。最后，提出重大工程项目社会稳定风险多部门协同评估的保障措施，包括强化评估考核制度、完善责任追究制度等组织建设的保障措施以及健全信息化技术等运行机制的保障措施，以保证多部门协同评估组织的合理构建以及多部门协同评估运行机制的科学运行，如图12.2所示。

　　重大工程项目社会稳定风险多部门协同评估机制构建的作用在于，最终达到前后衔接、左右协调、上下联动的评估格局，如图12.3所示，促进"稳评"机制的真正落地，从而促进重大工程项目社会稳定风险的控制由"被动"向"主动"转变，由"救火"向"防范"转变，由"事后控制"向"事前预防"转变。具体价值体现在以下几方面：

　　其一，重大工程项目社会稳定风险多部门协同评估组织的构建为"维稳"机制的真正落地奠定了基础。进一步明确了各部门在评估过程中的职责，明确了评估的责任主体，明确了决策部门、审批部门、配合部门各自的职责。从组织制度上避免了各部门相互推诿、各自为政、互相扯皮的现象发生。

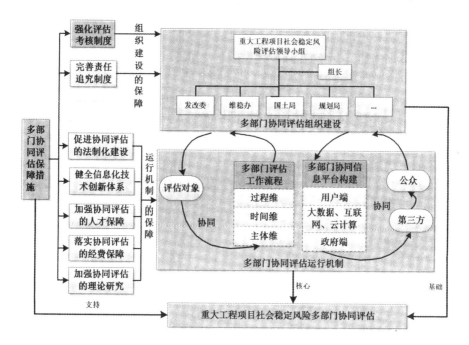

图 12.2 重大工程项目社会稳定风险多部门协同评估机制构想

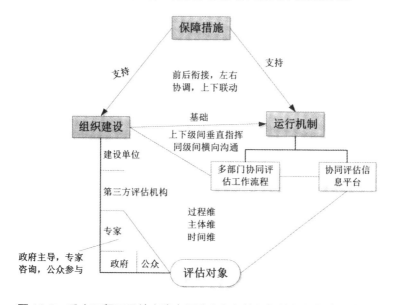

图 12.3 重大工程项目社会稳定风险多部门协同评估机制构建的作用

其二，重大工程项目社会稳定风险多部门协同评估运行机制的构建是"维稳"机制真正落地的核心途径。通过线下多部门评估工作流程的设计（第9章已详细阐述），明确在项目建设的各个阶段（时间维）、各个部门（主体维）应该评估项目的哪些方面（过程维）。将评估主体、评估阶段统筹起来的同时，建立起政府各部门间的紧密联系。通过线上协同信息平台的构建，对内有利于促进各部门上下级之间的垂直指挥以及同级间的横向沟通，对外有利于消除公众与政府间的信息不对称，为公众获取项目评估信息提供了官方渠道。

其三，重大工程项目社会稳定风险多部门协同评估保障措施的提出，有助于促进"稳评"机制的制度化、法制化，促进政府决策过程的开放化与民主化，同时为协同评估组织建设及协同评估运行机制提供人力、物力和财力支撑。

12.1.2 加强多部门评估的组织协同

以省级政府（省、自治区、直辖市）为例对已经构建的评估组织中各参与主体的类别及其之间的合作关系进行说明，从组织上加强评估过程中各主体间的协同。

重大工程项目社会稳定风险评估贯穿风险管理的全过程，评估时间长、评估涉及的内容多且评估参与的主体多。代表不同利益的各个参与主体间相互联系、相互依赖、相互作用，分别依照不同的责任分工参与重大工程项目社会稳定风险评估的工作。重大工程项目社会稳定风评估管理过程涉及的参与主体主要包括：第一类，重大工程项目建设施工的相关单位，建设单位、设计单位、施工单位、监理单位；第二类，提供评估咨询的第三方评估单位；第三类，公众，既包括因重大工程项目建设利益受影响的公众，也包括项目所在行政区域内的普通公众；第四类，政府各部门，包括负责在审批环节中逐级消化社会稳定风险的环保、发改、国土、规划等审批部门，负责相应保障及社会稳定风险应急的公安部门、民政部门、财务部门等；第五类，作为党委议事协调机构之一的维稳办，主要负责整个重大工程项目社会稳定风险评估工作的管理和协调；第六类，监督部门，由省、直辖市纪委有关人员组成，对整个评估工作进行监督。它们之间的关系如图12.4所示。

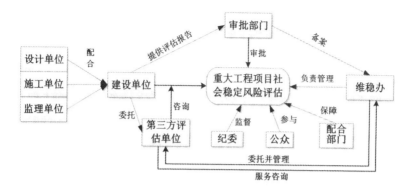

图 12.4　重大工程项目社会稳定风险评估的参与主体

12.1.3 促进多部门评估的运行协同

1. 多部门协同评估运行机制的构建思路

（1）多部门协同评估运行机制构建的目的

依据组织设计原理，组织结构建设完成后，为使组织能够发挥其作用，需要相应的运行机制作为支撑。组织运行机制是指组织的控制体系及组织运转对应的规范化流程制度，在组织运行中起到支撑作用[265]，其内容涉及组织运行中的权责分配、信息支撑、创新方式等。对于重大工程项目的社会稳定风险评估来说，多部门协同评估运行机制的构建能够支撑多部门协同评估组织的科学运行，同时也是重大工程项目社会稳定风险多部门协同评估机制的核心。多部门协同评估运行机制构建的目的主要有以下四点：

① 解决政府多部门在重大工程项目社会稳定风险评估过程中不协同的问题。在多部门协同评估组织成立的基础上，根据组织内各参与者的职能和责任设计科学规范的评估流程，明确针对不同的评估对象，在重大工程项目开展的不同阶段，不同的部门应该履行哪些不同的评估职责，促进社会稳定风险评估过程中多部门间的协同。

② 解决重大工程项目社会稳定风险评估过程中信息不协同的问题。打破多部门协同评估过程中的信息壁垒，解决政府各部门在开展"稳评"工作的过程中，评估涉及的相关信息跨部门的问题，促进评估过程中各方的信息协同。

③ 解决重大工程项目社会稳定风险评估过程中政府、公众及专家三方不协同的问题。在政府主导的社会稳定风险评估工作中，解决公众及专家获取信息难、参与程度低的问题，促进评估过程中政府、专家及公众之间的协同。

④ 依据重大工程项目建设程序分步化解社会稳定风险。目前的情况是将社会稳定风险集中在最后的决策阶段进行化解，由发改委完成重大工程项目的最终审批。这种做法是不合理的，原因如下：第一，从项目风险角度来说，重大工程项目社会稳定风险涉及环境破坏风险、宗教文化风险、拆迁补偿风险、移民风险等各个方面，因此需要环保部门、国土部门、规划部门、移民局、拆迁办等共同参与，利用其职能的专业性，共同化解社会稳定风险。第二，就行政管理范畴而言，发改委只是重大工程项目的最终审批部门，在前置审批程序缺乏的情况下，由发改委最终评判社会稳定风险的大小、决定重大工程项目是否开展是超出其职能范围的。因此，需要依据重大工程项目的建设程序，在各个部门的相互配合下分步化解社会稳定风险。

最终达到使多部门协同评估组织科学运行的目的，对风险进行联动评估、跟踪监测，从源头上化解由重大工程项目引发的社会稳定风险，广泛征求民意，科学决策。

（2）多部门协同评估运行机制构建的思路

依据重大工程项目社会稳定风险多部门协同评估运行机制的构建目的，提出多部门协同评估运行机制的构建思路。主要包含两部分内容，线下与线上协同运行。线下设计多部门协同评估的工作流程，明确在重大工程项目社会稳定风险评估的不同阶段，不同部门的评估任务及工作职责，从线下保证政府多部门间的协同，同时依靠政府的主导作用促进政府、公众及专家三者间的协同。线上设计协同评估信息平台，消除评估过程中信息传递的横向壁垒和纵向壁垒，从线上保证政府多部门间的协同，同时从线上进一步促进公众及专家的参与。

多部门协同评估工作流程的设计思路：第一，结合重大工程项目社会稳定风险的特点及协同评估的需求，从主体维、时间维和过程维三个维度来设计评估流程。第二，统筹主体维、时间维和过程维三个维度，设计重大工程项目社会稳定风险多部门协同评估的职责分工表，明确在"稳评"工作开展的不同阶段，不同的责任部门承担的评估任务及职责。第三，动态监测社会稳定风险，力求随着重大工程项目的实施，风险不断降低，实现"稳评"工作的良性循环。

协同评估信息平台的设计思路：首先，阐述多部门协同评估信息平台构建的目的；其次，依据构建目的进行多部门协同评估信息平台的功能定位；最后，依据功能定位设计多部门协同评估信息平台。

2. 多部门协同评估的线下工作流程

从项目角度来讲，评估重大工程项目社会稳定风险包含风险识别、风险评价和风险防范三个步骤，这是一种风险预测技术，预测的准确性与项目信息的掌握多少密切相关[266]。社会稳定风险识别是通过访谈法、实地调研法、文献研究等方法发现项目存在的潜在风险类型及具体的风险因素。社会稳定风险评价是在风险识别的基础上，构建合理的评价指标体系，运用定性、定量或者定性与定量相结合的方法度量社会稳定风险的大小。社会稳定风险防范是在风险识别及评价的基础上，依据风险评价的结果，判定项目可以立项、整改后立项或不能立项，并针对中高风险因素提出预防建议，即未来项目开展过程中的措施建议。同时，由于风险具有多变性，评估重大工程项目的社会风险是一个动态的过程，在项目开展前进行判断预测，以起到从源头化解风险的作用。在项目开展过程中，根据风险因素的变化不断调整修正，以起到实时监测的作用。在项目竣工验收阶段，进行项目的社会稳定风险后评价，起到总结反思以供后续案例借鉴的作用。

从评估机制的角度来讲，"稳评"工作的开展需要政府的主导、公众的参与和专家的咨询，同时也依赖政府多个部门间的相互配合，即需要政府多部门的内部协同以及政府、公众、专家三方的外部协同。因此，需要建立重大工程项目社会稳定风险多部门协同评估机制，机制包括三大模块，多部门协同评估的组织设计、多部门协同评估的运行机制以及组织和运行相对应的保障措施。为了达到在评估运行过程中，各部门间能够协同联动的目的，政府各部门"稳评"工作的流程设计需要结合项目社会稳定风险的特点以及协同评估的需要。基于以上重大工程项目社会稳定风险的特点以及多部门协同评估机制运行机制构建的需要，本研究从时间维、主体维和过程维三个维度来设计多部门协同评估过程中政府各部门的工作流程，如图 12.5 所示。

时间维。时间维是指重大工程项目建设过程中所处的不同时间阶段，包括重大工程项目立项前的筹备阶段、实施阶段和竣工验收阶段。在重大工程项目建设的整个周期中，不同的时间阶段对应不同的评估主体和评估任务。在重大工程项目的筹备阶段，需要进行事前评估，决定项目是否能够立项，达到从源头上化解社会稳定风险的目的。在重大工程项目的实施阶段，需要落实"稳评"措施，并对项目的风险变化情况进行实时监控，达到尽快发现、尽快控制的目的。在重大工程项目的竣工验收阶段，对项目的社会稳定风险进行评价，为后续项目的开展提供经验借鉴，达到动态循环的目的。

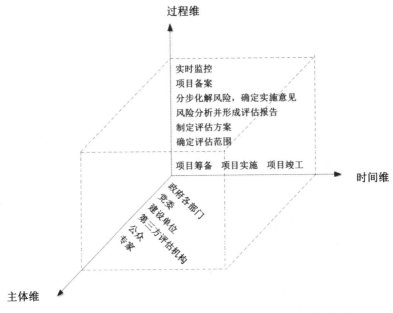

图 12.5　多部门协同评估过程中政府各部门工作流程的设计维度

主体维。主体维是指参与重大工程项目社会稳定风险评估的主体，包括评估审批部门、监督部门、保障配合部门、维稳办、建设单位、公众、专家及第三方评估单位。在项目开展所处的不同时间阶段，由不同的评估参与主体负责与其职能对应的评估任务。各方参与者的评估工作职能已经在第 7 章有比较详细的界定。总体而言，审批部门主要负责在重大工程项目社会稳定风险的审批过程中分步化解社会稳定风险。维稳办负责对整个"稳评"工作进行组织、指导及全过程管理。保障配合部门负责社会稳定风险评估过程中的财政支持及应急过程中的人力、物力和财力支持。监督部门负责对政府整个"稳评"工作进行全过程的监督，防止不合法或贪污腐败的情况出现。建设单位负责提供社会稳定风险的分析报告，并在项目开展过程中落实维稳措施。公众需要在社会稳定风险评估过程中行使参与权、决策权和监督权，充分表达意见，主动维权。专家及第三方评估单位在评估过程中起到咨询的作用，发挥其专业优势，在建设单位及评估领导小组的委托下对重大工程项目的社会稳定风险进行分析评估。

过程维。过程维是指在项目建设实施的不同阶段，不同的评估主体，包括政府各部门、公众、专家、建设单位及第三方评估机构应该遵循的流程，共分为 6 步，在 9.2.5 中已经详细阐述，此处不再赘述。

结合重大工程项目社会稳定风险评估开展的三个维度，主体维、时间维和过程维，表 12.1 详细列举了在项目开展的不同阶段"稳评"对应的具体评估任务，以及评估任务对应的参与部门的主要工作职责。以重大工程项目社会稳定风险评估为核心，通过各个部门间的相互配合、相互协同，形成一个有机整体，共同完成重大工程项目社会稳定风险评估工作，从源头上防范社会稳定风险的发生，维护社会稳定。

表 12.1　重大工程项目社会稳定风险多部门协同评估的职责分工表

	评估任务	评估主体														
		建设单位	公众	第三方评估	审批部门					维稳办	保障部门			监督部门		评估小组长
					国土	规划	环保	……	发改委		民政	财务	……	检察院	纪检	
项目筹备阶段	确定评估范围	配合	\	\	\	\	\	\	\	主导	\	\	\	监督	监督	\
	制定评估方案	\	\	\	配合	配合	配合	配合	配合	主导	配合	配合	配合	监督	监督	\
	搜集基础资料	配合	配合	配合	\	\	\	\	\	主导	\	\	\	监督	监督	\
	民意调查征询	配合	参与	配合	\	\	\	\	\	主导	\	\	\	监督	监督	\
	风险分析评价	配合	参与	配合	\	\	\	\	\	主导	\	\	\	监督	监督	\
	编制评估报告（含风险防范策略）	配合	\	配合	\	\	\	\	\	主导	\	\	\	监督	监督	\
	用地审批	\	\	\	审批	\	\	\	\	配合	\	\	\	监督	监督	\
	规划选址审批	\	\	\	\	审批	\	\	\	配合	\	\	\	监督	监督	\
	环境评价审批	\	\	\	\	\	审批	\	\	配合	\	\	\	监督	监督	\
	……	\	\	\	\	\	\	\	\	配合	\	\	\	监督	监督	\
	项目立项初步审批	\	\	\	\	\	\	\	审批	配合	\	\	\	监督	监督	\
	项目备案及风险再评估	配合	参与	配合	配合	配合	配合	配合	配合	主导	配合	配合	配合	监督	监督	\
	评估结果公示及公众意见再征询	\	参与	\	\	\	\	\	\	主导	\	\	\	监督	监督	\
	形成最终决策意见（是否能立项及实施意见）	\	\	\	\	\	\	\	\	配合	\	\	\	监督	监督	决策
项目实施阶段	落实维稳措施	配合	\	\	配合	配合	配合	配合	配合	主导	配合	配合	配合	\	\	\
	风险跟踪监测	配合	\	\	配合	配合	配合	配合	配合	主导	配合	配合	配合	\	\	\
	新风险点的应对	配合	\	\	配合	配合	配合	配合	配合	主导	配合	配合	配合	\	\	\

续表

评估任务	评估主体														
	建设单位	公众	第三方评估	审批部门					维稳办	保障部门			监督部门		评估小组组长
				国土	规划	环保	……	发改委		民政	财务	……	检察院	纪检	
竣工验收阶段 项目风险后评价	配合	\	配合	\	\	\	\	\	主导	\	\	\	\	\	\
评估工作的责任追究	配合	\	配合	配合	配合	配合	配合	配合	配合	配合	配合	配合	配合	配合	主导
评估工作的经验总结	\	\	\	配合	配合	配合	配合	配合	主导	配合	配合	配合	配合	配合	决策

注：表格中省略号的意思是依据重大工程项目的基本建设程序，结合不同重大工程项目的类型，对应职能的审批部门对重大工程项目进行分步审批，在审批过程中不断进行反馈，逐步消化社会稳定风险。

事实上，上述重大工程项目社会稳定风险的评估过程并非静态的，从项目风险管理的角度来看，风险识别与分析、风险预测与评价、风险跟踪与监控、风险预警与应急应形成一个动态循环的闭环流程，如图12.6所示。在整个建设全寿命周期中，重大工程项目各阶段的建设在上一阶段社会稳定风险的管理中借鉴经验、吸取教训，风险因素的数量和风险发生的概率会不断降低，"稳评"工作也会在一次次的实践中向更专业、更科学的方向发展。

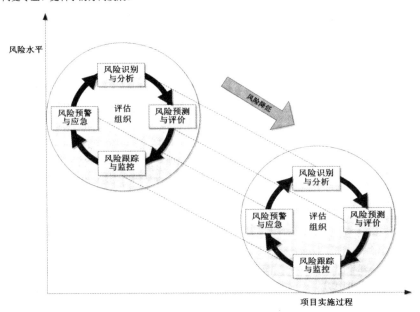

图12.6　重大工程项目社会稳定风险评估动态循环过程

3. 多部门协同评估的线上运行——信息平台的构建

（1）多部门协同评估信息平台构建的目的

美国政府建立了"Data.Gov"网站，该网站的建立为公众参与政府决策和数据的整合提供了良好的平台。自2009年网站建立至2011年底，该

网站共公开了 3721 项原始数据、386429 项地理数据、数据可视化应用达
1570 个[267]。在全球信息日趋透明化的互联网时代，中国政府在信息共享
平台及电子政务的建设方面也渐行渐稳。2013 年中国政府出台了《当前政
府信息公开重点工作安排》，显示了中国政府在信息的采集、处理和应用方
面的做法日渐成熟。对于重大工程项目社会稳定风险评估来说，也应该进
一步考虑如何通过信息共享平台的搭建实现数据的存储、挖掘与应用，为
"稳评"工作的参与各方之间的协同提供技术保障。由此，本研究提出搭建
多部门协同评估信息平台，其目的主要有以下三点：

第一，提供信息共享服务，促进政府、公众及第三方评估机构三者之
间的协同。对于重大工程项目社会稳定风险评估来说，需要政府、公众及
第三方评估的共同参与。例如宁波 PX 项目，虽然按照环保部门的要求采
用先进的清洁工艺，执行严格的排放标准，最终通过了环评。但是当地不
少民众仍然上访反映，并且静坐、堵路、拉横幅反对项目的开展，最后演
变成为聚众闹事、故意毁坏公众财物，严重影响社会秩序。反思造成群体
性事件爆发的原因，在于缺乏有效的民意沟通环节，公众和政府间存在严
重的信息不对称，没有保证民众的知情权和参与权。而信息平台的建立为
公众和专家获取项目"稳评"的相关数据与信息提供线上渠道。多部门协
同评估领导小组专门建立"稳评"门户网站，政府各部门定期将重大工程
项目的评估范围、评估主体、评估方案、评估结果及实施建议上传，为公
众提供一个便利的信息获取、意见表达及实施监督的平台。利用线上渠道
方便、快捷、易获取的特点促进公众及专家对"稳评"工作的积极参与，
减少由于公众与政府间的信息不对称造成的项目开展的阻力，取信于民，
聆听群众的意见反馈并获得群众的支持。

第二，消除横向壁垒，从线上保证参与评估的多部门间的协同。政府
作为重大工程项目社会稳定风险评估的主导者，需要多部门间的协同联动
来保证"稳评"工作的真正落地。由于与项目相关的"稳评"信息和数据
存在于各个部门，又由于各个部门使用各自的线上办公系统，造成政府各
部门在"稳评"工作协同过程中的横向壁垒。多部门协同评估信息平台的
构建可以有效消除各部门在"稳评"过程中的信息和数据壁垒，通过对内
统一的"稳评"办公系统的运用，使参与"稳评"的各方均可以登录用户
端，获取项目相关的信息、数据、审批状态及信息反馈。力求在保障信息
安全的前提下，使数据能够在政府各部门、公众、建设单位及第三方之间
得以盘活。

第三，消除纵向壁垒，实现重大工程项目相关数据的存储、挖掘与应

用。个别地区、个别项目的"稳评"相关数据可能无法找寻出其中的规律，但是，通过跨年度、跨地区的重大工程项目相关"稳评"数据和案例的积累，将会呈现出很多内在规律，如社会稳定风险的演化机理、公众对社会稳定风险的感知、公众对政府的信任变化等。因此，多部门协同评估信息平台的搭建将有利于这些宝贵案例和数据的储存，从而为"稳评"机制的学理研究提供案例，通过对这些案例的整合和研究，更好地预测未来，同时为"稳评"机制的实践提供学理支持和政策制定的依据。

（2）多部门协同评估信息平台的功能定位

依据重大工程项目社会稳定风险建设的目的提出多部门协同评估信息平台的功能定位，主要包括三大模块功能，如图 12.7 所示。

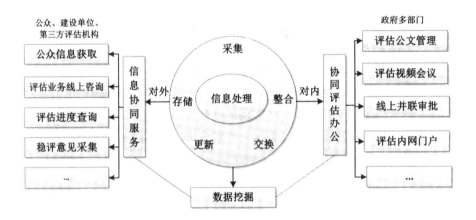

图 12.7　重大工程项目社会稳定风险多部门协同评估信息平台的功能模型

第一，对参与"稳评"工作的政府多部门来说，通过"稳评"专门的 OA 办公系统实现各部门的线上协同办公，通过网络办公系统完成重大工程项目的线上审批、审批流程查询等，实现重大工程项目的相关文件及信息的存储。如环保部门做出的项目环评审批结果及社会稳定风险审批反馈意见可以被其他各部门通过线上的协同办公系统查询，从而克服重大工程项目的相关评估信息是跨部门的问题。同时通过协同办公系统进行"稳评"工作的线上公文管理、会议管理及日常工作事务管理等，实现政府内部各部门间的线上协同评估风险及信息资源共享。

第二，对公众来说，通过重大工程项目社会稳定风险评估门户网站实现查询"稳评工作"的机构设置、浏览相关政策法规、获取项目"公示信息"的功能。协同评估信息平台成为沟通政府与公众的良好桥梁，有力推动重大工程项目社会稳定风险评估过程中的公众参与。

第三，对建设单位来说，可以通过协同评估信息平台查询项目的审批结果、审批进度及政府相关部门的反馈意见，可以有效提高项目社会稳定风险评估过程中的审批效率。

第四，对于整个"稳评"工作而言，可以借助协同评估信息平台存储的大量项目历史数据进行数据挖掘，为"稳评"的学理研究提供了宝贵的案例和数据，从而进一步促进"稳评"工作的良性发展。

（3）多部门协同评估信息平台的实现

重大工程项目社会稳定风险多部门协同评估信息资源整合的概念框架是根据多部门协同评估信息平台的功能定位提出来的，如图12.8所示，共包括三个维度，信息资源维度、基础业务维度和应用服务维度。信息资源维度代表"稳评"资源整合的广度，包括重大工程项目社会稳定风险评估过程中产生的各种信息，表达"稳评"资源整合的范围。基础业务维度是指"稳评"资源整合的层次，即"稳评"工作任务的分层集成框架，表达"稳评"资源集成整合的高度。应用服务维度代表"稳评"信息资源利用的深度和效率。

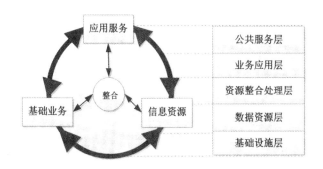

图12.8　重大工程项目社会稳定风险多部门协同评估信息资源整合概念框架

依据重大工程项目社会稳定风险多部门协同评估信息资源整合的概念框架，将"稳评"业务信息资源管理分为5个层次，包括基础设施层、数据资源层、资源整合处理层、业务应用层和公共服务层。基础设施层是"稳评"业务线上服务所需要的相关基础设施，包括服务器、存储和网络等。数据资源层从"信息"和"数据"两方面描述"稳评"过程中涉及的所有业务。资源整合处理层是将数据资源进行"信息化"加工处理的过程。业务应用层体现"稳评"线上工作的核心业务，主要面向政府多部门内部，是对信息进行利用的过程。公共服务层面向信息协同平台的各类用户，包括公众及建设单位，各类用户可以应用该层提供的服务进行信息的获取和交互。

依据协同评估信息资源整合概念框架，本研究建立重大工程项目社会
稳定风险多部门协同评估信息整合"云服务"模型，如图 12.9 所示。从服
务类型来看，可以将"云计算"提供的服务模式分为三种，基础设施即服
务 IaaS（Infrastructure as a Service）、平台即服务 PaaS（Platform as a Service）
和软件即服务 SaaS（Software as a Service）。

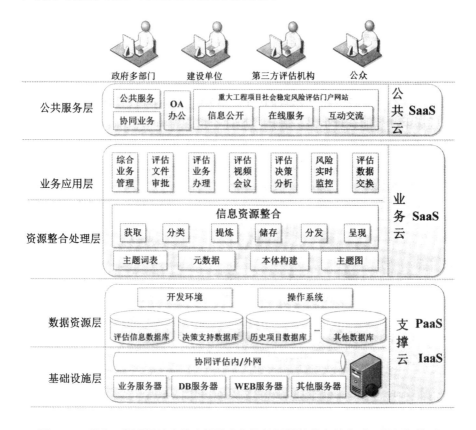

图 12.9　重大工程项目社会稳定风险多部门协同评估信息整合"云服务"模型

IaaS 对应线上评估管理的基础设施层，通过虚拟化技术，将各类服务
器、存储和网络等基础设施资源进行整合，提供给各政府部门使用。政府
各部门可以通过评估专网从"云平台"获取需要的基础设施资源用来搭建
自身应用，从而避免了基础设施的重复购置，极大地提高了利用效率。

PaaS 对应在线评价管理的数据资源层，该服务向用户提供应用程序所
需的操作环境，包括系统运行所需要的操作系统、开发环境和系统运行各
种数据库，起到承上启下的作用。利用云存储技术和分布式处理技术实现

海量数据的存储及处理，同时政府各部门利用服务方提供的相关接口可以直接部署评估任务的各项应用。

SaaS 对应线上评估管理的资源整合处理层、业务应用层和公共服务层，将评估应用进行整合，直接向最上层用户提供服务。对于资源整合处理层，通过融合各部门的数据，实现数据的共享，按照获取、分类、提炼、存储、分发、呈现的流程对基础数据进行整合，为公共服务层提供数据支撑。对于业务应用层，通过融合各部门的评估业务，实现业务的整合，包括综合业务管理、评估文件审批、评估业务办理、评估视频会议、评估决策分析等主要业务，为公共服务层提供业务基础。政府各部门可以通过网络或者接口直接使用评估应用，减少了部门间的重复开发，节省维护费用。对于公共服务层，SaaS 为政府各部门提供 OA 办公平台、协同业务等，同时通过重大工程项目社会稳定风险评估门户网站进行信息公开，为建设单位和公众提供评估信息和数据。

通过重大工程项目社会稳定风险多部门协同评估信息整合"云服务"模型提供的三种服务模式，实现了线上政府多部门之间的协同评估，同时也促进了政府、公众及专家三者之间的沟通与协同。需要特别说明一点，与重大工程项目社会稳定风险评估相关的政府各部门可能未进行专业的信息技术人才的储备，可以采用外包购买的方式实现"稳评"工作各部门间的线上协同。

12.1.4 多部门协同评估的保障措施

本节从加强多部门协同评估的组织建设和保障多部门协同评估科学运行两个角度分别提出多部门协同评估组织建设的保障措施和多部门协同评估运行机制的保障措施，包括强化评估考核制度、完善责任追究制度、建立备案与审查制度、促进协同评估的法制化建设等。

1. 强化评估考核制度

对于重大工程项目社会稳定风险评估过程中出现的应评未评或评估走过场的现象，需要通过考核才能暴露问题，在考核结果的基础上进行责任追究及"稳评"工作的持续改进。因此，重大工程项目社会稳定风险多部门协同评估考核制度的建立非常必要，并且应该将评估考核纳入"稳评"日常工作的一部分，而不是在群体性事件暴发后问各方之责。即使重大工程项目顺利开展，其间未暴发社会稳定风险，也应对政府的"稳评"工作进行日常考核，评估考核是发现问题的前提。建议将社会稳定风险多部门协同评估工作纳入各级地方政府的政绩考核中，将"稳评"工作的考核成绩与各级政府的政绩考核结果挂钩，可以有效提高各级政府对"稳评"工作的重视程度，同时考核结果也可以对多部门协同参与社会稳定风险评估起到激励作用。

关于重大工程项目社会稳定风险多部门协同评估考核制度的具体建立需要明确评估考核的主体、客体及考核内容。评估考核的客体，即谁被考核，是各级政府成立的评估领导小组。评估考核的主体，即谁来考核，评估考核的内容，即考核什么。各级政府成立的评估领导小组需要接受来自与其平行的司法机关的监督考核，此处的考核内容为评估过程中的合法性，同时需要接受来自上一级政府成立的评估领导小组的考核，此处的考核内容为评估的成效，即评估中存在的问题、不足、仍需改进的地方。如市评估领导小组需要接受市司法机关关于评估合法性的考核监督和省评估领导小组关于评估成效的考核。为将考核落到实处，可以将考核结果公示并评比，对"稳评"工作开展成效较好的各级政府及部门给予奖励，并将其"稳评"工作的开展经验总结推广。为使考核更加科学客观，还可以建立内部考核的指标体系，避免考核过程中的徇私舞弊及主观臆断。

2. 完善责任追究制度

重大工程项目社会稳定风险的责任追究制度主要可以分四步展开：第一，识别重大工程项目社会稳定风险管理利益相关者。重大工程项目社会稳定风险管理利益相关者是指在项目建设运营过程中，一旦发生危害社会稳定和谐发展的事故，其利益就会受到损害的组织或个人，可分为五大类，即政府委托人、项目代理人、社会委托人、政府监督人和社会监督人。第二，构建重大工程项目社会稳定风险管理绩效评价体系。以重大工程项目社会稳定风险的管理目标为根据，按照管理的内容、范围进行评价指标体系的构建。一级指标层又可以称作系统层，其指标的主要作用适用于明确绩效评价的基本方向；二级指标层又可以称作要素层，是对上层指标的进一步细化的详细描述；三级指标层又可以称作指标层，用来详细描述上层要素需要评价的各个方面。第三，识别重大工程项目社会稳定风险与厘定责任。在重大工程项目的建设运营过程中，如果发生影响社会稳定和谐发展的事故或者风险管理绩效评价结果显示管理效果较差时，管理者应该按照法律规定和合同约定的权利与义务，遵循"权责一致原则"，根据和重大工程项目社会稳定风险有关的各种资料，厘定建设项目各方的责任，并明确承担责任的方式。原因主要有：一是发生社会稳定风险或者风险管理绩效较差，往往是由于项目利益相关者没有按照合同约定或者法律规定进行建设运营活动，应当追究各方责任；二是重大工程项目建设运营过程中的各个参与方的权利和义务，在各个合同中的激励约束措施和风险分担方案中已经明确，如果对社会稳定和谐发展造成了威胁，就可以根据"权责一致原则"追究各个主体的责任。第四，启动问责程序。责任追究机制是一套结合重大工程项目的实际情况制定的公平、公正、公开的制度，其具体原则包括权责一致原则、法定原则、平等原则等。在重大工程项目建设运营过程中，一旦发生了社会稳定风险事故，就可以启动重大工程项目社会稳定风险问责程序，追究各方的经济、法律等责任，并可以由委托人来实现责任纠偏。

3. 建立备案与审查制度

由于地方政府很难因为社会稳定风险问题而自我否定管辖区内的重大工程项目，从而导致评估工作"走过场"的情况发生。那么可以考虑重大工程项目社会稳定风险评估的结论及开展建议向上一级评估领导小组备案审查，某些体量巨大、影响深远的重大工程项目可以考虑提交中央维稳办备案审查。虽然如此一来可能需要花费更长的审核时间，但是从长远来看仍然是值得的。第一，从重大工程项目开展的角度来看，在项目评估阶段多花一些时间进行论证可以避免因评估不准、决策失误而导致的社会稳定风险的暴发，既提高工作效率，又降低维稳成本。第二，从"稳评"工作的开展来看，每个重大工程项目社会稳定风险评估的备案审查可以为线上数据库的构建提供案例，避免数据信息的丢失。而这些历史数据的收集，从纵向上看，可以为社会稳定风险评估的学理研究提供案例支撑，理论成果的产生又可以指导"稳评"工作的实践。从横向上看，总结每次评估工作的经验及教训，结合考核制度和责任追究制度，将改进措施细化到各个职能部门，以实现更有针对性地提升多部门间的协同。

4. 促进协同评估的法制化建设

法律程序具有公开性、民主性、结果公正性及自律性的特点，能够促进社会稳定风险评估过程的民主化、决策结果的理性化及权力控制的程序化。对于重大工程项目社会稳定风险多部门协同评估机制而言，通过正当法律程序的引入，塑造"稳评"机制的合法性与正当性，可以有效解决社会稳定风险决策与民主化的矛盾，将直接促进政府决策的公众可接受性，是政府部门有效应对由重大工程项目引发的社会稳定风险的关键。因此，为了保障多部门协同评估机制的科学运行，应尽早开展社会稳定风险评估立法的可行性研究，争取早日立法。

鉴于维稳属于政府的职责，可以依据宪法，考虑先由国务院制定重大工程项目社会稳定风险评估的行政法规，再搜集整合各地市社会稳定风险评估开展的经验，待制定法律的条件成熟时，提请全国人大及其常委会制定重大工程项目社会稳定风险评估的法律。当然，在"稳评"相关法律出台之前，首先应考虑现有法律的修订问题，以免出现相互冲突的情况。如在《行政许可法》中明确"稳评"作为重大工程项目审批的前置条件，将重大工程项目社会稳定风险评估纳入行政许可的范围内。此外，在《环境影响评价法》中补充"稳评"的相关内容，以法律的形式明确重大工程项目社会稳定风险评估与环境评估相衔接的依据。同时，在《突发事件应对法》中增加"稳评"的相关条款。虽然《突发事件应对法》自 2007 年开始实施至今，在控制突发事件带来的社会危害方面成效显著，但是在突发事件预防方面的作用略显不足。如果在《突发事件应对法》中增加"稳评"的相关内容，能够实现应急管理与社会稳定风险源头治理的有机结合，真正实现预防为主，预防与应急相结合的管理格局，最大限度从源头上化解由重大工程项目引发的社会稳定风险，降低其带来的危害。

5. 健全信息化技术创新体系

协同信息平台的搭建对重大工程项目社会稳定风险评估过程中信息的横向和纵向壁垒的消除起着重要的作用。从横向来看，多部门间的数据及信息共享，从技术上促进了各部门的协同联动，有利于打破部门间的行政壁垒。从纵向来看，项目相关数据信息的保存可以为"稳评"的理论研究提供案例，通过理论研究更加清晰社会稳定风险的演化规律、公众对风险感知的变化规律，从而为"稳评"工作的落地提供政策建议。因此，为了保障多部门协同评估机制的科学运行，需要健全信息化技术创新体系，为协同信息平台的搭建提供保障。

从人才、技术、制度三方面来健全信息化技术创新体系，保障协同信息平台的搭建，引进并培育素质高、专业性强的数据挖掘、数据分析、软件维护人才，配置先进、适用、快捷的硬件设施，并在相应制度的依托下，大力发展"稳评"的电子政务，为"稳评"工作提供信息获取、数据分析、线上审批及信息共享的渠道。我国政府一般采用通过外包购买软件后自行进行管理的方式，而国外会将合同延期至后期的运营维护。这样的做法拉长了技术提供方的服务链条，既可以转变政府的职能，只需要做好技术供应商的遴选即可，又可以满足服务商盈利的目的。同时这一做法也体现了另一层面的协同治理，参与协同的政府多部门与协同软件供应商在"稳评"工作电子政务开展过程中的协作，共同降低协同成本，保障重大工程项目社会稳定风险评估信息化建设的持续推进。

除了在"稳评"工作电子政务的推进及"稳评"过程中数据的获取与

挖掘两方面充分利用信息化技术以外，在信息公示即公众信息获取方面也要充分利用新媒体。涉及重大工程项目的评估信息要通过官方网站、官方微博以及区域内的主流电台多时段、多频率地发布，表达方式除了文字以外，可以多采用表格、流程图等，同时展示公众意见类型、意见分布及采纳情况，用数据说话，以保证公众能够通过多种渠道获取官方信息。

6. 加强协同评估的人才保障

人才建设是重大工程项目社会稳定风险多部门协同评估工作顺利推进的重要保障。为了保障多部门协同评估机制的科学运行，可以从两方面的人才管理展开，一是政府相关部门社会稳定风险评估的人才保障；二是第三方评估机构中专家的遴选和管理。关于政府相关部门社会稳定风险评估的人才保障，首先，评估领导小组中的成员要进行筛选，保证各个所需职能的成员都具备的同时，也要选择责任心强、综合素质高、业务能力强的成员。其次，评估领导小组需要定期组织组内成员进行多层次、多类型的业务培训，培训方式可以包括举办培训班、现场观摩、走访群众等。通过多种方式的继续教育让评估成员深入了解重大工程项目社会稳定风险评估工作开展的必要性和重要性，进一步熟悉"稳评"的基本流程和评估方法，提高评估报告的审核能力和编制水平。此外，评估领导小组需要将社会稳定风险评估作为一门课程来学习，讨论如何促进多部门之间的联动协同、如何促进公众及专家的参与、如何提升公众对政府的信任等。最后，将人才保障的一系列措施与评估考核制度和责任追究制度相呼应，在评估实践和评估培训的过程中考核评估学习和实践的效果，并给予相应的奖罚。

关于第三方评估机构中专家的遴选和管理。建议整合现有资源，组建重大工程项目社会稳定风险评估专家库，并实行人员的动态管理，专家库的建立及更新是重大工程项目社会稳定风险科学评估的重要保障。首先，专家的选择，以专业化程度高和实践经验丰富优先，可以选择各省市相应高校或科研院所中从事社会稳定风险评估研究的相关专家。其次，专家的管理，除了对政府相关部门的稳评成员进行考核外，也需要定期对第三方评估机构的专家进行定期考核及更新。通过考核其近5年的理论研究成果及实践成果，对专家库的现有成员进行一定的淘汰和补充。最后，政府需要给予专家支持，在制度上鼓励并且保证专家咨询的同时，还需要将与项目相关的真实全面的信息反馈给第三方评估机构，为其科学评估提供制度及信息上的保障。

7. 落实协同评估的经费保障

重大工程项目社会稳定风险多部门协同评估工作的开展需要一定的

经费投入与支持。从长远来看，"稳评"工作的开展是为了从源头上化解由重大工程项目引发的社会稳定风险，目的是减少由项目建设造成的群体性事件的发生，从而减少人员伤亡和财产损失。因此，经费的投入不会导致建设成本的增加。为了保障多部门协同评估机制的科学运行，必须给予重大工程项目社会稳定风险多部门协同评估工作有力的财政保障，将因"稳评"工作开展产生的支出列为项目必需的支出。

各级财政部门设立评估工作的专门经费，用于评估协同信息平台的搭建、社会稳定风险的调查、走访及组织第三方评估机构开展评估、论证等。在多部门协同评估领导小组的统一指导下，制定重大工程项目社会稳定风险评估经费管理办法，切实保障多部门协同评估工作的开展。

8. 加强协同评估的理论研究

从逻辑关系上看，有针对性地防范重大工程项目社会稳定风险的发生，需要清楚重大工程项目社会稳定风险的发生机理。科学有效地评估社会稳定风险首先要设计一套合理完整的评估机制框架。有效避免群体性事件的发生，需要在学理上阐明公众反对重大工程项目建设的主要原因。促进公众对政府的信任，首先要加强公众对政府公信力脆弱性的研究，构建风险感知—风险沟通—公共信任的理论分析框架。实践在理论的指导下才能科学有效，避免盲目。

因此，为了保障多部门协同评估机制的科学运行需要加强协同评估的理论研究，在研究成果的指导下进行评估实践。成功的实践结果可以验证协同评估理论，某一失败的实践过程，可以通过找出其中出现的问题并进行分析实现实践案例的改进，同时进一步丰富理论研究，理论研究又可以再一次指导评估实践，起到正向反馈、动态调节的作用，理论和实践的关系如图 12.10 所示。

为了达到协同评估理论与实践之间的正向反馈、动态调节作用，必须加强重大工程项目社会稳定风险协同评估的理论研究。包括学理上促进多元主体协同评估社会稳定风险的研究，多部门间利益协调机制的研究，公众参与重大工程项目社会稳定风险评估的方式方法的研究等。为加强协同评估的相关理论研究，可以通过政府和高校合作的方式，产学研相结合，政府为高校提供重大工程项目社会稳定风险评估的案例及现状，高校以问题为导向进行相关研究，并将研究成果反馈给政府，政府采纳以进行实践应用。不仅可以丰富重大工程项目社会稳定风险评估的相关理论，也使重大工程项目社会稳定风险评估的实践更加科学有效，促进"稳评"机制的良性发展。

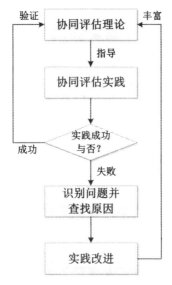

图 12.10 协同评估实践与理论之间的关系

12.2 社会稳定风险的应急管理机制

由于重大工程项目除具有一般工程项目的不可逆转性、目标性、特定性等特征之外，还具有建设周期长、投资规模大、利益主体多、社会影响深远等特点，同时重大工程项目社会稳定风险事件主体的多元性、事件后果的严重性、事件表现形式的复杂性、事件的传播效仿性、事件处置难度大等特点，使得针对社会稳定风险的防控工作变得复杂、困难。而重大工程项目社会稳定风险的发生，会在一定程度上给社会秩序、公众安全、项目开展等带来巨大的影响，通过科学的应急管理不仅能够有效地降低社会稳定风险事件所产生的负面影响，还能最大限度地实现工程项目目标。因此，基于重大工程项目社会稳定风险视角，研究重大工程项目社会稳定风险应急管理不仅具有一定的理论意义，而且还有着十分重要的现实意义。

本研究在对应急管理概念、原则和内容研究的基础上，基于"一案三制"的应急管理体系，即重大工程项目社会稳定风险应急预案、重大工程项目社会稳定风险应急管理体制、重大工程项目社会稳定风险应急管理机制及重大工程项目社会稳定风险应急管理法制四个方面，对重大工程项目社会稳定风险应急管理进行详细的阐述。

12.2.1 社会稳定风险应急管理概述

1. 社会稳定风险应急管理的概念

应急管理最早出现在战争中，用来规避战时敌国的致命军事打击。然而在当代，战争发生的概率非常小，非传统安全因素受到民众广泛的关注，对于突发事件的处理逐渐应用应急管理。对于应急管理的概念，美国应急管理署认为："应急管理是对所有危险影响进行分析、规划、决策和调配以便进一步地减缓、准备、响应和恢复。"联合国国际减灾战略在《术语：灾害风险消减的基本词汇》中提出，应急管理是"对应急事务资源和责任进行组织和管理，尤其是准备、响应和恢复，应急管理包括各种计划、组织和安排，以综合和协调的方式整合政府、志愿者和私人机构的正常工作，以满足各种紧急需要，包括预防、响应和恢复"。美国国土安全部在 2007 年的《术语》中定义，应急管理是建立、维持和增强一系列能力必需的所有活动的协调和整合，包括针对潜在或现实的灾害或准备、响应、恢复和缓解紧急情况的措施。考虑到上面提到的各种定义，我们可以得出：第一，应急管理针对各种突发事件，无论是自然因素、人为因素还是技术因素所导致的；第二，应急管理包括准备、响应、恢复和减缓四个过程；第三，应急管理的本质是协调与整合。

结合本研究所述的重大工程项目社会稳定风险评估过程中产生的群体性事件的特点，对重大工程项目社会稳定风险的应急管理定义为：应急管理是指重大工程在建设的全寿命周期过程中，由于征地拆迁、环境污染等因素可能导致社会公众的强烈不满，进而引起群体性事件的突然暴发，为了降低重大工程项目社会稳定风险发生的可能性，通过重大工程项目社会稳定风险应急管理，即协调、整合各种资源，对重大工程项目建设过程中潜在和显在的影响社会稳定的突发性事件的准备、响应、恢复与减缓，最大可能地降低社会稳定风险给社会带来的损失。

2. 社会稳定风险应急管理的原则

结合重大工程项目的特点，研究重大工程项目社会稳定风险应急管理建设的基本原则对探索应急管理的具体内容具有重要意义，除了保证社会稳定风险应急管理机制建设工作的顺利开展，还必须保证机制建设完成后投入使用的有效性和合理性。具体而言，重大工程项目社会稳定风险应急管理的原则主要有以下几方面：

（1）防治结合的原则

"防治结合，以防为主"是重大工程项目社会稳定风险应急管理的基本原则。重大工程项目社会稳定风险应急管理包括预防和响应两部分工作，但是管理者往往更看重风险事故发生时的响应工作，却忽视了风险事故发生前的预防工作。而在风险事故发生前，采取科学有效的风险预防工作，能够有效降低、转移、分担社会稳定风险，还可以在风险事故发生的情况下将损失降到最低，在满足重大工程项目建设目标的同时，促进社会稳定和谐发展。

（2）以人为本的原则

为了尽可能降低社会稳定风险发生的概率或者将事故发生后的损失降到最低，重大工程项目社会稳定风险应急管理工作在开展过程中应做到：以服务广大人民群众为最高原则，保护生态环境，保障社会公众的人身、财产安全，促进社会稳定和谐发展。

（3）法律至上的原则

重大工程项目在建设运营过程中，必须按照法律规定或者合同约定开展建设活动，一定程度上才能对重大工程项目的建设活动进行规范，尽可能地减少社会稳定风险的发生，也便于事故发生后追究各方责任。

（4）政府主导的原则

在重大工程项目社会稳定风险应急管理的过程中，政府部门应当扮演主要角色，在重大工程项目社会稳定风险应急管理机制的建设过程中发挥主要作用。

（5）整体联动的原则

在重大工程项目社会稳定风险应急管理的过程中，我们坚持"政府主导原则"，但并不是说由一个独立的政府部门就可以独自完成应急管理工作，还需要政府内部的各个部门之间，协同政府外部的众多利益主体共同实现重大工程项目社会稳定风险应急管理目标。

3. 社会稳定风险应急管理的内容

对于重大工程项目社会稳定风险应急管理而言，其主要活动有减缓、准备、响应与恢复四个过程阶段，如表 12.2 所示。具体来说，减缓是指为了控制社会稳定风险的风险源和降低社会系统脆弱性而开展的活动，一是为了从社会稳定风险的源头上进行风险预防；二是为了在风险事故发生时限制事故发生所造成的影响。准备是指在减缓的基础上，为了增强应急组织应对社会稳定风险应急的能力而开展的活动，包括人员、资金、物质等重要资源的储备，"一案三制"是本研究准备活动的核心内容，如图 12.11 所示。响应是指在社会稳定风险事故发生时，为了尽可能地将其造成的损失降到最低，保障人民群众人身、财产的安全，避免次生灾害的产生而采取的行动，比如说启动重大工程项目社会稳定风险应急管理预案等。恢复是指按照重大工程项目社会稳定风险应急管理办法，将失稳系统恢复到原来状态的活动。

表 12.2 应急管理四个阶段的主要活动

阶段	主要活动
减缓	颁布法规、建立健全应急管理制度、公众教育、公共信息、保险等
准备	应急响应计划、疏散计划、应急沟通、公众教育、资源储备等
响应	协调中心、损失评估、动员资源、迅速提供救助等
恢复	金融支持、研究经济影响、评估发展计划、开始重建任务等

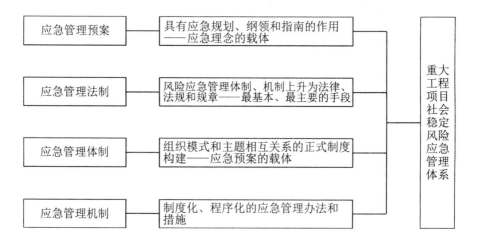

图 12.11 重大工程项目社会稳定风险应急管理体系

12.2.2 重大工程项目社会稳定风险应急预案

应急预案又可以称作应急计划，是指政府有关部门、社会团体、企事业单位事先预定的工作计划，尽可能预防和控制可能发生的事故，尽量减少事故发生的可能性和造成的损失[268]。而重大工程项目社会稳定风险应急预案是指政府或者重大工程项目的建设单位、施工单位等利益相关者为了有效预防和控制可能发生的重大工程项目社会稳定风险事件，最大程度地减小风险事件发生的可能性和风险事件发生时所造成的严重后果，以重大工程项目社会稳定风险的风险源的评价和风险事件的预测结果为依据而预先制定的一整套风险事故处理和抢险救灾方案，为保证重大工程项目社会稳定风险事故应急救援活动迅速、有序、准确、有效地开展提供指南。

1. 重大工程项目社会稳定风险应急预案的编制目的

编制重大工程项目社会稳定风险应急预案的目的是有效预防和控制重大工程项目社会稳定风险事故的发生，或者在威胁社会稳定、影响社会和谐发展的事故发生时，能够尽快协调各应急管理部门，采取相应的应急措施，控制重大工程项目社会稳定风险的放大，尽可能减少社会稳定风险造成的损失，减少次生灾害的发生，提高政府、企业以及人民群众的风险防范意识，保障广大人民群众的人身和财产安全。

2. 重大工程项目社会稳定风险应急预案的编制内容

重大工程项目社会稳定风险应急预案是重大工程项目社会稳定风险应急管理的文本载体，是重大工程项目社会稳定风险应急管理工作的指导文件，其内容不应仅仅包括社会稳定风险事故发生过程中的应急响应和应急救援措施，还应该包括社会稳定风险事故发生前的社会稳定风险应急准备和社会稳定风险事故发生后的紧急控制与恢复以及社会稳定风险事故结束后社会稳定风险应急预案的管理和更新等。据此，重大工程项目社会稳定风险应急预案的主要内容包括以下几方面：

（1）应急机构署名页。在重大工程项目社会稳定风险应急预案中，应该包含各个相关组织机构及其负责人（或委托代理人）的署名页，表明各个相关组织机构对该项目应急预案和各自职责的认同。

（2）术语与定义。对应急预案中需要明确的术语和定义进行解释和说明。

（3）相关法律法规。列出和重大工程项目社会稳定风险应急管理相关的国家和地方法律法规。

（4）方针与原则。它是开展重大工程项目社会稳定风险应急救援工作的纲领。

（5）重大工程项目社会稳定风险评价。在分析和评价重大工程项目社会稳定风险的风险源、风险因素、风险事件和风险结果的同时，也需要对相关资源、环境、经济、政策和法律进行分析。

（6）重大工程项目社会稳定风险应急减缓和准备。在重大工程项目社会稳定风险评估的基础上，结合自身应急能力，明确各自的应急权利和义务，加快社会稳定风险应急队伍的建设和加大对社会稳定风险应急人员的培训，提前储备社会稳定风险应急物资，不断演习社会稳定风险应急预案，各方参与主体签署互助协议等。

（7）重大工程项目社会稳定风险应急响应。重大工程项目社会稳定风险应急响应是指事故发生过程中或发生后应该采取的应急措施，比如通知有关部门做好应急准备、发布新闻避免社会恐慌、立即安排应急队伍入驻、疏散施工人员和人民群众等。

（8）事故现场的及时清理、恢复。当事故结束以后，应急管理也就从响应阶段进入恢复阶段，在这一阶段的主要活动包括：事故调查、损失评估、人员安置、追究各方责任等。

（9）重大工程项目的社会稳定风险应急预案管理与评审改进。为了保证重大工程项目社会稳定风险应急预案的先进性、适用性、合理性，我们需要建立相应的管理制度，保持定期或不定期地对其进行评审和改进。

（10）附件。重大工程项目社会稳定风险应急预案的支持附件主要包括应急预案在内的"一案三制"体系中所需要的各种图表、协议以及文件。

3. 重大工程项目社会稳定风险应急预案的编制步骤

重大工程项目社会稳定风险应急预案的编制涉及多种学科以及各种专业技术，比如：管理学、社会学、组织行为学、心理学、信息技术、经济学、政治学、系统动力学等，其编制过程是一个多功能、多步骤的动态过程。

重大工程项目社会稳定风险应急预案是建立在社会稳定风险评价基础之上的，当然不可能识别出所有的风险，总有一些没有识别出来的风险会在项目的建设运营过程中暴露出来。因此，从社会稳定风险应急预案小组的建立到应急预案的实施，重大工程项目社会稳定风险应急预案的编制过程不是一个一劳永逸的过程，而是一个周期性的动态过程，只有与实际情况相结合，对应急预案不断进行完善，才能保障社会的稳定与和谐发展。

（1）建立社会稳定风险应急预案组

重大工程项目社会稳定风险应急管理往往需要多部门协调，这就要求各部门必须充分信任、了解和支持，且每个部门都要对相关专业知识有一定的了解。因此，为重大工程项目建立社会稳定风险应急响应小组，不仅有利于实现各主管部门、利益相关者以及各种专业知识和技术的有机整合，也能够为所有参与者提供一个协作、互助和交流的平台，保证应急管理工作的顺利进行。

重大工程项目社会稳定风险应急预案编制小组成员在整个应急管理过程中发挥着十分重要的作用，因此，小组成员必须经过筛选。通过这种方式让更多不同类型的人才参加，在编制重大工程项目社会稳定风险应急预案过程中能够广泛听取意见、节省资源以及加快编制进度，还能够提高重大工程项目社会稳定风险应急预案的透明度，确保其公平性和公正性。一般情况下重大工程项目社会稳定风险应急预案编制小组的成员应该包括：最高决策者或其代表、建设主管部门、项目主管部门、财政主管部门、审计部门、建设单位代表、施工单位代表、消防部门、公安部门、环保部门、医院、卫生防疫部门、专业技术人员、新闻媒体代表、法律顾问等。

（2）职权划分

重大工程项目社会稳定风险应急预案编制小组的工作内容不仅包括应急预案的编制，还要对整个应急管理工作负责。因此，在对重大工程项目社会稳定风险应急预案编制小组成员进行筛选后，下一步是根据小组成员的个人优势和工作能力确定领导团队，划分各自的工作内容，明确工作职责。然而，在划分工作内容时，要注意各项工作的交接与配合以及各成员之间的思想交流。据此，本研究将重大工程项目社会稳定风险应急预案小组分为五大部分，职能如下：

① 社会稳定风险应急领导组：重大工程项目施工现场发生社会稳定风险事故时，随时掌握各方信息并做出最新的决策，统筹协调施工现场的救援工作，指挥各个救援小组进行救援作业，协调安排各组之间的救援工作。

② 社会稳定风险事故现场应急抢救组：根据社会稳定风险应急预案规定的程序、方法，尽一切可能抢救伤员和被困人员，保证人身和财产安全，防止社会稳定风险事故进一步扩大。

③ 社会稳定风险事故医疗救治组：应备好相应的药品、医药器械，视伤员具体情况采取急救处置措施，对于有必要者尽快送往医院救治。

④ 后勤服务组：根据预案标准，一级风险事件发生区域的地理位置及交通状况，调配相关交通车辆，征集紧急救援物资，保障伤员及各救援小组人员的餐饮供应。

⑤ 保安组：负责施工现场的安全保卫工作，防范无关人员进入现场扰乱秩序，支援其他工作组，妥善保护施工现场。

（3）编制应急预案计划表和预算

重大工程项目社会稳定风险应急预案小组应制定社会稳定风险应急工作日程表，目的是让社会稳定风险应急管理工作有一个明确的时间框架。另外，在重大工程项目社会稳定风险应急管理中，对于一些可能有的开支必须做一个预算计划。重大工程项目社会稳定风险应急预案编制小组成立之后，应首先分析重大工程项目社会稳定风险应急实施能力及工程项目所面临的社会稳定风险，然后搜集有关本工程项目以及可能的社会稳定风险和紧急事件的信息，进行社会稳定风险分析，从而确定重大工程项目本身处理社会稳定风险事件的能力。

（4）重大工程项目社会稳定风险分析

风险分析是重大工程项目社会稳定风险应急预案编制的基础和关键。通过风险分析，不仅可以确定需要考虑的社会稳定风险，将侧重偏好作为划分预案编制优先级别的依据，而且还可以为应急预案的编制、应急准备、应急响应和应急回复提供必要的信息和资料。重大工程项目的社会稳定风险分析包括风险识别、脆弱性分析和风险分析。

① 风险识别。风险识别的目的是将重大工程项目中可能存在的风险源和社会稳定风险因素识别出来，作为下一步分析的基础。

② 脆弱性分析。脆弱性分析要确定的是：一旦发生重大工程项目会稳定风险事件时，会导致的后果和影响，一般包括受社会稳定风险事件影响的区域、人口数量和类型、可能遭受的财产破坏、可能对环境的影响等。

③ 风险分析。风险的风险分析是根据风险识别和脆弱性分析的结果，按照风险评估方法，评估风险事件发生时，对社会稳定所带来的实际破坏程度。通常可能会选择对最坏的情况进行分析，一般包括发生社会稳定风险的可能性、对人造成的伤害程度、对财产造成的破坏程度、对环境造成的影响程度等。要以现有数据和技术为基础进行合理的评估，即便不能对风险事件发生的可能性和后果的严重程度做定量分析，也应该用尽可能准确的词语进行定性描述。

（5）应急能力评估

依据对重大工程项目社会稳定风险的风险分析结果，对已有的应急资源和应急能力进行评估，明确应急救援的需求和不足。应急资源包括应急人员、应急设施、装备和物资等；应急能力包括人员的技术、经验和接受的培训等。应急资源和能力将直接影响应急行动的快速有效性。编制重大工程项目社会稳定风险应急预案时，应当在评价与潜在风险相适应的应急资源和能力的基础上，选择最现实、最有效的应急策略。

（6）编制应急预案

应急预案的编制必须以重大工程项目社会稳定风险的分析结果为基础，应急资源的需求必须满足资源现状以及符合有关的法律法规要求。此外，为最大程度减少工作量和避免应急预案的重复和交叉，应充分搜集和参阅相关的已有应急预案，并保证与其他相关应急预案的协调一致。

预案编制小组在设计应急预案编制格式时则应考虑：

① 合理组织。应合理设置预案的章节，以便每个的读者能够快速搜索到自己需要了解的信息。

② 连续性。确保应急预案每个部分的内容能够相互衔接，避免出现

内容所处位置明显不当的情况。

③ 一致性。确保使用相似的逻辑结构来组织应急预案每个部分的内容。

④ 兼容性。为了各级应急预案能够很好地协调与对应，应急预案采用的格式应尽量与上级机构保持一致。

（7）应急预案的评审与发布

为了确保应急预案符合实际情况，具有合理性和科学性，必须对重大工程项目社会稳定风险进行评审，评审的主要内容包括组织内部评审和专家评审，必要时还要请上级应急机构对其进行评审。在重大工程项目社会稳定风险应急预案通过评审并被批准后，按相关程序对其进行正式发布和备案。

（8）应急预案的实施

在重大工程项目社会稳定风险应急预案获得批准并发布后，社会稳定风险应急管理工作的重要环节是应急预案的实施。应急预案的实施包括开展预案的宣传工作，进行预案的培训，落实和检查各有关部门的职责、程序和资源准备，组织预案的演练，并定期评审和更新预案，真正将应急预案所规定的要求落实到实处。

12.2.3 重大工程项目社会稳定风险应急法制

重大工程项目社会稳定风险应急法制是指针对重大工程项目在建设运营过程中突发的影响社会稳定的事件所制定或认可的，处理相关利益主体之间的社会关系的法律规范和原则的总和。应急法制是一种特殊的法律现象，是应急管理体系的一个重要组成部分，整个应急管理体系的要素功能的发挥都依赖于应急法制的建设，因此必须对其进行不断的修改与完善。

1. 重大工程项目社会稳定风险应急法制建设目标

重大工程项目社会稳定风险应急法制建设的总体目标是：在全面实施依法治国和推进依法行政的新形势下，将社会稳定风险事件应急系统并入法制化轨道，并根据宪法以及行政法治的要求对与重大工程项目社会稳定风险应急管理有关的法律法规进行完善，以便能够有效地调整风险事件的各种社会关系，稳健地维护与我国经济社会发展和人权保护相关法律的秩序，确保公民权利得到法律的保障，能够更有效地行使权力，实现二者相互协调地持续发展。

2. 重大工程项目社会稳定风险应急法制建设原则

重大工程项目社会稳定风险应急法制建设需要贯彻一定的基本原则，为社会稳定风险事件应对措施提供科学、权威、规范、统一的法律指导和保障，改变现有和社会稳定风险有关的应急法律条文简单、内容原则抽象、可操作性差的状况，便于依法行政、公众守法和社会监督，有利于实现构建更加科学合理、完善可靠的重大工程项目社会稳定风险应急管理体系的目标。具体如下：

（1）法制原则。将重大工程项目社会稳定风险的应急管理纳入法制化的轨道，这是世界各国建立健全政府应急管理机制普遍遵循的原则。

（2）民主原则。民主展现出个人自由与社会稳定的协调、和谐状态，是重大工程项目社会稳定风险应急管理追求的重要目标。

（3）行政应急性原则。当风险事件发生时，应以行政权为主导，充分发挥动员、整合、协调、疏导等作用，使公民、企事业单位、非政府组织、社会团体等应急管理的各个重要主体形成合力，共度危机。

（4）预防与应对相结合原则。有了应对方法不是就不重视突发事件的预防，相反预防投入少作用大，必须充分发挥预警机制防患于未然的积极作用，预防与应对相结合。

（5）应急联动原则。重大工程项目社会稳定风险应急管理涉及的是社会的公共秩序、人民的生命财产安全，行政机关必须与各种社会力量联动参与，综合协调。

（6）社会参与原则。在重大工程项目社会稳定风险应急管理过程中，除政府以外的力量同样起着不容忽视的作用，尤其在重大突发事件中专业救援力量不足时，大众参与是防灾减灾、实现互救不可或缺的资源。

3. 重大工程项目社会稳定风险应急法制现有问题

随着科学技术和经济实力的逐步增强，我国已经建设或者正在建设越来越多的重大工程项目，而由重大工程项目在建设和运营过程中所导致的社会稳定风险也越来越多，不完善的应急法制给应急管理工作带来了很多问题和矛盾。我国也有一些分散、单项的法律法规制定出来，但是分散立法模式带来很多问题和矛盾：

（1）《中华人民共和国突发事件应对法》作为指导重大工程项目社会稳定风险应急管理的基础，还有许多不足的地方需要完善；

（2）地方立法与中央部门立法缺少沟通融合，常有冲突；

（3）立法内容过于原则，缺乏程序性规定，操作性不强；

（4）重视赋予权力而忽视控制权力，重视纵向协调而忽视横向协调；

（5）应急预案的性质定位、应用范围、适用条件、公开程度、效力范围、责任机制、救济制度等缺乏立法规范；

（6）应急法制运行的社会环境不够理想，人们的认知程度、理解程度、重视程度非常不够；

（7）应急的专门立法太少，且效力不强。

4. 重大工程项目社会稳定风险应急法制建设重点

综观当今世界，人类面临着越来越多的发展机遇，同时也面临着越来越多的挑战。在重大自然灾害、重大疫情蔓延、能源短缺、生态环境恶化、灾害频发的情况下，如何加强重大工程项目社会稳定风险应急管理能力，完善应急法律制度，正确认识和妥善应对各类突发事件逐渐成为当下重要的社会问题。通过对许多国家应急管理体系和应急法制的考察研究，可以看到当今许多国家应急法制建设呈现出如下特点和新的发展趋势：一是应急法律规范的专门化、体系化；二是应急机构人员的专门化、专业化；三是应急管理体系出现多元化、立体化、网络化的发展趋势；四是政府应急管理行为及程序的规范化、制度化、法定化；五是应急预警机制、资源储备与调动机制、应急化解机制逐步完备；六是提高应急管理效率的重要因素——民间力量的广泛参与；七是应急防范意识、能力培养以及应急防范措施的完善走向经常化、制度化、法定化。在社会稳定风险事件导致公共危机的情况下，如何有效保障公民权利，约束并保障行政权力的行使，国外应急法制的这些特点和发展趋势值得重视，可为我国应急法制建设提供参考。

根据我国的国情和重大工程项目社会稳定风险的特点，参照国内外应急法制体系，本研究认为针对我国重大工程项目社会稳定风险的应急法制建设，主要应该在以下方面进行完善：

（1）根据重大工程项目社会稳定风险的特点，对《中华人民共和国突发事件应对法》中的不足之处进行修改完善。《中华人民共和国突发事件应对法》由第十届全国人民代表大会常务委员会第二十九次会议于2007年8月30日通过，自2007年11月1日起施行。《突发事件应对法》构建了我国应急管理的制度框架，是我国重大工程项目社会稳定风险应急管理的指导性文件，在应对各类突发事件过程中发挥了重要作用。但《突发事件应对法》在实施过程中也出现了一系列问题亟须改进，如应急管理体制建设和各级应急管理办事机构建设均有待进一步加强，责任规定刚性不足、不够周延、主体缺失、重原则轻规定等问题。

（2）应急的专门立法太少，缺少针对重大工程项目而建立的应急法制。

目前，我国专门的应急法只有《破坏性地震应急条例》《核电厂核事故应急条例和处理规定》《突发公共卫生事件应急条例》，而这些应急法都是以条例形式存在，最突出的特点就是效力不强，一旦出现了其他类型突发性灾害，将会出现没有法律依据的情况。

（3）加强应急法制的应急执行力建设。虽然从国家到地方政府都制定了相应的重大工程项目社会稳定风险应急方案，但各个部门、行业、公司作业程序自成体系。各层次社会稳定风险应急计划出现了条块分割的局面，纵向和横向协调机制不够完善，操作性不强。另外，从我国执法现状中可以看到，应急设备的配置不足、应急资金欠缺等也给应急执行带来了一定的困难。

（4）加强应急法制的信息公开建设。对于重大工程项目社会稳定风险应急法制的信息公开建设还存在一定的提升空间，公开渠道受阻、公开信息不真实等现象多有发生。一定程度上反映了我国政府部门在信息披露方面的滞后性，导致公众对重大工程项目社会稳定风险的了解不足，也导致社会部分群众的盲目恐慌，造成社会治安的混乱，最终严重影响重大工程项目的顺利开展。

（5）从工程项目的全寿命周期建立应急法制。重大工程项目社会稳定风险的应急管理包括预防、准备、响应及恢复重建几个阶段，我们的立法不能只着眼于某一个阶段，而应该从工程项目的全寿命周期入手，一方面在应急法制的立法中体现工程项目在建设过程中不同阶段的特征，另一方面综合考虑相关法律体系，进一步完善应急管理的法制，形成一个网络体系。

（6）建立专门的应急管理机构。通过立法设置各级政府社会稳定风险事件应急处理专门机构，并任用行政首长，赋予其特殊权力，加强应急管理多部门的合作，确保在发生紧急情况下，各部门能够共同配合，采取高效和有序的应急措施。

根据以上针对重大工程项目社会稳定风险的应急法制现状与需求的分析，本研究认为应该从两个维度建立一个应急法制体系，每个维度都将应急法制体系分为三个高低不同的层次。其中，第一个维度主要从法律的等级效力入手：第一层次在宪法中体现应急管理的思想；第二层次设置突发事件应对基本法，用于规定突发事件应急管理中的一般原则、应急管理的机构、法律责任等共同问题，承上可以体现宪法精神，启下可以指导各项专门应急法的立法和执法；第三层次将突发事件分门别类进行立法，并在每个类别中设置专门的应急法，如"灾害对策基本法""核事故应急法"

"突发公共卫生事件应急法"等。第二个维度从立法机构入手也可以分为三个层次：第一层次是国家级的法律法规，针对所有的重大工程项目社会稳定风险所制定的纲领性文件，比如《宪法》《中华人民共和国突发事件应对法》等；第二层次是地方级的法律条例，是针对具有地方特色的重大工程项目社会稳定风险应急法制；第三层次是企业级的管理条例，是企业结合自身和在建重大工程项目的特征，建立的具有较强针对性的应急管理实施细则。两个维度之间相互配合，进一步完善我国应急法制建设。

12.2.4 重大工程项目社会稳定风险应急体制

1. 重大工程项目社会稳定风险应急体制内涵

从管理学角度来讲，体制是指各部门和单位的机构权限设置以及职能划分的制度。重大工程项目社会稳定风险应急体制是指从事应急管理活动的应急管理机构的组织职能、岗位责权设置与调整的方式和规则，体现了国家总体行政体制的特征，是由具体国情来决定的。2006 年，党的十六届六中全会提出了"建立健全分类管理、分级负责、条块结合、属地为主的应急管理体制"。2007 年实施的《中华人民共和国突发事件应对法》进一步阐述为："国家建立统一领导、综合协调、分类管理、分级负责、属地管理为主的应急管理体制。"

第一，重大工程项目社会稳定风险应急管理体制是经过应急管理人员实践检验并证明是行之有效的、较为固定的方法；第二，重大工程项目社会稳定风险应急管理体制本身含有制度因素，并且要求所有相关人员严格遵守，而单纯的工作方式、方法往往体现为个人做事的一种偏好或经验；第三，重大工程项目社会稳定风险应急管理体制是比一般制度更具有刚性的"制度"；第四，重大工程项目社会稳定风险应急管理体制是在各种方式方法的基础上总结和提炼出来的，并经过加工使之系统化、科学化的方法；第五，重大工程项目社会稳定风险应急管理体制一般是依靠多种方式方法共同作用来运作的。例如，在建立各种工作机制的同时，还应有相应的激励机制、动力机制、制衡机制和监督机制来保证工作的落实、推动、纠错、评价等。

2. 建立重大工程项目社会稳定风险应急体制的必要性

由于重大工程项目社会稳定风险具有事件主体的多元性、事件后果的严重性、事件表现形式的复杂性、事件的传播效仿性、事件处置难度大等特点，导致针对社会稳定风险的防控工作变得复杂困难，同时也使得建立相应的应急体制变得十分重要，主要体现在以下几方面：

（1）建立重大工程项目社会稳定风险应急体制是维护社会稳定、减少国家和人民生命财产损失的需要。随着国民经济的快速发展和社会转型，各种社会矛盾频繁出现，时常发生一些难以避免的风险事故，由重大工程项目直接或间接导致的社会稳定风险的发生频率也与日俱增，如果没有完整的应急管理体系，在发生突发事件时应急管理的成本将会增加，局部的危机很有可能扩大为全局性的危机，给国家和人民的生命财产造成不必要的损失。如果没有建立起完备的应急管理体制，将加大管理成本，并可能使局部危机扩大为全局性危机，给国家和人民生命财产造成不必要的损失。

（2）建立重大工程项目社会稳定风险应急体制是应对日渐频发的重大工程项目社会稳定风险的重要基础。最近几十年间，我国频繁发生重大工程项目社会稳定风险事件，重大工程项目在建设运营过程中有一定的正面效应，但是不可避免地也会引起如移民、交通堵塞、住房紧张以及犯罪率提升等一系列负面效应。重大工程项目社会稳定风险应急管理就是利益相关者针对危及社会稳定的各种突发事件，采取一系列的应急措施，防止风险的发生或减少风险所带来的损失，保障社会和谐运作与各个参与主体基本利益所采取的有效措施。

（3）建立重大工程项目社会稳定风险应急体制有利于快速提高相关主体的应急管理能力。在当今社会，随着经济的快速发展和人口的不断增长，社会的稳定日益脆弱，突发事件日益成为威胁社会稳定的重要因素。它们既可以作为威胁社会稳定的独立个体，也可以与其他因素相互作用形成"蝴蝶效应"，进一步对城市产生更大的影响。因此，提高重大工程项目社会稳定风险应急管理能力已成为重大工程项目社会稳定风险管理的一个迫切要求。

综上所述，完善重大工程项目社会稳定风险应急管理体制，不仅在工程项目建设和运营过程中发挥着重要作用，而且对经济和社会的发展有着保障和促进的作用。对于工程项目而言，健全的重大工程项目社会稳定风险应急管理体制是必不可少的。尽管有些突发事件是无法避免的，但我们有责任尽一切努力去预防和控制突发事件的发生以及减少突发事件所造成的损失。

3. 重大工程项目社会稳定风险应急体制现有问题

目前，我国多数大、中型城市已基本建立了包括应急预案、应急管理体制、应急管理运行机制、应急管理法制的"一案三制"应急管理体系。但日渐频发的重大工程项目引起的社会稳定风险事件凸显出我国应急管理工作还需要进一步加强，同时对应急管理体制需要进一步深入完善与创新。

（1）缺乏独立常设的应急管理机构

从重大工程项目社会稳定风险事件的整个发生过程来看，风险事件在暴发之前往往具有一定的潜伏性，经过一定的"潜伏期"后在短时间内突然暴发，这就要求社会稳定风险应急管理的决策者能够在最短时间内调动一切资源对其进行及时有效地应对，但令决策者最头疼的问题是现实情况中所需的人力、物力以及财力往往分布于不同的部门。因此，为了统筹应对社会稳定风险，有必要建立一个专门的突发事件应急管理机构。

（2）应急管理责任和监督体制不完善

在重大工程项目社会稳定风险应急管理中存在责权不对等、责任无法落实的现象，这是突发事件应急管理体制的一大短板。其原因为以下两点：第一，缺乏相关的明确责任制度，这导致岗位人员无法明确自己的责任与义务，在处理突发事件时出现相互推诿、扯皮以及不负责的情况。第二，有关人员思想不到位。从未意识到处理突发事件的紧迫性和重要性，导致其不能很好地履行自己应尽职责。由于整个应急管理体制尚未形成有效的应急监督体系，导致重大工程项目社会稳定风险的应急管理监督体系的不完善，这对应急管理监督产生了不可忽视的影响。

（3）应急管理社会力量参与程度不高

社会力量是重大工程项目社会稳定风险应急管理工作的重要组成部分。相比发达国家的城市，我国城市居民的应急知识和应急能力还处于十分薄弱的阶段，社会组织、企业和人民群众很少进行相应的应急演练，同时对于一些复杂的安全知识和自救技能没有进行深入地了解与掌握。在我国目前的应急管理体制中，政府力量发挥着绝对的主导作用，企业组织、非政府组织和社会公民等社会力量都过于薄弱。但过分依赖政府部门，不重视社会力量和民间力量，不仅不能充分动员群众，还会导致应急管理机构单一，社会参与水平低。

（4）信息体制不完善，决策主体间信息不对称

目前的重大工程项目社会稳定风险的信息管理体制基本是复制于行政管理体制，逐级管理、对上负责、随意性强、共享性低，容易发生信息瞒报、缓报、漏报的现象。此外，重大工程项目社会稳定风险事件的部门化管理不仅使应急管理过程中协调不力、延误时机，而且导致了资源分散、信息不畅。为了加强对重大工程项目社会稳定风险事件的监测，气象、防汛、地震、卫生、防疫等政府部门都建立了相应的监测体系，但由于整合不够，重复建设现象严重。各应急管理信息系统相互分割，缺乏互通互连，难以实现信息资源共享，导致综合性的信息分析和研判不足，综合评估和

预测预警欠缺。

（5）信息报告与公开不及时

能否及时上报重大工程项目社会稳定风险事件相关信息，将直接影响应急领导组织的正确决策，并把握时机采取必要的措施以便解决问题。能否及时公开有关事件的信息，直接关系到公民的知情权问题。只有公众第一时间掌握危机信号，才能采取必要的预防和处理措施，将风险降到最低。然而我国的一些地方政府在处理一些风险信息时，往往重视安全的同时忽略了信息公开的作用，重视政府所采取的措施而忽视公众的防范作用，让公众在面对风险时没有足够的时间进行正确的预防准备，甚至在整个社会谣言四起，引起公众恐慌，从而产生了不稳定因素。

（6）缺乏完备、联动性好的技术支持系统

为了更好地实现重大工程项目社会稳定风险应急管理，做到快速接警及时处置、最优调度应急资源、统一指挥、联合行动，就必须建立一套属于自己的信息化应急联动响应系统。目前，我国还缺乏对突发事件应急管理业务特点的全面把握，缺乏能够指导应急平台建设的应急技术支持系统。在硬件和软件的应用中，不同厂商提出的解决方案和效果是不同的，在公共安全技术的应用方面十分欠缺，所以我们不能只关注硬件建设，而忽略软件和信息建设的重要性。

4. 重大工程项目社会稳定风险应急体制建设重点

（1）建立中央集权的应急管理领导体制

借鉴国外发达国家针对社会稳定风险事故的管理经验，建立起符合我国基本国情的重大工程项目社会稳定风险应急管理领导体制。由于重大工程项目的社会影响程度深、范围广，造成的后果很难估量，因此针对重大工程项目，政府部门应该作为应急管理牵头单位，建立起中央集权、地方主导的社会稳定风险应急管理领导体制。在该体制中，中央集权的领导体制能够在事故发生时，保证信息传递的及时性和有效性，能够避免分权领导导致的多头决策致使应急滞后不及时等问题的出现，把控处理社会稳定风险的最佳时机。

（2）建立危机决策和应急管理的常设机构

在建立中央集权的应急管理领导体制的基础上，还应该充分调动地方政府开展应急管理活动的主观能动性，号召政府部门工作人员积极主动参与重大工程项目社会稳定风险应急管理活动。为了配合应急管理中心领导小组的工作，在各下级政府部门单独设立、隶属于中央领导的应急管理小组。该小组除了配合中央应急管理工作之外，还需要处理、协调当地的社会稳定风险事故应急管理工作。在很多发达国家为了提高应急管理工作的效率，设立了应急管理决策机构和处理机构，应急管理决策机构是国家应急管理最高指挥中心，而应急管理常设机构则是应急管理活动的主要行动部门。

（3）明确组织机构及相应职责

针对重大工程项目，我国政府部门应该作为应急管理牵头单位，建立起中央集权、地方主导的社会稳定风险应急管理机构。由于在重大工程项目社会稳定风险事故的应急过程中，往往涉及政府部门、建设单位、施工单位等多方的协同合作。为了保证应急管理工作的及时性，以及各单位协作的有效性，应急管理机构的工作职责应该由各协作单位派遣的专人承担，并且明确划分各自的责任，一方面在应急过程中充分发挥各自的主观能动性，另一方面为了便于追究各方责任。通过责权利的规定和制约，有效保证了突发性重大工程项目社会稳定风险事件应急管理的有效性，保障了重大工程项目建设过程的顺利实施和开展，从而较好地实现了重大工程项目的进度、成本、质量等目标。

为完善上述支撑系统的建设，须设立相应的应急管理组织机构，即重大工程项目社会稳定风险应急管理处，其中包括资源保障科、信息管理科、行动科、公共安全研究室、教育培训科、恢复科，具体职能为：

① 资源保障科，平时负责资源的确认和分类、应急资源的盘点、资源需求的确定以及所需资源的订购和获取等，准备好应对大规模突发事件的物资和整体规划，在重大工程项目范围内建立相应的资源储备点，评估资源储备整体情况。在面对群体性突发事件时，由指挥中心对应急资源进行调度，并对资源的使用情况进行追踪和做出评估报告。

② 信息管理科，平时负责重大工程项目社会稳定风险应急管理信息通信网络的建设，搜集、分类、传输和维护公共信息，对重大工程项目社会稳定风险的关键危险源进行定期信息查询。针对群体性突发事件，应搜集、分类、传输事件信息，对获取的信息进行初步分析，然后发布预警信息，为应对群体性突发事件的决策提供信息支持。同时，还需要与媒体合作，向公众发布群体性突发事件的信息和应对措施，为公众自我救助提供一定的信息支持，起到稳定民心的正面作用。

③ 行动科，在应对群体性突发事件中负责执行指挥调度系统的命令，协调和支持各相关部门（主要包括警察、消防、医院、社区保安组织等）的应对工作，完成各种紧急任务。

④ 公共安全研究室，平时负责研究重大工程项目社会稳定风险事件

的发生、发展和消亡的规律；鉴定和评估重大工程项目社会稳定风险的主要风险来源，编制和调整应对预案，研究群体性突发事件的技术和方法。组织专家会议，为指挥中心应对群体性突发事件提供决策辅助。

⑤ 教育培训科，负责群体性突发事件相关人员的培训，设计应急管理的课程和培训资料，组织应对群体性突发事件演习，同时负责对社会大众进行有关群体性突发事件的宣传和应急处置的培训。

⑥ 恢复科，负责救援和帮助群体性突发事件中的受害者及其家属，支持参与处置突发事件的行动人员和志愿者；对突发事件带来的损失进行评估，向受害者分发救援物资，恢复当地必要的公共设施等。

（4）完善应急管理的联动应急体制

随着经济发展，我国在建或已建成的重大工程项目越来越多，规模也越来越大，比如南水北调工程、青藏铁路工程、三峡工程等，由重大工程项目引发的社会稳定风险事件也正在变得越来越多，且主体之间的矛盾也变得越来越复杂，如果仅仅由施工单位或者建设单位单独进行社会稳定风险的应急管理，很难将事故造成的后果控制在最低程度，因此，还应该不断完善重大工程项目社会稳定风险的联动应急机制，在政府部门主导下，由建设单位、施工单位、社会组织等多方配合，开展应急管理活动。

（5）建立信息发布制度，及时通知和公布各种突发性事件

由重大工程项目导致的社会不稳定风险往往是由个别小型的冲突事件，经过进一步的恶化才形成，在这个过程中，广大人民群众扮演着十分重要的角色。加之社会稳定风险事故的形成往往是由信息不对称和信息传递失真导致的，可见完善相应的信息管理平台的重要性。完善重大工程项目社会稳定风险信息管理平台需要从以下三方面入手：第一，在中央集权领导的应急管理体制下，强调下级各个应急管理小组向上级应急管理部门汇报相关信息的责任；第二，完善广大人民群众参与到应急管理的渠道，为广大人民群众提供举报监督的信息平台和申诉渠道；第三，社会稳定风险事故的发生往往会给人民群众造成巨大的损失，为了避免给人民群众造成损失，并提醒群众保护自身生命财产，政府部门有义务通过一定的渠道向群众提供事故相关信息。

（6）建立和完善社会参与型的应急管理体制

在突发事件应急管理中，社会力量的参与不仅可以为政府部门提供支援，解决在特定时期政府部门应急资源不足的问题，还可以形成良好的氛围，共同应对突发事件，有助于政府赢得社会的信任，使相关应急政策能

够顺利实施。因此，政府部门应充分调动和鼓励社会力量积极参与突发事件应急管理，提高自身在应急管理方面的政策执行力。首先，提高公众的公共安全意识，人民群众的应急管理意识直接影响应急管理的有效性。提高公众应急管理质量和能力的关键是为居民提供教育培训和应急演练。其次，加强社会组织应对突发事件的力量和作用。政府应促进和鼓励社会组织的发展，引导社会组织参与各种活动，扩大参与应急管理的范围。明确社会组织在应急管理中的职责，并在相关应急管理政策法规中明文规定；赋予它们一定的权力，提高它们面对突发事件的应急反应能力，以责任规范他们的行为，使社会组织真正成为应对群体性突发事件的应急管理体制建设的重要组成部分。

12.2.5 重大工程项目社会稳定风险应急机制

1. 重大工程项目社会稳定风险应急机制概述

"机制"的概念可以从下面两点来理解：第一，机制反映的是体制内部各个组成部分、内在机理、运行规律之间的相互协调关系；第二，机制是在各种方法、措施、程序的基础上，经过不断总结、修改、完善后形成的具备固定性、有效性、可行性、权威性的制度。

重大工程项目社会稳定风险应急机制是指为了将重大工程项目引发的社会稳定风险事故造成的后果控制到最低程度而制定的一系列规则和程序，反映了重大工程项目社会稳定风险应急体制内在机理、运行规律和各组成部分之间的协调互动关系，是重大工程项目各利益相关主体经过长期实践检验形成的相对固定、行之有效、具有一定权威性和强制性的行为规范。重大工程项目社会稳定风险应急管理是一个全阶段的过程，包括减缓、准备、响应、恢复四大主要活动内容。与此相应，重大工程项目社会稳定风险应急机制应该贯穿应急管理的整个过程，同时必须体现参与主体的多元化（包括政府部门、企事业单位、非政府组织、人民群众、新闻媒体等）、应急过程的全阶段（包括减缓、准备、响应、恢复）和应急客体的不确定性（包括时间的不确定性、损失的不确定性、影响范围的不确定性等）。

以重大工程项目社会稳定风险应急管理的整个过程为分类标准，各种机制在每一个阶段所承担的任务不同，重大工程项目社会稳定风险应急管理机制可以分为四部分：

第一，重大工程项目社会稳定风险应急管理预防准备机制，其主要作用是采取必要的措施降低社会系统的稳定性，以规避社会稳定风险事故的发生，或者为可能发生的社会稳定风险事故提前做好应急准备。

　　第二，重大工程项目社会稳定风险应急管理预测预警机制，其主要作用是通过预测预警机制对可能引起社会稳定风险事故的风险因素进行监测预警，以便及时通知有关部门启动应急程序，尽可能降低损失。

　　第三，重大工程项目社会稳定风险应急管理决策处置机制。决策处置机制是应急机制的关键环节，当社会稳定风险事故发生时，在政府部门的主导下，各相关部门开展应急工作。在应急工作完成后，还需要对事故造成的施工现场的破坏、周围环境的破坏、市政基础设施的破坏等进行恢复重建，以满足人们日常的生活、工作需要。

　　第四，重大工程项目社会稳定风险应急管理调查评估机制，是对整个重大工程项目社会稳定风险应急管理体制的调查评估和改进完善。

　　2. 重大工程项目社会稳定风险应急机制建设原则

　　（1）以人为本，统筹兼顾。重大工程项目建设的目的之一就是为了满足人们日益增长的生活、工作需求，因此重大工程项目社会稳定风险应急机制建设不能脱离以人为本的原则。但同时也要考虑到经济、环境等其他方面的因素，做到统筹兼顾。

　　（2）依法规范，加强管理。依据有关法律和行政法规，加强重大工程项目社会稳定风险应急管理工作的法律制度建设工作，使各单位开展应急管理工作做到有法可依。

　　（3）预防为主，应急有备。根据重大工程项目社会稳定风险事故的形成机理，其生成过程是一环紧扣一环的，因此最有效的控制措施就是从风险源头进行控制，将风险事故控制在萌芽状态中，能够有效避免社会稳性风险事故的发生，从而减少损失。

　　（4）统一领导，分工合作。重大工程项目社会稳定风险应急管理是一个由政府部门统一领导、各单位积极配合的系统性工作。重大工程项目社会稳定风险事件应急响应各级组织、事发属地省各级重大工程项目社会稳定风险应急管理部门应该积极配合应急管理工作的开展。

　　3. 重大工程项目社会稳定风险应急管理预防准备机制

　　为了建立完善的重大工程项目社会稳定风险应急管理预防准备机制，可以从两方面入手，一是将受重大工程项目影响的社会稳定的脆弱性降至最低；二是为了在社会稳定风险事故发生时能够更好地应对，需要做好应对事故发生的充足准备工作，如应急队伍的建设、应急资金保障、应急通信保障等。

4. 重大工程项目社会稳定风险应急管理预测预警机制

重大工程项目社会稳定风险应急管理预测预警机制是指应急管理为了在社会稳定风险事故发生的第一时间进行应急管理工作，有必要针对重大工程项目的实际情况进行监测、观察、分析，并根据分析得出的结果对重大工程项目社会稳定风险进行预测预警，同时根据预测的分析结果采取必要的措施进行风险控制。而重大工程项目社会稳定风险应急管理预测预警机制主要包括监测机制、预警分析机制、通报机制等。

5. 重大工程项目社会稳定风险应急管理决策处置机制

除了要建立健全完善的预测预警机制外，重大工程项目社会稳定风险应急管理的关键还是在事故发生时的处置过程中。当社会稳定风险事故发生后，应该根据社会稳定风险事故发生的时间、地点、类型、周围环境状况等，制定应急对策。总的来说，重大工程项目社会稳定风险应急管理决策处置机制包括接警与初步判断、预处置、启动应急预案、现场处置、应急行动、扩大应急范围、信息沟通、恢复建设、应急行动终止等。

6. 重大工程项目社会稳定风险应急管理调查评估机制

开展重大工程项目社会稳定风险应急管理调查评估的目的有三方面：一是追究相关责任主体的责任；二是进行总结，有利于今后应急工作的开展；三是为其他类似工程提供经验借鉴，使之能够更好地为社会稳定和谐发展的长期目标服务。具体的评估内容包括：（1）应急系统监测预警能力。重大工程项目社会稳定风险影响范围大，一旦发生事故，往往会造成严重的后果。因此，重大工程项目社会稳定风险应急管理部门应在平时的安全管理方面做好预防监测工作，防患于未然。（2）应急信息系统。重大工程项目社会稳定风险应急管理体系的应急信息系统，包括通信联络、报警、信息发布等。（3）应急管理及恢复能力。应急恢复是事故应急工作结束后所要进入的阶段。良好的恢复能力可以帮助重大工程项目社会稳定风险应急管理部门迅速进入恢复阶段，进一步减少事故对社会稳定和谐发展造成的破坏。

12.3 本章小结

本章在第 7 章和第 9 章对重大工程项目社会稳定风险评估组织架构和运行机制设计的基础上，分别从评估组织和评估运行两方面研究如何促进评估过程中政府多部门的协同，并提出相应的保障措施。除此之外，立足于对重大工程项目社会稳定风险的评价分析，分析了构建应急管理体系和风险评估责任追究机制的必要性，以中国应急管理体系建设的核心内容——"一案三制"为基础，从应急预案、应急法制、应急体制和应急机制四个方面重点阐述了如何建设一个适用于我国重大工程项目社会稳定风险的应急管理体系。

13 结论与展望

13.1 主要结论

从风险生成的一般机理出发，对社会稳定风险生成的一般机理机理、重大工程项目社会稳定风险生成机理进行了研究，从风险源、风险事件、风险结果三个方面进行风险识别，构建了重大工程项目社会稳定风险清单；对重大工程项目社会稳定风险链进行了识别，并在此基础上构建社会稳定风险网络，通过结构方程模型对重大工程项目社会稳定风险网络进行了实证与模拟；从评估目的、评估主体、评估范围等方面对我国重大工程项目社会稳定风险评级机制中存在的问题进行了分析，并提出了有效的应急管理架构，根据风险识别的结果构建重大工程项目社会稳定风险评价指标体系，通过多维度评价方法进行了综合评价；构建了重大工程项目社会稳定风险评估运行机制和评估保障机制。主要研究结论如下：

1. 重大工程项目社会稳定风险生成机理是从重大工程项目的视角对社会稳定风险生成机理的延伸。从重大工程项目的视角来看，社会稳定风险生成机理的个别事件可以表现为个别群众上访、小规模聚众闹事等，而群体性事件则表现为大规模群众现场闹事、阻工，干群冲突，发生打砸等严重扰乱社会秩序的事件。因此，重大工程项目社会稳定风险生成机理可以概括为：在重大工程项目实施过程中，如果民众诉求一直得不到妥善解决，会导致一些个别突发事件的发生，一旦有关部门处理不当，就会导致个别冲突事件发酵，加之媒体等外部力量的介入，导致社会的动荡与不稳定。

2. 重大工程项目社会稳定风险网络是风险生成机理在微观层面的具体表现。社会稳定风险的各个风险因素之间往往存在着错综复杂的因果关系，因此可以根据风险的生成机理将风险源、风险事件、风险结果联系起来，环环相扣，形成了多条风险链，这些风险链又相互交织、相互串联，最终形成一个错综复杂的有向网络。基于复杂网络理论，通过分析计算重大工程项目社会稳定风险网络节点的中间中心度和节点连线的中间中心度，可以找到关键风险因素和关键风险链，对重大工程项目社会稳定风险进行分析评价。

3. 重大工程项目社会稳定风险的评价应该以可持续建设为最终目标。目前，合法性、合理性、可行性和可控性是目前被应用最为广泛的社会稳定风险一级评价指标，缺少了项目对社会、生态、经济和人民生活未来影响的评判。因此，本研究将可持续性纳入重大工程项目社会稳定风险评价的一级指标体系内，主要评价项目对社会、生态和经济可持续发展的影响。同时，可控性和风险概率、风险损失等均是风险本身的特性，为了避免评价对象不一致的问题，指标设置不应该将可控性作为一级指标，可将其作为风险的评价维度，从风险概率、造成影响和可控性三个维度提出多维度的评价方法。

4. 重大工程项目社会稳定风险评估机制的运行应该以"政府主导"为主，充分结合"专家咨询"以及"公众参与"。重大工程项目面临的最大问题是决策问题，因此，本研究更加关注的是重大工程项目社会稳定风险评估的决策过程。大部分重大工程项目带有浓厚的公共产品性质，决策过程需要政府进行主导并进行内部协调才能够保证决策的正确性和科学性。加之，政府工作人员不可能都成为在各方面都精通的专家，因此，专家咨询或专家论证是在遇到困难问题时保证决策能够科学有效的重要体现。除此以外，重大工程项目涉及广大群众的利益，重大工程项目决策中公众参与的深度越深，越能为决策打下良好的社会基础，越有利于决策的实施与执行，越有利于政府公信力的提升，越有利于维护社会稳定。

5. 重大工程项目社会稳定风险多部门协同评估机制构建的目的在于达到前后衔接、左右协调、上下联动的评估格局。重大工程项目社会稳定风险评估贯穿风险管理的全过程，评估时间长、评估涉及的内容多且评估参与的主体多。重大工程项目社会稳定风险多部门协同评估机制的构建，一是要构建多部门协同的评估组织，为"维稳"机制的真正落地奠定基础；二是要构建多部门协同的评估运行机制，将评估主体、评估阶段统筹起来的同时，建立起政府各部门间的紧密联系；三是要提出多部门协同评估的保障措施，促进"稳评"机制的制度化、法律化，促进政府决策过程的开放化与民主化，同时为协同评估组织建设及协同评估运行机制提供人力、物力和财力支撑。

13.2 不足与展望

随着我国城镇化进程的不断加深，以及改革攻坚关键时期的到来，将会有更多、更新、更复杂、涉及面更广的重大工程项目不断出现，使得重大工程项目社会稳定管理任务愈发艰巨。本研究仅仅是重大工程项目社会稳定风险管理研究中的一个开始，本研究还存在着许多值得进一步研究的问题。

1. 本研究仅利用案例研究法和文献分析法对重大工程项目在建设过程中的社会稳定风险进行识别，仍存在明显的缺陷。实际上，还应当更多地经过实地调研访谈去进行识别，验证已识别结果的有效性。

2. 基于风险识别结果有效性的影响，本研究所构建的社会稳定风险评价指标体系可能存在一定的缺陷，并不能完全、有效地反映出重大工程项目社会稳定风险的真实水平。因此，评价指标体系与综合评价方法需要进一步检验，并根据风险因素的实际变化，以及不同重大工程项目的类别进行动态调整。

3. 本研究构建的重大工程项目社会稳定风险生成机理同样需要根据现实的不断发展进行调整，在互联网如此发达的当下，应当充分结合互联网、大数据，考虑网络传播对重大工程项目社会稳定风险的影响，探究社会稳定风险的演化规律。

4. 本研究构建的重大工程项目社会稳定风险评估组织、运行机制以及多部门协同评估机制等，仍需要在实践中进行进一步的完善和优化。

附　录

附录1　省级重大工程项目社会稳定风险评估文件
（研究样本）

序号	地区	文件名称
1	上海	《上海关于深入开展重点建设项目社会稳定风险评估工作的通知》
2	天津	《天津市发展改革委重大建设项目社会稳定风险评估暂行办法》
3	重庆	《重庆市发展和改革委员会关于印发重大固定资产投资项目社会稳定风险评估暂行办法》
4	广东	《广东省发展改革委重大项目社会稳定风险评估暂行办法》
5	广西	《广西壮族自治区发展和改革委员会固定资产投资项目社会稳定风险评估暂行办法》
6	内蒙古	《内蒙古自治区重大项目建设社会稳定风险评估暂行办法》
7	陕西	《关于加强重大固定资产投资项目社会稳定风险评估工作的意见》
8	新疆	《新疆维吾尔自治区发展改革系统关于实施固定资产投资重大项目社会稳定风险评估工作的指导意见（试行）》
9	福建	《福建省重大固定资产投资项目社会稳定风险评估暂行办法》
10	辽宁	《辽宁省发展改革委重大固定资产投资项目社会稳定风险评估暂行办法》
11	河北	《河北省重大固定资产投资项目社会稳定风险评估暂行办法》
12	山东	《山东省发展改革委重大固定资产投资项目社会稳定风险评估暂行办法》
13	云南	《云南省发展改革委员会重大固定资产投资项目社会稳定风险评估方法（试行）》
14	江苏	《江苏省发展改革委固定资产投资项目社会稳定风险评估暂行办法》

续表

序号	地区	文件名称
15	浙江	《省发改委审批、核准重大固定资产投资项目社会稳定风险评估暂行办法》
16	山西	《山西省发展改革委关于对重大社会决策、重大工程项目开展社会稳定风险评估的实施意见》
17	兰州	《兰州市重大固定资产投资项目社会稳定风险评估暂行办法》
18	武汉	《武汉市重大固定资产投资项目社会稳定风险评估工作细则》

附录 2　重大工程项目社会稳定风险因素间因果关系

序号	风险因素间因果关系		
1		A2	立项审批程序不合法
2		A3	不符合国家与地区产业政策、产业结构规划、行业准入标准
3		A10	拆迁方案不合理、安置补偿不到位
4		A15	实施方案不周密、不完善，可操作性和连续性低
5	A1	A16	项目资金筹措和保障方案不可行
6	法定前置要件不齐备 →	A17	项目不具备完善的配套措施
7		A19	当地对工程项目的建设不认可、不接受
8		A24	项目引起的人文景观破坏
9		A26	项目造成的水土流失
10		B1	个别群众上访、信访
11		B2	小规模群众冲突
12		B3	小规模群众阻止项目现场施工
13		A3	不符合国家与地区产业政策、产业结构规划、行业准入标准
14		A4	项目造成的居民丧失土地的风险
15		A6	项目不能兼顾不同利益群体的诉求、不能统筹兼顾人民群众的现实利益和长远利益
16		A10	拆迁方案不合理、安置补偿不到位
17		A14	项目与当地经济社会发展水平不适应
18		A15	实施方案不周密、不完善，可操作性和连续性低
19	A2	A16	项目资金筹措和保障方案不可行
20	立项审批程序不合法 →	A17	项目不具备完善的配套措施
21		A19	当地对工程项目的建设不认可、不接受
22		A24	项目引起的人文景观破坏
23		A26	项目造成的水土流失
24		A27	项目造成的噪声、辐射、粉尘影响
25		A28	项目引起的流动人口增加
26		A29	项目引发的社区关系断裂的风险
27		A30	项目所在地可能引发的交通风险
28		B1	个别群众上访、信访
29		B3	小规模群众阻止项目现场施工

序号			风险因素间因果关系
30		A1	法定前置要件不齐备
31		A2	立项审批程序不合法
32		A4	项目造成的居民丧失土地的风险
33		A7	项目引发的地区、行业、群体之间的盲目攀比
34		A11	项目开展时机不成熟
35	A3	A14	项目与当地经济社会发展水平不适应
36	不符合国家与地区	A15	实施方案不周密、不完善，可操作性和连续性低
37	产业政策、产业结 →	A18	受到时间、空间、人力、物力、财力等因素的制约
38	构规划、行业准入	A19	当地对工程项目的建设不认可、不接受
39	标准	A25	工程移民与安置区居民民俗宗教不融合
40		A27	项目造成的噪声、辐射、粉尘影响
41		A28	项目引起的流动人口增加
42		A29	项目引发的社区关系断裂的风险
43		B1	个别群众上访、信访
44		B3	小规模群众阻止项目现场施工
45		A6	项目不能兼顾不同利益群体的诉求、不能统筹兼顾人民群众的现实利益和长远利益
46		A8	项目造成的居民就业困难、收入降低、生活水平下降的风险
47		A14	项目与当地经济社会发展水平不适应
48		A15	实施方案不周密、不完善，可操作性和连续性低
49		A16	项目资金筹措和保障方案不可行
50	A4	A17	项目不具备完善的配套措施
51	项目造成的居民丧 →	A18	受到时间、空间、人力、物力、财力等因素的制约
52	失土地的风险	A19	当地对工程项目的建设不认可、不接受
53		A25	工程移民与安置区居民民俗宗教不融合
54		A27	项目造成的噪声、辐射、粉尘影响
55		A28	项目引起的流动人口增加
56		A29	项目引发的社区关系断裂的风险
57		B1	个别群众上访、信访
58		B2	小规模群众冲突
59		B3	小规模群众阻止项目现场施工

序号		风险因素间因果关系		
60	A5 利益调节的对象和范围界定不准确，调节的依据不合法	→	A6	项目不能兼顾不同利益群体的诉求、不能统筹兼顾人民群众的现实利益和长远利益
61			A8	项目造成的居民就业困难、收入降低、生活水平下降的风险
62			A19	当地对工程项目的建设不认可、不接受
63			B3	小规模群众阻止项目现场施工
64	A6 项目不能兼顾不同利益群体的诉求、不能统筹兼顾人民群众的现实利益和长远利益	→	A2	立项审批程序不合法
65			A3	不符合国家与地区产业政策、产业结构规划、行业准入标准
66			A4	项目造成的居民丧失土地的风险
67			A8	项目造成的居民就业困难、收入降低、生活水平下降的风险
68			A9	信息公示与公众参与程度不够
69			A10	拆迁方案不合理、安置补偿不到位
70			A14	项目与当地经济社会发展水平不适应
71			A15	实施方案不周密、不完善，可操作性和连续性低
72			A16	项目资金筹措和保障方案不可行
73			A19	项目不具备完善的配套措施
74			A29	受到时间、空间、人力、物力、财力等因素的制约
75			A30	当地对工程项目的建设不认可、不接受
76			B1	个别群众上访、信访
77			B2	小规模群众冲突
78	A7 项目引发的地区、行业、群体之间的盲目攀比	→	A1	法定前置要件不齐备
79			A4	项目造成的居民丧失土地的风险
80			A5	利益调节的对象和范围界定不准确，调节的依据不合法
81			A6	项目不能兼顾不同利益群体的诉求、不能统筹兼顾人民群众的现实利益和长远利益
82			A7	项目引发的地区、行业、群体之间的盲目攀比
83			A8	项目造成的居民就业困难、收入降低、生活水平下降的风险
84			A9	信息公示与公众参与程度不够
85			A10	拆迁方案不合理、安置补偿不到位

序号	风险因素间因果关系		
86		A14	项目与当地经济社会发展水平不适应
87		A15	实施方案不周密、不完善，可操作性和连续性低
88		A17	项目不具备完善的配套措施
89		A18	受到时间、空间、人力、物力、财力等因素的制约
90		A19	当地对工程项目的建设不认可、不接受
91		A27	项目造成的噪声、辐射、粉尘影响
92		A28	项目引起的流动人口增加
93		B1	个别群众上访、信访
94	A8 项目造成的居民就业困难、收入降低、生活水平下降的风险	A4	项目造成的居民丧失土地的风险
95		A14	项目与当地经济社会发展水平不适应
96		A19	当地对工程项目的建设不认可、不接受
97	→	A27	项目造成的噪声、辐射、粉尘影响
98		A30	项目所在地可能引发的交通风险
99		B1	个别群众上访、信访
100		B2	小规模群众冲突
101		B3	小规模群众阻止项目现场施工
102		A1	法定前置要件不齐备
103		A2	立项审批程序不合法
104		A3	不符合国家与地区产业政策、产业结构规划、行业准入标准
105		A4	项目造成的居民丧失土地的风险
106		A5	利益调节的对象和范围界定不准确，调节的依据不合法
107	A9 信息公示与公众参与程度不够	A6	项目不能兼顾不同利益群体的诉求、不能统筹兼顾人民群众的现实利益和长远利益
108	→	A10	拆迁方案不合理、安置补偿不到位
109		A11	项目开展时机不成熟
110		A12	与土地利用总体规划和城乡规划不符
111		A14	项目与当地经济社会发展水平不适应
112		A15	实施方案不周密、不完善，可操作性和连续性低
113		A16	项目资金筹措和保障方案不可行
114		A19	当地对工程项目的建设不认可、不接受
115		A22	宣传解释和舆论引导措施不充分

续表

序号			风险因素间因果关系
116		A24	项目引起的人文景观破坏
117		A29	项目引发的社区关系断裂的风险
118		A31	给周边的社会治安带来重大的冲击
119		B1	个别群众上访、信访
120		B3	小规模群众阻止项目现场施工
121		A4	项目造成的居民丧失土地的风险
122		A5	利益调节的对象和范围界定不准确,调节的依据不合法
123		A6	项目不能兼顾不同利益群体的诉求、不能统筹兼顾人民群众的现实利益和长远利益
124		A7	项目引发的地区、行业、群体之间的盲目攀比
125		A8	项目造成的居民就业困难、收入降低、生活水平下降的风险
126	A10	A9	信息公示与公众参与程度不够
127	拆迁方案不合理、	A15	实施方案不周密、不完善,可操作性和连续性低
128	安置补偿不到位 →	A16	项目资金筹措和保障方案不可行
129		A17	项目不具备完善的配套措施
130		A19	当地对工程项目的建设不认可、不接受
131		A20	项目建设实施存在连带风险或公共安全隐患
132		A27	项目造成的噪声、辐射、粉尘影响
133		A28	项目引起的流动人口增加
134		A30	项目所在地可能引发的交通风险
135		B1	个别群众上访、信访
136		B2	小规模群众冲突
137		B3	小规模群众阻止项目现场施工
138		A3	不符合国家与地区产业政策、产业结构规划、行业准入标准
139	A11	A6	项目不能兼顾不同利益群体的诉求、不能统筹兼顾人民群众的现实利益和长远利益
140	项目开展时机不成熟 →	A8	项目造成的居民就业困难、收入降低、生活水平下降的风险
141		A12	与土地利用总体规划和城乡规划不符
142		A14	项目与当地经济社会发展水平不适应

续表

序号			风险因素间因果关系
143		A15	实施方案不周密、不完善，可操作性和连续性低
144		A17	项目不具备完善的配套措施
145		A18	受到时间、空间、人力、物力、财力等因素的制约
146		A19	当地对工程项目的建设不认可、不接受
147		B1	个别群众上访、信访
148		B3	小规模群众阻止项目现场施工
149	A12 与土地利用总体规划和城乡规划不符 →	A3	不符合国家与地区产业政策、产业结构规划、行业准入标准
150		A6	项目不能兼顾不同利益群体的诉求、不能统筹兼顾人民群众的现实利益和长远利益
151		A8	项目造成的居民就业困难、收入降低、生活水平下降的风险
152		A12	与土地利用总体规划和城乡规划不符
153		A14	项目与当地经济社会发展水平不适应
154		A15	实施方案不周密、不完善，可操作性和连续性低
155		A17	项目不具备完善的配套措施
156		A18	受到时间、空间、人力、物力、财力等因素的制约
157		A19	当地对工程项目的建设不认可、不接受
158		B1	个别群众上访、信访
159	A13 政策的连续性和严密性 →	A1	法定前置要件不齐备
160		A6	项目不能兼顾不同利益群体的诉求、不能统筹兼顾人民群众的现实利益和长远利益
161		A15	实施方案不周密、不完善，可操作性和连续性低
162		A18	受到时间、空间、人力、物力、财力等因素的制约
163		B1	个别群众上访、信访
164	A14 项目与当地经济社会发展水平不适应 →	A2	立项审批程序不合法
165		A6	项目不能兼顾不同利益群体的诉求、不能统筹兼顾人民群众的现实利益和长远利益
166		A8	项目造成的居民就业困难、收入降低、生活水平下降的风险
167		A9	信息公示与公众参与程度不够
168		A11	项目开展时机不成熟
169		A15	实施方案不周密、不完善，可操作性和连续性低

序号			风险因素间因果关系
170		A16	项目资金筹措和保障方案不可行
171		A18	受到时间、空间、人力、物力、财力等因素的制约
172		A19	当地对工程项目的建设不认可、不接受
173		A20	项目建设实施存在连带风险或公共安全隐患
174		A31	给周边的社会治安带来重大的冲击
175		B1	个别群众上访、信访
176		B2	小规模群众冲突
177		B3	小规模群众阻止项目现场施工
178	A15 实施方案不周密、不完善，可操作性和连续性低	A6	项目不能兼顾不同利益群体的诉求、不能统筹兼顾人民群众的现实利益和长远利益
179		A7	项目引发的地区、行业、群体之间的盲目攀比
180		A8	项目造成的居民就业困难、收入降低、生活水平下降的风险
181		A9	信息公示与公众参与程度不够
182		A10	拆迁方案不合理、安置补偿不到位
183		A16	项目资金筹措和保障方案不可行
184		→ A17	项目不具备完善的配套措施
185		A25	工程移民与安置区居民民俗宗教不融合
186		A26	项目造成的水土流失
187		A27	项目造成的噪声、辐射、粉尘影响
188		A28	项目引起的流动人口增加
189		A30	项目所在地可能引发的交通风险
190		B1	个别群众上访、信访
191		B2	小规模群众冲突
192		B3	小规模群众阻止项目现场施工
193	A16 项目资金筹措和保障方案不可行	A6	项目不能兼顾不同利益群体的诉求、不能统筹兼顾人民群众的现实利益和长远利益
194		A7	项目引发的地区、行业、群体之间的盲目攀比
195		→ A8	项目造成的居民就业困难、收入降低、生活水平下降的风险
196		A9	信息公示与公众参与程度不够
197		A10	拆迁方案不合理、安置补偿不到位
198		A16	项目资金筹措和保障方案不可行

序号	风险因素间因果关系		
199		A17	项目不具备完善的配套措施
200		A25	工程移民与安置区居民民俗宗教不融合
201		A26	项目造成的水土流失
202		A27	项目造成的噪声、辐射、粉尘影响
203		A28	项目引起的流动人口增加
204		A30	项目所在地可能引发的交通风险
205		B1	个别群众上访、信访
206		B2	小规模群众冲突
207		B3	小规模群众阻止项目现场施工
208	A17 项目不具备完善的 配套措施 →	A6	项目不能兼顾不同利益群体的诉求、不能统筹兼顾 人民群众的现实利益和长远利益
209		A7	项目引发的地区、行业、群体之间的盲目攀比
210		A8	项目造成的居民就业困难、收入降低、生活水平下 降的风险
211		A10	拆迁方案不合理、安置补偿不到位
212		A15	实施方案不周密、不完善，可操作性和连续性低
213		A16	项目资金筹措和保障方案不可行
214		A18	受到时间、空间、人力、物力、财力等因素的制约
215		A25	工程移民与安置区居民民俗宗教不融合
216		A26	项目造成的水土流失
217		A27	项目造成的噪声、辐射、粉尘影响
218		A28	项目引起的流动人口增加
219		B1	个别群众上访、信访
220		B2	小规模群众冲突
221		B3	小规模群众阻止项目现场施工
222	A18 受到时间、空间、 人力、物力、财力 等因素的制约 →	A6	项目不能兼顾不同利益群体的诉求、不能统筹兼顾 人民群众的现实利益和长远利益
223		A8	项目造成的居民就业困难、收入降低、生活水平下 降的风险
224		A10	拆迁方案不合理、安置补偿不到位
225		A11	项目开展时机不成熟
226		A14	项目与当地经济社会发展水平不适应
227		A15	实施方案不周密、不完善，可操作性和连续性低

序号			风险因素间因果关系	
228		A16	项目资金筹措和保障方案不可行	
229		A17	项目不具备完善的配套措施	
230		A19	当地对工程项目的建设不认可、不接受	
231		A22	宣传解释和舆论引导措施不充分	
232		A23	对国家和地区安全造成影响	
233		A26	项目造成的水土流失	
234		A27	项目造成的噪声、辐射、粉尘影响	
235		A30	项目所在地可能引发的交通风险	
236		B1	个别群众上访、信访	
237		B2	小规模群众冲突	
238		B3	小规模群众阻止项目现场施工	
239		A2	立项审批程序不合法	
240		A3	不符合国家与地区产业政策、产业结构规划、行业准入标准	
241		A6	项目不能兼顾不同利益群体的诉求、不能统筹兼顾人民群众的现实利益和长远利益	
242		A8	项目造成的居民就业困难、收入降低、生活水平下降的风险	
243	A19 当地对工程项目的建设不认可、不接受	A11	项目开展时机不成熟	
244		A12	与土地利用总体规划和城乡规划不符	
245	→	A14	项目与当地经济社会发展水平不适应	
246		A15	实施方案不周密、不完善，可操作性和连续性低	
247		A20	项目建设实施存在连带风险或公共安全隐患	
248		A24	项目引起的人文景观破坏	
249		A25	工程移民与安置区居民民俗宗教不融合	
250		A29	项目引发的社区关系断裂的风险	
251		A31	给周边的社会治安带来重大的冲击	
252		B1	个别群众上访、信访	
253		B2	小规模群众冲突	
254		B3	小规模群众阻止项目现场施工	
255	A20 项目建设实施存在	→	A19	当地对工程项目的建设不认可、不接受
256			A23	对国家和地区安全造成影响

序号	风险因素间因果关系		
257	连带风险或公共安全隐患	B3	小规模群众阻止项目现场施工
258	A21 对可能出现的社会稳定风险，没有相应的风险监控措施、应急处置预案和可行有效的防范、化解措施	A1	法定前置要件不齐备
259		A19	当地对工程项目的建设不认可、不接受
260		A31	给周边的社会治安带来重大的冲击
261		B3	小规模群众阻止项目现场施工
262	A22 宣传解释和舆论引导措施不充分	A6	项目不能兼顾不同利益群体的诉求、不能统筹兼顾人民群众的现实利益和长远利益
263		A9	信息公示与公众参与程度不够
264		A11	项目开展时机不成熟
265		B3	小规模群众阻止项目现场施工
266	A23 对国家和地区安全造成影响	A24	项目引起的人文景观破坏
267		B2	小规模群众冲突
268	A24 项目引起的人文景观破坏	A2	立项审批程序不合法
269		A7	项目引发的地区、行业、群体之间的盲目攀比
270		A15	实施方案不周密、不完善，可操作性和连续性低
271		A19	当地对工程项目的建设不认可、不接受
272		A25	工程移民与安置区居民民俗宗教不融合
273		A27	项目造成的噪声、辐射、粉尘影响
274		A29	项目引发的社区关系断裂的风险
275		A30	项目所在地可能引发的交通风险
276		B1	个别群众上访、信访
277		B3	小规模群众阻止项目现场施工
278	A25 工程移民与安置区居民民俗宗教不融合	A1	法定前置要件不齐备
279		A6	项目不能兼顾不同利益群体的诉求、不能统筹兼顾人民群众的现实利益和长远利益
280		A8	项目造成的居民就业困难、收入降低、生活水平下降的风险
281		A15	实施方案不周密、不完善，可操作性和连续性低

续表

序号	风险因素间因果关系		
282		A16	项目资金筹措和保障方案不可行
283		A17	项目不具备完善的配套措施
284		A19	当地对工程项目的建设不认可、不接受
285		A28	项目引起的流动人口增加
286		B1	个别群众上访、信访
287		B3	小规模群众阻止项目现场施工
288		A1	法定前置要件不齐备
289		A2	立项审批程序不合法
290		A4	项目造成的居民丧失土地的风险
291		A6	项目不能兼顾不同利益群体的诉求、不能统筹兼顾人民群众的现实利益和长远利益
292	A26 项目造成的水土流失 →	A8	项目造成的居民就业困难、收入降低、生活水平下降的风险
293		A15	实施方案不周密、不完善，可操作性和连续性低
294		A16	项目资金筹措和保障方案不可行
295		A17	项目不具备完善的配套措施
296		A24	项目引起的人文景观破坏
297		A29	项目引发的社区关系断裂的风险
298		A30	项目所在地可能引发的交通风险
299		B1	个别群众上访、信访
300		B2	小规模群众冲突
301		B3	小规模群众阻止项目现场施工
302		A6	项目不能兼顾不同利益群体的诉求、不能统筹兼顾人民群众的现实利益和长远利益
303		A7	项目引发的地区、行业、群体之间的盲目攀比
304	A27 项目造成的噪声、辐射、粉尘影响 →	A8	项目造成的居民就业困难、收入降低、生活水平下降的风险
305		A15	实施方案不周密、不完善，可操作性和连续性低
306		A16	项目资金筹措和保障方案不可行
307		A17	项目不具备完善的配套措施
308		A19	当地对工程项目的建设不认可、不接受
309		A24	项目引起的人文景观破坏
310		A26	项目造成的水土流失

续表

序号				风险因素间因果关系
311			A27	项目造成的噪声、辐射、粉尘影响
312			A28	项目引起的流动人口增加
313			B1	个别群众上访、信访
314			B3	小规模群众阻止项目现场施工
315			A1	法定前置要件不齐备
316			A2	立项审批程序不合法
317			A3	不符合国家与地区产业政策、产业结构规划、行业准入标准
318			A6	项目不能兼顾不同利益群体的诉求、不能统筹兼顾人民群众的现实利益和长远利益
319	A28		A8	项目造成的居民就业困难、收入降低、生活水平下降的风险
320	项目引起的流动人口增加	→	A11	项目开展时机不成熟
321			A14	项目与当地经济社会发展水平不适应
322			A16	项目资金筹措和保障方案不可行
323			A18	受到时间、空间、人力、物力、财力等因素的制约
324			A24	项目引起的人文景观破坏
325			A25	工程移民与安置区居民民俗宗教不融合
326			A28	项目引起的流动人口增加
327			B1	个别群众上访、信访
328			B2	小规模群众冲突
329			A2	立项审批程序不合法
330			A5	利益调节的对象和范围界定不准确，调节的依据不合法
331			A8	项目造成的居民就业困难、收入降低、生活水平下降的风险
332	A29		A10	拆迁方案不合理、安置补偿不到位
333	项目引发的社区关系断裂的风险	→	A14	项目与当地经济社会发展水平不适应
334			A18	受到时间、空间、人力、物力、财力等因素的制约
335			A24	项目引起的人文景观破坏
336			A25	工程移民与安置区居民民俗宗教不融合
337			A27	项目造成的噪声、辐射、粉尘影响
338			A30	项目所在地可能引发的交通风险

序号			风险因素间因果关系	
339			B1	个别群众上访、信访
340			B2	小规模群众冲突
341	A30 项目所在地可能引发的交通风险	→	A2	立项审批程序不合法
342			A7	项目引发的地区、行业、群体之间的盲目攀比
343			A9	信息公示与公众参与程度不够
344			A14	项目与当地经济社会发展水平不适应
345			A16	项目资金筹措和保障方案不可行
346			A18	受到时间、空间、人力、物力、财力等因素的制约
347			A21	对可能出现的社会稳定风险,没有相应的风险监控措施、应急处置预案和可行有效的防范、化解措施
348			A25	工程移民与安置区居民民俗宗教不融合
349			A27	项目造成的噪声、辐射、粉尘影响
350			A28	项目引起的流动人口增加
351			A29	项目引发的社区关系断裂的风险
352			B1	个别群众上访、信访
353			B2	小规模群众冲突
354	A31 给周边的社会治安带来重大的冲击	→	A20	项目建设实施存在连带风险或公共安全隐患
355			A23	对国家和地区安全造成影响
356			A27	项目造成的噪声、辐射、粉尘影响
357			B3	小规模群众阻止项目现场施工
358	B1 个别群众上访、信访	→	C1	大规模群众集体上访
359			C3	民众聚众、游行、示威
360			C4	交通围堵
361	B2 小规模群众冲突	→	C1	大规模群众集体上访
362			C4	交通围堵
363			C5	斗殴、干群冲突
364	B3 小规模群众阻止项目现场施工	→	C1	大规模群众集体上访
365			C2	大规模群众现场闹事、阻工
366			C3	民众聚众、游行、示威
367			C4	交通围堵
368			C5	斗殴、干群冲突

续表

序号	风险因素间因果关系			
369	C1 大规模群众集体上访	→	D1	社会不稳定
370	C2 大规模群众现场闹事、阻工	→	D1	社会不稳定
371	C3 民众聚众、游行、示威	→	D1	社会不稳定
372	C4 交通围堵	→	D1	社会不稳定
373	C5 斗殴、干群冲突	→	D1	社会不稳定

附录3　各地区重大工程项目社会稳定风险评估文件中一级指标统计

地区		发布时间（年）	序号	文件名称	一级指标
国家	国家发改部门	2012	1	《国家发展改革委重大固定资产投资项目社会稳定风险评估暂行办法》	合法性、合理性、可行性、可控性
	水利部	2012	2	《重大水利建设项目社会稳定风险评估暂行办法》	合法性、合理性、可行性、可控性
	国家发改部门	2013	3	《重大固定资产投资项目社会稳定风险分析篇章和评估报告编制大纲（试行）》	合法性、合理性、可行性、可控性
北京		2012	4	《北京市重大决策社会稳定风险评估实施细则（试行）》涉密，未正式发布	/
上海		2011	5	《重大决策社会稳定风险分析和评估的若干规定》	合法性、合理性、可行性、安全性
天津		2012	6	《关于印发〈天津市重大决策社会稳定风险评估办法〉的通知》	合法性、合理性、可行性、可控性
		2013	7	《天津市发展改革委重大建设项目社会稳定风险评估暂行办法》	合法性、合理性、可行性、可控性
重庆		2012	8	《重庆市发展和改革委员会重大固定资产投资项目社会稳定风险评估暂行办法》	合法性、合理性、可行性、可控性
广东		2012	9	《广东省发展改革委重大项目社会稳定风险评估暂行办法》	合法性、合理性、可行性、可控性
		2012	10	《深圳市重大事项社会稳定风险评估办法》	合法性、合理性、可行性、可控性
广西		2013	11	《广西壮族自治区发展和改革委员会固定资产投资项目社会稳定风险评估暂行办法》	合法性、合理性、可行性、可控性

续表

地区	发布时间（年）	序号	文件名称	一级指标
内蒙古	2012	12	《内蒙古自治区重大项目建设社会稳定风险评估暂行办法》	合法性、合理性、可行性、可控性
	2010	13	《内蒙古自治区关于建立重大事项社会稳定风险评估机制的指导意见（试行）的通知》	合法性、合理性、可行性、可控性
陕西	2012	14	《关于加强重大固定资产投资项目社会稳定风险评估工作的意见》	合法性、合理性、可行性、可控性
甘肃	2013	15	《兰州市重大固定资产投资项目社会稳定风险评估暂行办法》	合法性、合理性、可行性、可控性
江苏	2012	16	《江苏省发展改革委固定资产投资项目社会稳定风险评估暂行办法》	合法性、合理性、可行性、可控性
河南	2011	17	《河南省2011年度社会稳定风险评估工作考核实施细则》	合法性、合理性、安全性、适时性、可控性
湖北	2013	18	《武汉市重大固定资产投资项目社会稳定风险评估工作细则》	合法性、合理性、可行性、可控性
湖南	2011	19	《湖南省重大事项社会稳定风险评估办法》	合法性、合理性、可行性、可控性
新疆	2012	20	《新疆维吾尔自治区发展改革系统关于实施固定资产投资重大项目社会稳定风险评估工作的指导意见（试行）》	合法性、合理性、可行性、可控性
福建	2013	21	《福建省重大固定资产投资项目社会稳定风险评估暂行办法》	合法性、合理性、可行性、可控性
浙江	2012	22	《浙江省重大决策社会稳定风险评估实施办法（试行）》	合法性、合理性、可行性、可控性
	2015	23	《海宁市关于2015年度重大固定资产投资项目开展社会稳定风险评估的通知》	合法性、合理性、可行性、可控性
	2014	24	《杭州市重大固定资产投资项目社会稳定风险评估暂行办法》	合法性、合理性、可行性、可控性

续表

地区	发布时间（年）	序号	文件名称	一级指标
江西	2010	25	《关于建立重大事项社会稳定风险评估机制的意见》	合法性、合理性、可行性、安全性
黑龙江	2012	26	《关于实施重大事项社会稳定风险评估的实施意见》	合法性、合理性、可行性、安全性
辽宁	2013	27	《辽宁省发展改革委重大固定资产投资项目社会稳定风险评估暂行办法》没有提及	/
吉林	2009	28	《关于在全省推行社会稳定风险评估工作意见的通知》	合法性、合理性、可行性、可控性
河北	2014	29	《河北省重大固定资产投资项目社会稳定风险评估暂行办法》	合法性、合理性、可行性、可控性
山西	2013	30	《全省建立健全重大决策社会稳定风险评估机制的实施意见（试行）》	合法性、合理性、可行性、可持续性、安全性
山东	2014	31	《山东省发展改革委重大固定资产投资项目社会稳定风险评估暂行办法》	合法性、合理性、可行性、可控性
云南	2014	32	《云南省发展改革委员会重大固定资产投资项目社会稳定风险评估方法》没有提及	/

附录4　文献中社会稳定风险评价一级指标统计

序号	引自文献	一级指标
1	张玉磊、徐贵权[1]（2010）	合法性、合理性、可行性、可控性
2	杨雄、刘程[2]（2010）	合法性、合理性、可行性、可持续性
3	陈曦[3]（2011）	安全性、合法性、合理性、可行性、可控性
4	董幼鸿[4]（2011）	安全性、合法性、合理性、可行性、可控性
5	杨芳勇、沈克慧[5]（2012）	合法性、合理性、可行性、安全性、稳定性、可控性
6	汪大海、张玉磊[6]（2012）	合法性、合理性、可行性、可控性
7	郭秀云[7]（2012）	合法性、合理性、可行性、可控性
8	蔡玉军、张宇[8]（2013）	合法性、合理性、可行性、安全
9	田柏栋、武泽江[9]（2014）	安全性、合法性、合理性、可行性、可控性
10	刘泽照、朱正威[10]（2014）	安全性、合法性、合理性、可行性、可控性
11	张玉磊、徐贵权[11]（2015）	合法性、合理性、可行性、可控性
12	杜哲、郭晋、吴爽[12]（2015）	合法性、合理性、可行性、可控性

附录5　各地区（部门）重大工程项目社会稳定风险评估文件中二级指标统计

	二级指标	地区（部门）	频次统计
合法性	拟建项目相关审批部门（土地、规划、环评、立项）是否具有相应的项目审批权并在权限范围内进行审批	河北、上海、重庆、水利部、国家发改委、湖南、黑龙江、吉林	8
	是否符合国家及省市法律、法规、规章等有关规定	河北、江苏、内蒙古、山西、上海、四川、重庆、水利部、国家发改委、湖南、江西、黑龙江、吉林	13
	是否符合国家与地区国民经济和社会发展规划、产业政策、产业结构规划、行业准入标准	河北、江苏、内蒙古、水利部、国家发改委、湖南、江西、黑龙江	8
	是否符合党和国家的大政方针	山西、湖南、江西	3
	所涉政策调整、利益调节的对象和范围是否界定准确，调整、调节的依据是否合法	山西、水利部、湖南、吉林	4
	是否已列入国务院及有关部门批准的相关规划	水利部	1
合理性	是否符合科学发展观和经济社会发展规律	河北、内蒙古、山西、陕西、上海、深圳、国家发改委、湖南	8
	是否符合社会公共利益、人民群众的现实利益和长远利益	河北、江苏、内蒙古、山西、陕西、上海、深圳、四川、水利部、国家发改委、湖南、黑龙江、吉林	13
	是否兼顾了不同利益群体的诉求	河北、内蒙古、山西、上海、深圳、四川、水利部、国家发改委、湖南、江西、黑龙江、吉林	12
	是否可能引发地区、行业、群体之间的相互盲目攀比	河北、内蒙古、上海、国家发改委、湖南、黑龙江、吉林	7
	依法应给予相关群众的补偿和其他救济是否充分、合理、公平、公正	河北、上海、国家发改委、吉林	4

续表

	二级指标	地区（部门）	频次统计
合理性	项目本身对社会产生的影响（交通、流动人口、空间、绿化、环境污染）	重庆	1
	拟采取的措施和手段是否必要、适当，是否维护了相关群众的合法权益等	河北、江苏、上海、国家发改委、湖南、吉林	6
	是否符合社会、人民群众的承受能力	河北、江苏、内蒙古、山西、湖南、黑龙江、国家发改委、吉林	8
	是否得到了大多数群众的认可和支持	河北、江苏、内蒙古、上海、深圳、重庆、水利部、国家发改委、湖南、山西、江西、黑龙江、吉林	13
可行性	重大项目是否经过可行性论证	内蒙古、山西、江西、黑龙江	4
	是否与地区经济社会发展和当地总体发展规划相适应	河北、江苏、上海、重庆、水利部、国家发改委、湖南、江西、黑龙江、吉林	10
	是否信息公示、广泛调查和宣传	河北、重庆	2
	建设时机和条件是否成熟	河北、内蒙古、山西、上海、四川、水利部、国家发改委、湖南、江西、黑龙江、吉林	11
	是否有具体、翔实的方案和完善的配套措施	河北、内蒙古、国家发改委、湖南	4
	人力、物力和财力成本是否在可承受的范围内	河北、内蒙古、山西、上海、国家发改委、湖南、江西、黑龙江、吉林	9
	实施方案是否周密、完善，具有可操作性和连续性	内蒙古、山西、江西、黑龙江、吉林	5
安全性	是否对国家和地区安全造成影响	山西、江西	2
	是否会引发较大的群体性事件、集体上访	河北、江苏、内蒙古、深圳、四川、重庆、国家发改委、湖南、黑龙江、吉林	10
	是否会引发社会负面舆论、恶意炒作以及其他影响社会稳定的问题	河北、江苏、重庆、国家发改委、湖南、黑龙江、吉林	7
	是否给周边的社会治安带来重大的冲击	山西、江西	2
	项目建设中是否引发施工安全风险	陕西	1

续表

	二级指标	地区（部门）	频次统计
可控性	项目建设实施是否存在连带风险或公共安全隐患	河北、江苏、国家发改委、湖南、黑龙江、吉林	6
	对可能出现的社会稳定风险和生态环境等问题，是否有相应的风险监控措施、应急处置预案和可行有效的防范、化解措施	河北、江苏、四川、内蒙古、重庆、水利部、国家发改委、湖南、黑龙江、吉林、山西、上海、江西	10
	宣传解释和舆论引导措施是否充分	河北、江苏、重庆、国家发改委、黑龙江、吉林	6
可持续性	占用地方资源（土地、能源、水资源、岸线、交通、污染物排放指标、自然和生态环境等）带来的影响	河北、山西、陕西	3
	资源配置是否合理	陕西	1
	是否考虑了社会发展的可持续性	湖南、山西	1

附录6　文献中重大事项社会稳定风险评估文件中
二级指标统计

引自文献	二级指标					
	合法性	合理性	可行性	可控性	安全性	可持续性
杨雄、刘程（2010）外部指标	是否符合法律、法规	涉及征地、拆迁等的补偿安置是否合理	项目资金和其他建设资金是否落实	/	/	可能产生的环境污染
	是否符合国家产业政策	项目建成后群众获益程度	是否符合本地经济社会发展总体水平	/	/	可能产生的生态环境破坏
	/	是否听取相关利益群体的诉求和意见	项目资金和其他建设资金是否落实			是否有科学的治理、环保配套措施
		政府对项目的认识了解程度	/	/	/	/
		群众的接受程度				
陈曦（2011）	政策依据	评估程序公开	评估方案	事后隐患	生态环境	/
	审查报批程序	利益分配公平	资金投入	预警预防措施	群众认可	/
	法定程序	公众参与公正	出台时机	应急预备	配套政策	/
董幼鸿（2011）	内容是否符合宪法、法律、法规以及党和国家方针政策	决策内容是否统筹兼顾各方利益	决策方向是否符合大多数群众意愿	是否存在相应有效的风险化解措施和应急处置预案	是否影响生态、资源环境	/
	决策方式、步骤、时限等程序是否合法	特定群体受益决策事项是否可能引发相关或类似群体攀比	决策所需人力、物力、财力是否在可承受范围	是否有预防预警措施	是否存在可能引起群体性事件等影响社会稳定的隐患	/
	/	/	决策是否符合大多数群众的利益	/	对群众心理预期、主要想法和意见的掌握程度	/
	/	/	出台时机和条件是否成熟	/	/	/

续表

引自文献	二级指标					
	合法性	合理性	可行性	可控性	安全性	可持续性
杨芳勇、沈克慧（2012）	是否符合上位法和相关法律法规要求	是否符合经济社会发展规律	是否经过严谨科学的研究论证	是否有外部力量介入，人为制造社会治安和社会稳定的问题	是否会引发较大的影响社会治安和社会稳定的事件	拆迁项目是否对生态环境有重大影响
	是否符合党和国家的大政方针	拆迁项目的确立是否符合公益和公共需求	是否充分考虑到时间、空间、人力、物力、财力等制约因素	对可能出现的社会治安和社会稳定问题，有有效应急处置预案	拆迁范围内是否存在突出的治安和社会稳定问题	拆迁项目是否对周边环境产生污染或者破坏
	/	拆迁损失是否超越当地绝大多数群众的承受能力	拆迁方案是否具体、翔实，配套措施是否完备	/	是否会给周边的社会治安带来重大的冲击	/
汪大海、张玉磊（2012）	事项实施主体是否符合国家法律、法规和规章的相关规定	所涉及的利益相关方的界定是否准确、全面	现有财政经济实力是否可以支撑相关成本支出	是否存在引发群众大规模集体上访或群体性事件的风险	/	/
	内容是否符合国家的法律、法规和规章；是否符合党和国家的路线方针政策	对利益相关方的信息公开是否到位	对于未来自然环境和人文环境带来的影响是否能为群众接受	是否建立不稳定因素台账和报告制度	/	/
	决策程序是否符合规定的议事决策规定	群众满意度测评是否达标	现有技术条件是否具备	风险防范化解预案是否翔实完善	/	/
	/	专家组评审是否达标	/	对所涉及群众的补偿、安置、保障等措施是否可能引起其他地区群众的攀比	/	/

续表

引自文献	二级指标					
	合法性	合理性	可行性	可控性	安全性	可持续性
蔡玉军、张宇（2013）	是否符合规划	是否符合公共利益需要	保障措施是否落实	/	是否存在安全隐患	/
	程序的公正性和合法性	征收补偿标准是否公平、公正、合理	是否满足被征收人的相关要求	/	是否会对周边环境产生较大影响及引起群众不适	/
	公共参与	是否保持政策的连续性、稳定性是否保持政策的连续性、稳定性	补偿资金否足额到位、专户存储、专款专用	/	评估征收是否可能引发较大规模的上访、社会治安、网络负面舆论等问题	
	/	/	/	/	可能引发的社会稳定风险是否能得到有效防范和化解	/
	/	/	/	/	是否制定预警措施和应急处置方案	/
张玉磊、徐贵权（2015）	项目运作主体是否具备法人资格和运作资质	是否准确、全面地界定了项目利益相关主体	是否与当地政府的财政支付能力相适应	是否存在引发群体性事件的风险	/	/
	项目内容是否与国家政策相吻合，是否具备合法性	对利益相关方的信息公开是否到位	对于自然、人文环境带来的影响是否能为群众接受	是否建立了涉稳因素报告制度	/	/
	项目的决策流程是否符合相关法律规定	群众满意度测评是否达标	现有技术条件是否具备	是否制订了社会稳定风险防范化解应急预案	/	/
	/	是否通过专家组审议	/	利益相关主体的补偿安置措施是否公平合理	/	/

续表

引自文献	二级指标					
	合法性	合理性	可行性	可控性	安全性	可持续性
杜哲、郭晋、吴爽（2015）	决策过程	线、站位、场段方案	建设时机	征地及房屋补偿标准	/	/
	审批过程	工程规模和技术标准	投资规模	商业影响		
	/	工程技术方案	收益评价	交通影响	/	/
	/	票制票价	/	环境影响	/	/
	/	/	/	社会稳定风险管理体系		
	/	/	/	施工安全和社会治安		
	/	/	/	运营管理	/	/
	/	/	/	社会互适性	/	/
陈桃生（2015）	规划和审批程序	土地房屋征收征用补偿	当地对轨道交通建设项目的认可度和接受度	媒体宣传、舆论导向及影响	地铁特种设备及供电系统可靠性	轨道交通施工、运营期噪声、振动、废气等影响
	/	工程建设方案	建设与管理	/	地铁发生火灾和恐怖袭击等恶性事件可能性	轨道交通水土保持方案落实情况
	/	施工引发沿线人群生活不便	工程建设方案	/	群体性事件增长率	轨道交通建设项目对当地敏感目标和历史矛盾影响
	/	对沿线商业经营的影响	/	/	当地重大事故发生率	/
	/	对沿线交通的影响	/	/	当地社会治安状况	/
	/	项目影响范围、影响区人均收入、城镇失业率等	/	/	/	/

续表

引自文献	二级指标					
	合法性	合理性	可行性	可控性	安全性	可持续性
陶振 （2015）	决策程序是否符合既定流程	是否兼顾不同利益相关方的利益	是否具备实施的人、财、物的保障条件			是否与当地民族风俗习惯和宗教有冲突
	决策内容是否与法律、法规、规章相悖	是否兼顾短期利益和长远利益	决策方案是否与本区域经济社会发展水平相适应			是否影响公众原有社会关系
	决策失误问责机制是否健全	是否造成社会公众生产生活的不便				对当地人文景观是否有较大破坏
	决策实施与现有和以往政策是否衔接相容	公众对补偿、安置或救助方案接受的程度				是否会产生水、废气、噪声、固体废弃物、震动、辐射、日照通风、粉尘、光污染、病原微生物等环境危害等
		是否会引发公众间、地区间、行业间的攀比				能否保证决策的连续性和稳定性
		对周边土地、房屋价格的影响程度				是否影响周边交通和公众出行
		是否影响公众相关生活消费品价格上涨				
		公众收入水平和就业是否受到影响				
		是否影响社会人口流动				

附录7　重大工程项目社会稳定风险评价指标权重问卷

尊敬的先生/女士：

　　您好！感谢您抽出宝贵的时间来完成这份关于重大工程项目社会稳定风险评价指标权重问卷，请您根据您的实践经验或参与工程的实际情况，对下列风险因素发生的可能性和对重大工程项目的影响程度进行判断。我们将对您所有的信息保密。谢谢！

第一部分：您的基本情况

（请在空格中填写或在相应选项前的□中打"√"）

1. 您工作单位的类型：

□政府部门　□设计院　□施工单位　□建设单位　□监理公司

□中介机构　□科研　□其他单位

2. 您参加工作的时间：

□2 年以下　□2—5 年　□5—10 年　□10—15 年　□15 年以上

3. 您从事工作职务_____

□项目管理者　□部门负责人　□具体工作参与人　□监督方　□其他

第二部分：您参与的工程项目的基本情况

1. 项目所在省、直辖市：_____

2. 该项目的类型是：

□民用与工业建筑　□交通道路　□市政　□水利港口

□其他类型

3. 招投标形式：

□公开招标　□邀请招标　□议标　□其他类型

4. 工程项目目前建设情况：

□已建成　□在建　□未开工

5. 项目投资主体：

□政府投资　□企业（私人）投资　□政府与民间资本结合

□其他类型

6. 项目融资模式：

□PPP　□BOT　□BT　□其他类型

7. 工程项目合同承包形式：

□总价合同　□单价合同　□成本加酬金合同　□其他类型

第三部分：指标重要性

填表说明：请您根据您的工作经验以及参与的项目的实际情况，对下列风险因素的重要性进行判断。5 表示非常重要，重要性依次递减，请根据您的判断在相应的表格中打"√"。

一级指标	序号	二级指标	1	2	3	4	5
合法性	1	法定前置要件不齐备					
	2	立项审批程序不合法					
	3	不符合国家与地区产业政策、产业结构规划、行业准入标准					
合理性	4	项目造成的居民丧失土地的风险					
	5	项目不能兼顾不同利益群体的诉求、不能统筹兼顾人民群众的现实利益和长远利益					
	6	项目引发的地区、行业、群体之间的盲目攀比					
	7	项目造成的居民就业困难、收入降低、生活水平下降的风险					
	8	信息公示与公众参与程度不够					
	9	拆迁方案不合理、安置补偿不到位					
可行性	10	项目开展时机不成熟					
	11	项目与当地经济社会发展水平不适应					
	12	实施方案不周密、不完善，可操作性和连续性低					
	13	项目资金筹措和保障方案不可行					
	14	项目不具备完善的配套措施					
	15	受到时间、空间、人力、物力、财力等因素的制约					
	16	当地对工程项目的建设不认可、不接受					
可持续性	17	项目引起的人文景观破坏					
	18	工程移民与安置区居民民俗宗教不融合					
	19	项目造成的水土流失					
	20	项目造成的噪声、辐射、粉尘影响					
	21	项目引起的流动人口增加					
	22	项目引发的社区关系断裂的风险					
	23	项目所在地可能引发的交通风险					

附录8　沙坪坝铁路综合交通枢纽工程
社会稳定风险调查问卷

　　您好，首先感谢您在百忙之中抽出时间参与支持并参与本次问卷调查！本问卷调查是基于国家社科基金后期资助项目《重大工程项目社会稳定风险评估机制研究》的撰写需要，对沙坪坝铁路综合交通枢纽工程建设中社会稳定风险影响因素的调查研究。鉴于您的工作素质与专业素养，可以预见您提交的答案将会为本研究提供非常重要的帮助。该调查设置的所有问题均不会涉及您的工作机密和隐私，调查数据仅用于学术研究。

第一部分：您的基本情况

1. 您在该项目建设中所处的角色

A. 政府部门　　　　B. 投资方　　　　C. 业主　　　　　　D. 承包商

E. 金融机构　　　　F. 民众　　　　　G. 公众组织

2. 您在该项目周边的工作或生活年限

A. 2 年以下　　　　B. 2—5 年　　　　C. 5—10 年　　　　D. 10—15 年

E. 15 年以上

第二部分：重大工程项目中社会稳定风险因素

3. 您认为该项目的实施引发社会稳定风险的可能性

A. 小　　　　　　　B. 较小　　　　　C. 中等　　　　　　D. 较大

E. 大

4. 经过前期研究，我们已经识别出部分可能引发沙坪坝铁路综合交通枢纽工程社会稳定风险的因素，如下表所示。请您根据所参与项目的实际情况，综合这些因素发生的频繁程度和产生后果的严重程度进行评价，并在相应的选项处打"√"。

沙坪坝铁路综合交通枢纽工程社会稳定风险因素影响度调查

一级指标	二级指标	1	2	3	4	5
不合法	利益调节的对象和范围界定不准确，调节的依据不合法					
不合理	项目不能兼顾不同利益群体的诉求、不能统筹兼顾人民群众的现实利益和长远利益					
	项目引发的地区、行业、群体之间的盲目攀比					
	信息公示与公众参与程度不够					
	拆迁方案不合理、安置补偿不到位					
不可行	项目开展时机不成熟					
	项目与当地经济社会发展水平不适应					
	实施方案不周密、不完善，可操作性和连续性低					
	项目不具备完善的配套措施					
	受到时间、空间、人力、物力、财力等因素的制约					
	当地对工程项目的建设不认可、不接受					
	政策的连续性和严密性较差					
	对可能出现的社会稳定风险，没有相应的风险监控措施、应急处置预案和可行有效的防范、化解措施					
可持续性	项目建设实施存在连带风险或公共安全隐患					
	给周边社会治安带来重大的冲击					
	对国家和地区安全造成影响					

问卷到此结束，感谢您的参与！

附录9　沙坪坝铁路综合交通枢纽工程
社会稳定风险评价问卷

尊敬的先生/女士：

您好！感谢您抽出您宝贵的时间来完成这份关于重庆市沙坪坝铁路综合交通枢纽工程社会稳定风险评价问卷，我们将对您所有的信息保密。谢谢！

第一部分：您的基本情况

（请在空格中填写或在相应选项前的□中打"√"）

1. 您工作单位的类型：

□政府部门　□设计院　□施工单位　□建设单位　□监理公司
□中介机构　□科研　　□其他单位

2. 您参加工作的时间：

□2年以下　□2—5年　□5—10年　　□10—15年　□15年以上

3. 您从事工作职务＿＿＿＿＿＿＿＿＿＿＿＿＿＿＿＿＿

□项目管理者　□部门负责人　□具体工作参与人　□监督方
□其他

第二部分：您参与的工程项目的基本情况

1. 项目所在省、直辖市：＿＿＿＿＿＿＿＿＿＿＿＿＿＿

2. 该项目的类型是：

□民用与工业建筑　□交通道路　□市政　□水利港口
□其他类型

3. 招投标形式：

□公开招标　□邀请招标　□议标　□其他类型

4. 工程项目目前建设情况：

□已建成　　□在建　　□未开工

5. 项目投资主体：

□政府投资　□企业（私人）投资　□政府与民间资本结合
□其他类型

6. 项目融资模式：

□PPP　□BOT　□BT　□其他类型

7. 工程项目合同承包形式：

□总价合同　　　□单价合同　　　□成本加酬金合同　　　□其他类型

第三部分：各评价维度的判断

请您根据您的个人经验、学识等对下表中沙坪坝铁路综合交通枢纽工程社会稳定风险各风险因素的各个维度进行评价。5 表示发生的可能、对工程项目的影响非常大、可控制性比较差；发生的可能性、影响程度、可控性依次递减（5 非常大，4 较大，3 一般，2 较小，1 小），请根据您的判断在相应的表格中打"√"。

一级指标	二级指标	P					C					K				
		1	2	3	4	5	1	2	3	4	5	1	2	3	4	5
不合法	利益调节的对象和范围界定不准确，调节的依据不合法															
不合理	项目不能兼顾不同利益群体的诉求、不能统筹兼顾人民群众的现实利益和长远利益															
	项目引发的地区、行业、群体之间的盲目攀比															
	信息公示与公众参与程度不够															
	拆迁方案不合理、安置补偿不到位															
不可行	项目开展时机不成熟															
	项目与当地经济社会发展水平不适应															
	实施方案不周密、不完善，可操作性和连续性低															
	项目不具备完善的配套措施															
	受到时间、空间、人力、物力、财力等因素的制约															
	当地对工程项目的建设不认可、不接受															

续表

一级指标	二级指标	P					C					K				
		1	2	3	4	5	1	2	3	4	5	1	2	3	4	5
不可行	政策的连续性和严密性较差															
	对可能出现的社会稳定风险，没有相应的风险监控措施、应急处置预案和可行有效的防范、化解措施															
可持续性	项目建设实施存在连带风险或公共安全隐患															
	给周边社会治安带来重大的冲击															
	对国家和地区安全造成影响															

问卷到此结束，谢谢参与！

参考文献

[1]中华人民共和国 2018 年国民经济和社会发展统计公报 [EB/OL]. http://www.stats.gov.cn/tjsj/zxfb/201902/t20190228_1651265.html.

[2]Coser L Λ. The Functions of Social Conflict [J]. American Sociological Review, 1956, 22(1): 112.

[3]乌尔里希·贝克, 何博闻. 风险社会 [M]. 南京: 译林出版社, 2004.

[4]Giddens A. Risk and Responsibility [J]. Modern Law Review, 1999, 62(1): 1-10.

[5]Luhmann N. Backmatter: Risk A Sociological Theory [J]. Risk, 1993.

[6]Kasperson R E, Renn O, Slovic P, et al. The Social Amplification of Risk: A Conceptual Framework [J]. Risk Analysis, 1988, 8(2): 177-187.

[7]Renn O, Burns W J, Kasperson J X, et al. The Social Amplification of Risk: Theoretical Foundations and Empirical Applications [J]. Journal of Social Issues, 1992, 48(4): 137-160.

[8]Huntington S P. The Clash of Civilizations and the Remaking of World Order [M]. O. Jacob, 1996.

[9]Holzmann R, Kozel V. The Role of Social Risk Management in Development: A World Bank View [J]. Ids Bulletin, 2007, 38(3): 14-16.

[10]Busby J, Duckett D. Social Risk Amplification as an Attribution: the Case of Zoonotic Disease Outbreaks [J]. Journal of Risk Research, 2012, 15(9): 1049-1074.

[11]Yoshikawa H. Study on Communication System of Social Risk Information on Nuclear Energy [J]. Proceedings of the 2004 International Congress on Advances in Nuclear Power Plants, 2004, 11(1): 1274-1283.

[12]Becker H A. Social Impact Assessment [J]. European Journal of Operational Research, 2001, 128(2): 311-321.

[13]Dale A, Taylor N, Lane M, et al. Social Assessment in Natural

Resource Management Institutions[J]. Geographical Education, 2001, 46(4): 637-639.

[14]Vanclay F. Principles for Social Impact Assessment: A Critical Comparison Between the International and US Documents[J]. Environmental Impact Assessment Review, 2006, 26(1): 3-14.

[15]Zhao Y, Yao Y. Lagging Social Impact Assessment for Public Project Management in China: Inappropriate Method or Lack of Interest[C]. Fourth International Conference on Business Intelligence and Financial Engineering, IEEE, 2011: 508-511

[16]Walker J L, Mitchell B, Wismer S. Impacts During Project Anticipation in Molas, Indonesia: Implications for Social Impact Assessment [J]. Environmental Impact Assessment Review, 2000, 20(5): 513-535.

[17]Chen L, Ding L Y. A Study on Social Assessment in Construction Project of China[C]. International Conference on Wireless Communications, IEEE, 2007: 5496 - 5499

[18]Zheng C, Zhang Q. The Assessment of the Social, Economic, and Environmental Impacts of Expressway Construction Projects Based on the DFGF Algorithm[C]. International Conference on Management and Service Science, IEEE, 2009: 1-5

[19]Chen S, Li R, Zhu X, et al. Experience from Social Assessment of Investment Projects Financed by International Financial Organizations[C]. International Conference on Management and Service Science, IEEE, 2011: 1-4

[20]Wang C, Maclaren V. Evaluation of Economic and Social Impacts of the Sloping Land Conversion Program: A Case Study in Dunhua County, China[J]. Forest Policy & Economics, 2012, 14(1): 50-57.

[21]Prenzel P V, Vanclay F. How Social Impact Assessment Can Contribute to Conflict Management[J]. Environmental Impact Assessment Review, 2014, 45(45): 30-37.

[22]Arce-Gomez A, Donovan J D, Bedggood R E. Social Impact Assessments: Developing a Consolidated Conceptual Framework[J]. Environmental Impact Assessment Review, 2015 (50): 85-94.

[23]Wong C H M, Ho W C. Roles of Social Impact Assessment Practitioners[J]. Environmental Impact Assessment Review, 2015, 50(1): 124-133.

[24]Eisen R B, Perera S, Bawor M, et al. Sex Differences in Social Risk Factors for Suicidal Behaviour[J]. Mental Health & Prevention, 2017 (8): 1-6.

[25]Gunningham N, Kagan R A, Thornton D. Social License and Environmental Protection: Why Businesses Go Beyond Compliance[J]. Law & Social Inquiry, 2004, 29(2): 307-341.

[26]Holzmann R, Jørgensen S. Social Risk Management: A New Conceptual Framework for Social Protection, and Beyond[J]. International Tax & Public Finance, 2001, 8(4): 529-556.

[27]Ling F Y Y, Hoi L. Risks Faced by Singapore Firms When Undertaking Construction Projects in India[J]. International Journal of Project Management, 2006, 24(3): 261-270.

[28]Du Y K, Han S H, Kim H, et al. Structuring the Prediction Model of Project Performance for International Construction Projects: A Comparative Analysis[J]. Expert Systems with Applications, 2009, 36(2): 1961-1971.

[29]Edmundas Kazimieras Zavadskas, Zenonas Turskis, Aitiene J. Risk Assessment of Construction Projects[J]. Statyba, 2010, 16(1): 33-46.

[30]Sidney Schafrik, Vassilios Kazakidis. Due Diligence in Mine Feasibility Studies for the Assessment of Social Risk[J]. International Journal of Surface Mining Reclamation & Environment, 2011, 25(1): 86-101.

[31]Yang R J, Zou P. Stakeholder-Associated Risks and Their Interactions in Complex Green Building Projects: A Social Network Model[J]. Building & Environment, 2014, 73(1): 208-222.

[32]Ciupuliga A R, Cuppen E. The Role of Dialogue in Fostering Acceptance of Transmission Lines: the Case of a France–Spain Interconnection Project[J]. Energy Policy, 2013, 60(5): 224-233.

[33]Domínguez-Gómez J A. Four Conceptual Issues to Consider in Integrating Social and Environmental Factors in Risk and Impact Assessments[J]. Environmental Impact Assessment Review, 2016 (56): 113-119.

[34]Howell J P. Risk Society Without Reflexive Modernization? The Case from Northwestern Michigan[J]. Technology in Society, 2012, 34(3): 185-195.

[35]Dunlop J L, Bello M V, Abrahams N. Social Risk Management for Large Footprint Service Company Projects[M]. Schlumberger, United States,

2012.

[36]Chen L, Wu K Z, Tan J H, et al. Study on Social Risk Appraise of Construction Project in China—A Case from Guangzhou[J]. Applied Mechanics & Materials, 2012, 174-177: 2916-2924.

[37]Yu T, Shen G Q, Shi Q, et al. Managing Social Risks at the Housing Demolition Stage of Urban Redevelopment Projects: A Stakeholder-Oriented Study Using Social Network Analysis[J].International Journal of Project Management, 2017, 35(6): 925-941.

[38]亨廷顿，王冠华. 变化社会中的政治秩序[M]. 上海：三联书店，1989.

[39]Gupta A. An Evolving Science-society Contract in India: The Search for Legitimacy in Anticipatory Risk Governance[J]. Food Policy, 2011, 36(6): 736-741.

[40] Mckinnon R. Social Risk Management and the World Bank: Resetting the "Standards" for Social Security?[J]. Journal of Risk Research, 2004, 7(3): 297-314.

[41]Conchie S M, Burns C. Trust and Risk Communication in High‐Risk Organizations: A Test of Principles from Social Risk Research[J]. Risk Analysis, 2008, 28(1): 141-149.

[42]许文惠. 危机状态下的政府管理[M]. 北京：中国人民大学出版社，1998.

[43]Holzmann R, Jorgensen S. Social Protection as Social Risk Management: Conceptual Underpinnings for the Social Protection Sector Strategy Paper[J]. Journal of International Development, 1999, 11(7): 1005-1027.

[44]Bohorquez J E T. Development and Social Risk Management: an Historical Contradiction?[J]. 2011(48): 133-157.

[45]Mei G D, Wu Z Z. Study on Social Risk Evaluation Index System for Tailings Pond Dam-Break Based on the Vulnerability Theory[J]. Advanced Materials Research, 2012, 594-597: 2301-2308.

[46]Kuo C T, Ruan H M, Lei C L, et al. A Mechanism on Risk Analysis of Information Security with Dynamic Assessment[C]. International Conference on Intelligent Networking & Collaborative Systems, IEEE, 2011: 643-646

[47]Lichti K A, Ko M, Julian R, et al. The Application of Risk Based

Assessment to Geothermal Energy Plant[C]. International Corrosion Conference Series, 2013: 10p.

[48]Chen Y, Li Z. Research on Social Risk Early Warning in Overseas Projects of Oil Companies[C].International Conference on Computer Science and Service System, IEEE, 2011: 3502-3505.

[49]Pasman H J, Vrijling J K. Social Risk Assessment of Large Technical Systems[J]. Human Factors & Ergonomics in Manufacturing & Service Industries, 2003, 13(4): 305-316.

[50]Mahmoudi H, Renn O, Vanclay F, et al. A Framework for Combining Social Impact Assessment and Risk Assessment[J]. Environmental Impact Assessment Review, 2013, 43(4): 1-8.

[51]Fleurbaey M, Zuber S. Fair Management of Social risk[J].Journal of Economic Theory, 2017 (169): 666-706.

[52]Baloi D, Price A D F. Modelling Global Risk Factors Affecting Construction Cost Performance[J]. International Journal of Project Management, 2003, 21(4): 261-269.

[53]Jennings W. Why Costs Overrun: Risk, Optimism and Uncertainty in Budgeting for the London 2012 Olympic Games[J]. Construction Management & Economics, 2012, 30(6): 455-462.

[54]Eybpoosh M, Dikmen I, Birgonul M T. Identification of Risk Paths in International Construction Projects Using Structural Equation Modeling[J]. Journal of Construction Engineering & Management, 2011, 137(12): 1164-1175.

[55]Cha H S, Shin K Y. Predicting Project Cost Performance Level by Assessing Risk Factors of Building Construction in South Korea[J]. Journal of Asian Architecture & Building Engineering, 2011, 10(2): 437-444.

[56]Xue H, Zhang S, Su Y, et al. Effect of Stakeholder Collaborative Management on off-site Construction Cost Performance[J]. Journal of Cleaner Production, 2018(184): 490-502.

[57]Assaf S A, Al-Hejji S. Causes of Delay in Large Construction Projects[J]. International Journal of Project Management, 2006, 24(4): 349-357.

[58]Han S H, Yun S, Kim H, et al. Analyzing Schedule Delay of Mega Project: Lessons Learned From Korea Train Express[J]. Transactions on

Engineering Management, 2009, 56(2): 243-256.

[59] Kaliba C, Muya M, Mumba K. Cost Escalation and Schedule Delays in Road Construction Projects in Zambia[J]. International Journal of Project Management, 2009, 27(5): 522-531.

[60] Bordoli D W, Baldwin A N. A Methodology for Assessing Construction Project Delays[J]. Construction Management & Economics, 1998, 16(3): 327-337.

[61] Yang J B, Kao C K. Critical Path Effect Based Delay Analysis Method for Construction Projects[J]. International Journal of Project Management, 2012, 30(3): 385-397.

[62] Mbabazi A, Hegazy T, Saccomanno F. Modified But-For Method for Delay Analysis[J]. Journal of Construction Engineering & Management, 2005, 131 (10): 1142-1144.

[63] Oliveros A V O, Fayek A R. Fuzzy Logic Approach for Activity Delay Analysis and Schedule Updating[J]. Journal of Construction Engineering & Management, 2005, 131(1): 42-51.

[64] Hegazy T, Menesi W. Delay Analysis Under Multiple Baseline Updates[J]. Journal of Construction Engineering & Management, 2008, 134(8): 575-582.

[65] Abusalem Z. Delay and Cost Overrun in Infrastructure Projects in Jordan[J]. Procedia Engineering, 2017(182): 18-24.

[66] Hallowell M, Esmaeili B, Chinowsky P. Safety Risk Interactions Among Highway Construction Work Tasks[J]. Construction Management & Economics, 2011, 29(4): 417-429.

[67] Le S S, Chang C M. Bayesian-Network-Based Safety Risk Assessment for Steel Construction Projects[J]. Accident Analysis & Prevention, 2013, 54(2): 122-133.

[68] Zhang L, Skibniewski M J, Wu X, et al. A Probabilistic Approach for Safety Risk Analysis in Metro Construction[J]. Safety Science, 2014, 63(3): 8-17.

[69] Han S U, Saba F, Lee S H, et al. Toward an Understanding of the Impact of Production Pressure on Safety Performance in Construction Operations[J]. Accident; analysis and prevention, 2014, 68(1): 106.

[70] Wang Z Z, Chen C. Fuzzy Comprehensive Bayesian Network-based

Safety Risk Assessment for Metro Construction Projects[J]. Tunnelling & Underground Space Technology, 2017 (70): 330-342.

［71］Qu Y, Wang H. The Analysis of the South-North Water Diversion Project's Social Risk Based on Risk Conduction Mechanism[C]. International Conference on E -Business and E -Government, IEEE, 2011: 1-4.

［72］Lee C, Jin W W, Jang W, et al. Social Conflict Management Framework for Project Viability: Case Studies From Korean Megaprojects[J]. International Journal of Project Management, 2017(35): 1683-1696.

［73］Burdge R J. A Community Guide to Social Impact Assessment[J]. Social Ecology Press, 1995.

［74］宋林飞. 中国社会风险预警系统的设计与运行[J]. 东南大学学报（哲学社会科学版），1999（1）：69-76.

［75］Estes R J. The Social Progress of Nations[J]. Contemporary Sociology, 1986, 15(4): 663.

［76］Cernea M M, McDowell C. Risks and Reconstruction : Experiences of Resettlers and Refugees[M]. World Bank, Washington, DC, 2000.

［77］杨雄. 城市重大事项社会稳定风险评估的制度建构[J]. 上海城市管理，2010，19（1）：13—15.

［78］梁鸿. 改革中的社会风险与社会保障[J]. 社会科学，2000（5）：18—21.

［79］柳建文. 政治变革的社会风险——兼论现代化进程中影响发展中国家社会稳定的政治因素[J]. 云南社会科学，2005（3）：5—9.

［80］刘婧. 现代社会风险解析[J]. 浙江社会科学，2005（1）：101—105.

［81］陈绍军，于浩淼. 非自愿移民社会风险控制中的"域"[J]. 广西民族大学学报（哲学社会科学版），2008，30（2）：41—45.

［82］周红云. 公共财政视角下社会稳定风险防控机制研究[J]. 财政研究，2013（1）：18—21.

［83］张红显. 游民意识与隐性社会稳定风险[J]. 西北农林科技大学学报（社会科学版），2013，13（1）：120—126.

［84］王伟勤. 社会风险类型及其治理方式分析[J]. 云南行政学院学报，2013（3）：58—61.

［85］潘斌. 社会风险研究：时代危机的哲学反思[J]. 哲学研究，2012（8）：16—18.

［86］邓伟志. 关于社会风险预警机制问题的思考[J]. 社会科学，2003

（7）：65—71.

[87]阎耀军. 社会稳定的计量及预警预控管理系统的构建[J]. 社会学研究，2004（3）：1—10.

[88]阎耀军. 维护社会稳定需要建立前馈控制机制[J]. 中国党政干部论坛，2006，212（7）：40—41.

[89]李殿伟，赵黎明. 社会稳定与风险预警机制研究[J]. 经济体制改革，2006（2）：29—32.

[90]张海波，童星. 高风险社会中的公共政策[J]. 南京师大学报（社会科学版），2009（6）：23—28.

[91]王斌旺. 我国中部地区农村社会稳定风险防范对策研究[D]. 湖南师范大学，2014.

[92]汤爱爱. 转型期中国社会风险的形成机理研究[D]. 南昌大学，2015.

[93]牛小波. 基于风险社会视角的危机管理优化[D]. 西北大学，2015.

[94]黄新华. 风险规制研究：构建社会风险治理的知识体系[J]. 行政论坛，2016，23（2）：73—80.

[95]廖秀健. "对抗式"重大决策社会稳定风险评估模式构建[J]. 中国行政管理，2018（1）：58—63.

[96]吴智文，郑伯范，黄银安. 建立重大事项社会稳定风险评估制度的思考[J]. 消费导刊，2009（8）：99—100.

[97]陈静. 建立社会稳定风险评估机制探析[J]. 社会保障研究，2010（3）：97—102.

[98]张玉磊，徐贵权. 重大事项社会稳定风险评估制度研究——"淮安模式"的经验与启示[J]. 中国人民公安大学学报（社会科学版），2010（3）：101—105.

[99]童星. 公共政策的社会稳定风险评估[J]. 学习与实践，2010（9）：114—119.

[100]罗成琳，李向阳. 突发性群体事件及其演化机理分析[J]. 中国软科学，2009（6）：163—171.

[101]郭秀云. 重大项目评价中应加入"社会稳定风险评估"[J]. 中国科技论坛，2012（11）：18—22.

[102]曹峰，邵东珂，李贺楼，等. 我国社会稳定风险治理的评估框架与方法——基于社会生态系统的"环境—行为"视角[J]. 经济社会体制比较，2014（4）：184—200.

[103]高玫,何雄伟.重大政策项目社会稳定风险评估体系研究[J].企业经济,2015(2):172—175.

[104]魏玖长,韦玉芳,周磊.群体性突发事件中群体行为的演化态势研究[J].电子科技大学学报(社会科学版),2011,13(6):25—30.

[105]文卫勇,胡嘉,徐锋.突发性群体事件演化过程中的网络舆情因素分析[J].南昌大学学报(人文社会科学版),2012(2):55—59.

[106]魏依娜.基于风险社会视阈下的民生保障[J].兰州学刊,2012(11):216—218.

[107]李树德.转型时期加强社会管理创新的路径选择[J].生产力研究,2012(11):24—26.

[108]化涛.转型期我国社会稳定风险的防范与治理[J].吉首大学学报(社会科学版),2014,35(1):69—75.

[109]朱德米.决策与风险源:社会稳定源头治理之关键[J].公共管理学报,2015(1):137—144.

[110]何孝贵.铁路工程项目前期和实施阶段社会评价社会风险因素探讨[J].建筑经济,2005(8):25—27.

[111]张婕,王慧敏.南水北调工程运行期社会风险分析[J].人民长江,2008,39(15):18—19.

[112]杨守涛,张彩红.濮阳市南水北调配套工程社会风险评价[J].科技创业家,2012(18):172—174.

[113]向鹏成,常微.基于HHM的跨区域重大工程项目风险因素识别[J].世界科技研究与发展,2015,37(1):67—72.

[114]吴贤国,王瑞,陈跃庆,等.城市大型交通工程建设项目社会风险评价研究[J].土木工程与管理学报,2009,26(4):25—28.

[115]杨雄,刘程.加强重大项目社会稳定风险评估刻不容缓[J].探索与争鸣,2010,1(10):32—36.

[116]王智勇.重点建设项目社会稳定风险分析评估探究[J].建设监理,2010(7):47—50.

[117]杨芳勇.论社会燃烧理论在"重大事项"上的应用——重大事项社会稳定风险评估的理论基础与方法模型[J].中共浙江省委党校学报,2012(4):106—111.

[118]何德文,黄真谛.基于模糊综合评价法的重大工程项目社会风险评价[J].统计与决策,2013(10):53—56.

[119]黄德春.重大水利工程社会稳定风险研究[J].中国人口·资源

与环境，2013，23（4）：91—97.

　　[120]幸昆仑. 地方政府公共项目社会稳定风险评估[J]. 国土资源科技管理，2015，32（1）：51—56.

　　[121]王波，黄德春，华坚，等. 水利工程建设社会稳定风险评估与实证研究[J]. 中国人口·资源与环境，2015，25（4）：149—154.

　　[122]杨芳勇. 重大事项社会稳定风险评估机制建设刍议[J]. 中共南昌市委党校学报，2011（5）：59—62.

　　[123]徐成彬，李开孟，彭振武. 以问题解决为导向的投资项目社会稳定风险评估新框架[J]. 技术经济，2014，33（1）：83—91.

　　[124]董幼鸿. 重大事项社会稳定风险评估制度的实践与完善[J]. 中国行政管理，2011（12）：80—83.

　　[125]陈曦. 积极稳妥地推行社会稳定风险评估工作[J]. 中国行政管理，2011（8）：121—124.

　　[126]郭秀云. 重大项目评价中应加入"社会稳定风险评估"[J]. 中国科技论坛，2012（11）：18—22.

　　[127]李永超. 健全完善重大事项社会稳定风险评估长效机制的思考[J]. 辽宁行政学院学报，2012（2）：5—8.

　　[128]常健，许尧，张春颜. 社会稳定风险评估机制中的问题及完善建议[J]. 中国行政管理，2013（4）：107—110.

　　[129]孙明奇. 重大事项引发社会稳定风险的评估化解机制浅析[J]. 理论学刊，2013（6）：76—79.

　　[130]张玉磊. 多元主体评估模式：重大决策社会稳定风险评估机制的发展方向[J]. 上海大学学报（社会科学版），2014，31（6）：124—132.

　　[131]田柏栋，武泽江. 土地征收社会稳定风险评估机制[J]. 国土资源科技管理，2014，31（5）：8—13.

　　[132]黄杰，朱正威，王琼. 风险感知与我国社会稳定风险评估机制的健全[J]. 西安交通大学学报（社会科学版），2015，35（2）：48—55.

　　[133]谭爽. 邻避项目社会稳定风险的生成及防范——基于焦虑心理的视角[J]. 北京航空航天大学学报（社会科学版），2013，26（3）：25—29.

　　[134]武胜伟. 基于利益相关者视角的社会稳定风险评估研究[J]. 河南师范大学学报（哲学社会科学版），2014，41（2）：35—38.

　　[135]黄杰，朱正威. 国家治理视野下的社会稳定风险评估：意义、实践和走向[J]. 中国行政管理，2015（4）：62—67.

　　[136]钟开斌. 伦敦城市风险管理的主要做法与经验[J]. 国家行政学

院学报，2011（5）：113—117.

[137]洪富艳. 欧美社会风险管理制度的借鉴与思考[J]. 哈尔滨工业大学学报（社会科学版），2014（1）：45—49.

[138]Shi Q, Liu Y, Zuo J, et al. On the Management of Social Risks of Hydraulic Infrastructure Projects in China: A Case Study[J]. International Journal of Project Management, 2015, 33(3): 483-496.

[139]Liu Z Z, Zhu Z W, Wang H J, et al. Handling Social Risks in Government-driven Mega Project: An Empirical Case Study from West China[J]. International Journal of Project Management, 2016, 34(2): 202-218.

[140]亓霞，柯永建，王守清. 基于案例的中国 PPP 项目的主要风险因素分析[J]. 中国软科学，2009（5）：107—113.

[141]王家远，申立银，郝晓冬. 公共建设项目工期延误风险研究[J]. 深圳大学学报（理工版），2006，23（4）：303—308.

[142]全吉，黄剑眉，张水波，等. 基于风险链和风险地图的风险识别和分析方法——以某海外 EPC 电力工程为例[J]. 南方能源建设，2014，1（1）：92—96.

[143]王振强，钟登华. 大型水利工程项目投资风险分析方法[J]. 水利学报，2004，35（7）：92—97.

[144]袁永博，闫国栋，王艾琳，等. 系统动力学在建设工程风险识别中的应用[J]. 数学的实践与认识，2010，40（21）：99—106.

[145]吕周洋，王慧敏，张婕，等. 南水北调东线工程运行的社会风险因子识别[J]. 水利经济，2009，27（6）：36—41.

[146]祝迪飞，方东平，王守清，等. 2008 奥运场馆建设风险管理工具——风险表的建立[J]. 土木工程学报，2006，39（12）：119—123.

[147]周国华，彭波. 基于贝叶斯网络的建设项目质量管理风险因素分析——以京沪高速铁路建设项目为例[J]. 中国软科学，2009（9）：99—106.

[148]李金海，刘炳胜，戚安邦. 基于大型工程项目的风险识别与应对模式研究[J]. 科技管理研究，2005，25（4）：95—97.

[149]任宏，秦基胜. 基于三角模糊数的巨项目投资决策与风险评价[J]. 统计与决策，2007（2）：45—47.

[150]宋艳，钱卫. 现代煤化工项目前期工作关键节点的风险分析研究[J]. 煤炭经济研究，2017，37（8）：58—61.

[151]刘俊艳，王卓甫. 工程进度风险因素的非叠加性影响[J]. 系统工程理论与实践，2011，31（8）：1517—1523.

[152]王勇胜,冷亚军.基于贝叶斯网络推理的项目群风险及其演化研究[J].东北电力大学学报,2011,31（z1）:104—109.

[153]郭晓,杨乃定,邵予工,等.基于结构方程模型的大型工程建设项目关键风险因素及作用机理研究[J].世界科技研究与发展,2011,33（5）:932—936.

[154]乌云娜,胡新亮,张思维.基于ISM-HHM方法的PPP项目风险识别[J].土木工程与管理学报,2013,30（1）:67—71.

[155]石晓军,任志安.项目投资风险分析方法研究:一种基于影响图的解析方法[J].系统工程理论与实践,2000,20（3）:46—49.

[156]西宝,李一军.工程项目风险链管理及鞭梢效应[J].哈尔滨建筑大学学报,2002,35（4）:112—116.

[157]王元明,赵道致.基于关键链的项目工期风险断链式控制研究[J].西安电子科技大学学报:社会科学版,2008,18（3）:42—47.

[158]赵贤利,罗帆.基于复杂网络理论的机场飞行区风险演化模型研究[J].电子科技大学学报（社会科学版）,2013（4）:31—34.

[159]戴大双,于英慧,韩明杰.BOT项目风险量化方法与应用[J].科技管理研究,2005,25（2）:98—100.

[160]何德文,黄真谛.基于模糊综合评价法的重大工程项目社会风险评价[J].统计与决策,2013（10）:53—56.

[161]张建设,钟登华.工程项目风险的多维功效函数评价方法研究[J].洛阳理工学院学报（社会科学版）,2002,17（2）:48—53.

[162]王家远,李鹏鹏,袁红平.风险决策及其影响因素研究综述[J].工程管理学报,2014（2）:27—31.

[163]张宏亮.PFI项目特点对项目风险事件和脆弱性的影响[J].管理工程学报,2007,21（1）:102—109.

[164]李荣平,袁竞峰,张星,等.PPP项目残值风险路径及其脆弱性研究[J].项目管理技术,2011,09（10）:30—34.

[165]王志如,李启明,梁作论.城市地铁网络拓扑结构脆弱性评价[J].中国安全科学学报,2013,23（8）:114—119.

[166]朱正威,蔡李,段栋栋.基于"脆弱性—能力"综合视角的公共安全评价框架:形成与范式[J].中国行政管理,2011（8）:103—108.

[167]马丽仪,邱菀华,杨亚琴.大型复杂项目风险建模与熵决策[J].北京航空航天大学学报,2010,36（2）:184—187.

[168]赵辉,王雪青.基于PCA与GA改进BP神经网络的高速公路项

目融资风险评价[J]. 科技管理研究, 2010, 30 (8): 209—212.

[169]杨明, 张科. 基于粗集-神经模糊系统评价模型高速公路项目运营效益[J]. 系统工程, 2011 (2): 99—103.

[170]李良, 戎凯. 基于风险网络的大型工程项目风险度量方法研究[J]. 数学的实践与认识, 2010, 40 (22): 107—114.

[171]张秋文, 章永志, 钟鸣. 基于云模型的水库诱发地震风险多级模糊综合评价[J]. 水利学报, 2014, 45 (1): 87—95.

[172]徐征捷, 张友鹏, 苏宏升. 基于云模型的模糊综合评判法在风险评估中的应用[J]. 安全与环境学报, 2014, 14 (2): 69—72.

[173]江新, 徐平, 吴园莉, 等. 跨区域水电工程项目群风险多级模糊综合云评价[J]. 人民长江, 2015, 46 (17): 108—112.

[174]杨建平, 杜端甫. 重大工程项目风险管理中的综合集成方法[J]. 中国管理科学, 1996, V (4): 24—28.

[175]杨乃定, 姜继娇, 蔡建峰. 基于项目的企业集成风险管理模式研究[J]. 工业工程与管理, 2004, 9 (2): 6—10.

[176]周福洲, 柴国荣, 高旭. 业主视角下的大型项目风险集成管理机制研究[J]. 科技管理研究, 2008, 28 (4): 142—143.

[177]高志强, 张梦琳. 全面风险管理体系中的风险整合问题[J]. 系统工程理论与实践, 2009, 29 (12): 73—79.

[178]雷丽彩, 周晶. 基于全生命周期集成的大型工程项目风险控制模型[J]. 软科学, 2011, 25 (10): 27—31.

[179]张宁, 丁荣贵. 基于项目治理统一框架的风险评价研究——以产学研合作项目为例[J]. 科技进步与对策, 2014 (4): 84—88.

[180]王爱民. 治理风险视角的复杂项目危机成因及网格化治理研究[J]. 软科学, 2013, 27 (2): 41—44.

[181]张伟, 朱宏亮. 政府投资项目代建制下的责任追究机制[J]. 土木工程学报, 2008, 41 (12): 103—107.

[182]李艳飞, 戚安邦. 我国工程项目风险管理制度问题与对策分析[J]. 项目管理技术, 2010 (2): 79—82.

[183]冯周卓, 张叶. 重大项目社会稳定风险的致因与分类识别[J]. 行政论坛, 2017 (1): 97—101

[184]朱正威, 吴佳. 社会稳定风险评估机制的运行困境与优化策略[J]. 中国党政干部论坛, 2017 (5): 16—19.

[185]刘俊颖, 何溪. 建筑企业全面风险管理成熟度模型研究[J]. 科技

进步与对策，2012，29（18）：48—52.

[186]赵佳红，董小林，宋赪. 重大建设项目风险管理机制体系构建及应用[J]. 武汉理工大学学报（信息与管理工程版），2017，39（6）：689—694.

[187]徐颖馨. 城市环保项目社会风险分析和管理[D]. 河海大学，2007.

[188]何孝贵. 铁路工程项目前期和实施阶段社会评价社会风险因素探讨[J]. 建筑经济，2005（8）：25—27.

[189]余建林，张丽娟，刘友平. 公共工程项目可行性研究中社会评价理论探讨[J]. 经济师，2006（3）：14—15.

[190]程箭. 长清路工程社会稳定风险评估研究[J]. 城市道桥与防洪，2012（1）：85—88.

[191]毛子明，凌晨，胡义浪. 水利建设项目社会稳定风险因素识别[J]. 浙江水利科技，2013，41（6）：40—42.

[192]赵振亭. 重大工程项目社会稳定风险指标体系与评估研究[D]. 西南交通大学，2014.

[193]陈晓庆，陈章，吕志均. 移民安置各阶段社会稳定风险分析及对策研究[J]. 人力资源管理，2015（2）：216—218.

[194]鞠学利. 公路建设项目社会稳定风险分析及防范措施[J]. 黑龙江交通科技，2015（1）：195.

[195]吴庆东. 岩溪水库工程规划阶段移民社会风险研究[J]. 水利规划与设计，2015（7）：19—21.

[196]张玉磊，贾振芬. 基于利益相关者理论的重大决策社会稳定风险评估多元主体模式研究[J]. 北京交通大学学报，2017，16（3）：54—62.

[197]向鹏成，李高敏，金赤. 重大工程项目的社会稳定风险多维综合评价研究[J]. 工程研究-跨学科视野中的工程，2017，9（2）：212—220.

[198]华坚，李晶晶. 基于系统动力学的重大水利工程项目决策社会稳定风险评估有效性分析[J]. 水利经济，2017，35（2）：11—15.

[199]刘靖华. 社会稳定风险规制的制度建设研究[J]. 学术界，2011（10）：137—146.

[200]张振生. 关于重大项目社会稳定风险分析评估中的几个问题[J]. 中国工程咨询，2011（9）：17—18.

[201]廉如鉴，黄家亮. 社会管理创新视野下重大事项社会稳定风险评估[J]. 湖南社会科学，2011（6）：63—66.

[202]陈红爱. 关于完善我国社会稳定风险评估机制的思考[J]. 科技

创新与生产力，2012（1）：33—37.

[203]蒋俊杰. 我国重大事项社会稳定风险评估机制：现状、难点与对策[J]. 上海行政学院学报，2014，15（2）：90—96.

[204]黄杰，朱正威. 国家治理视野下的社会稳定风险评估：意义、实践和走向[J]. 中国行政管理，2015（4）：62—67.

[205]刘白，廖秀健，张娜. 基于大数据的重大决策社会稳定风险评估机制构建研究[J]. 理论导刊，2016，35（9）：43—47.

[206]许谨良. 风险管理：第2版[M]. 上海：上海财经大学出版社，2007.

[207]Jaafari A. Management of risks, uncertainties and opportunities on projects: time for a fundamental shift[J]. International Journal of Project Management, 2001, 19(2): 89-101.

[208]冯必扬. 不公平竞争与社会风险[M]. 北京：社会科学文献出版社，2007.

[209]乌尔里希·贝克. 风险社会[M]. 何博闻，译. 北京：译林出版社，2004.

[210]林义. 强化我国社会风险管理的政策思路[J]. 经济社会体制比较，2002（6）：16—19.

[211]张辉旺. 管理思维经营技巧大全[M]. 北京：科学出版社，1991.

[212]金润生. 企业风险与管理[M]. 南昌：江西人民出版社，1990.

[213]冯必扬. 社会风险：视角、内涵与成因[J]. 天津社会科学，2004（2）：73—77.

[214]陈晓正，胡象明. 重大工程项目社会稳定风险评估研究——基于社会预期的视角[J]. 北京航空航天大学学报（社会科学版），2013，26（2）：15—18.

[215]朱德米. 政策缝隙、风险源与社会稳定风险评估[J]. 经济社会体制比较，2012（2）：170—177.

[216]单飞跃，高景芳. 群体性事件成因的社会物理学解释——社会燃烧理论的引入[J]. 上海财经大学学报，2010，12（6）：26—33.

[217]李肖聪. 重大工程项目的社会稳定影响评价机制[J]. 中国科技信息，2015（z2）：139—141.

[218]Mowbray A H, Blanchard R H. Insurance : Its Theory and Practice in the United States[M]. McGraw-Hill, New York, 1937.

[219]Mehr R. Risk Management in the Business Enterprise[J]. Journal of

Risk & Insurance, 1963, 31(2): 303.

[220]游开义. 事故致因理论在 V 公司安全管理中的应用研究[D]. 苏州大学，2013.

[221]Heinrich H W. Industrial Accident Prevention; a Scientific Approach[J]. Industrial & Labor Relations Review, 1931, 4(4): 609.

[222]Bird F E, Loftus R G. Loss Control Management[M]. Institute Press, Loganville, Georgia, 1976.

[223]Erdős P, Rényi A. On the Evolution of Random Graphs[J]. Transactions of the American Mathematical Society, 1984, 286(1): 257-274.

[224]Milgram S. The Small World Problem[J]. Psychol Today, 1967, 2(1): 185-195.

[225]D J Watts, S H Strogatz. Collective Dynamics of "Small-World" Networks[J]. Nature, 1998, 393(6684): 440-442.

[226]Barabasi A L, Albert R. Emergence of Scaling in Random Networks[J]. Science , 1999, 286(5439): 509-512.

[227]杨志军. 多中心协同治理模式研究：基于三项内容的考察[J]. 中共南京市委党校学报，2010（3）：42—49.

[228]朱纪华. 协同治理：新时期我国公共管理范式的创新与路径[J]. 上海市经济管理干部学院学报，2010，8（1）：5—10.

[229]李辉，任晓春. 善治视野下的协同治理研究[J]. 科学与管理，2010，30（6）：55—58.

[230]杨清华. 协同治理与公民参与的逻辑同构与实现理路[J]. 北京工业大学学报（社会科学版），2011，11（2）：46—50.

[231]孙萍，闫亭豫. 我国协同治理理论研究述评[J]. 理论月刊，2013（3）：107—112.

[232]田培杰. 协同治理概念考辨[J]. 上海大学学报（社会科学版），2014，31（1）：124—140.

[233]张康之. 行政伦理的观念与视野[M]. 北京：中国人民大学出版社，2008.

[234]梁莹. 旨在完善公共治理的"合作治理"理论——《行政伦理的观念与视野》中的合作治理观探析[J]. 中国行政管理，2009（6）：38—42.

[235]迈克尔·博兰尼. 自由的逻辑[M]. 冯银江，李雪茹，译. 长春：吉林人民出版社，2002.

[236]于斌. 组织理论与设计[M]. 北京：清华大学出版社，2012.

[237]席酉民,刘文瑞. 组织与决策[M]. 北京：中国人民大学出版社，2009.

[238]金东日. 现代组织理论与管理[M]. 天津：天津大学出版社，2003.

[239]向鹏成,张燕,张甲辉. 工程项目主体行为风险传导机制研究[J]. 建筑经济，2012（8）：47—50.

[240]邹敏威. 大型连续梁桥施工期风险预警系统研究[D]. 南京林业大学，2015.

[241]张志清,王文周. 基于WBS-RBS矩阵的项目风险识别方法的改进及应用[J]. 项目管理技术，2010，8（4）：74—78.

[242]张乐,童星. 加强与衰减：风险的社会放大机制探析——以安徽阜阳劣质奶粉事件为例[J]. 人文杂志，2008（5）：178—182.

[243]彭增军. 媒介内容分析法[M]. 北京：中国人民大学出版社，2012.

[244]向鹏成,董东. 跨区域重大工程项目风险相互关系的社会网络分析[J]. 世界科技研究与发展，2014（6）：674—680.

[245]秦旋,李怀全,莫懿懿. 基于SNA视角的绿色建筑项目风险网络构建与评价研究[J]. 土木工程学报，2017（2）：119—131.

[246]林聚任. 社会网络分析：理论、方法与应用[M]. 北京：北京师范大学出版社，2009.

[247]李丰松. 重点建设项目社会稳定风险评估：问题与改进——以厦门市为例[J]. 广西师范学院学报（哲学社会科学版），2014（3）：141—144.

[248]徐亚文,伍德志. 论社会稳定风险评估机制的局限性及其建构[J]. 政治与法律，2012（1）：71—79.

[249]胡智强. 我国重大工程项目社会稳定风险评估规制路径研究[J]. 河北法学，2013，31（12）：105—112.

[250]张小明. 我国社会稳定风险评估的经验、问题与对策[J]. 行政管理改革，2014（6）：65—70.

[251]张光全. 社会稳定风险评估机制问题及解决对策[J]. 中外企业家，2014（34）：193—194.

[252]朱正威,王琼,郭雪松. 工程项目社会稳定风险评估探析——基于公众"风险—收益"感知视角的因子分析[J]. 西安交通大学学报（社会科学版），2016，36（3）：61—68.

[253]曹峰,王巧. 重大政策社会稳定风险评估：问题与对策[J]. 中国

党政干部论坛，2017（10）：74—76.

[254]王娟丽. 基于 AHP—FCE 法的重大项目社会稳定风险评估[J]. 社会科学家，2017（2）：67—73.

[255]李钢. 公共政策内容分析方法：理论与应用[M]. 重庆：重庆大学出版社，2007.

[256]黄杰，贺振华. 利益相关者理论及其在社会稳定风险评估中的运用[J]. 党政研究，2015（5）：88—95.

[257]鄢德奎，陈德敏. 邻避运动的生成原因及治理范式重构——基于重庆市邻避运动的实证分析[J]. 城市问题，2016（2）：81—88.

[258]张志安，贾佳. 中国政务微博研究报告[J]. 新闻记者，2011（6）：58.

[259]马振超. 微博时代维护国家安全与社会稳定面临的新挑战[J]. 中国人民公安大学学报（社会科学版），2012（2）：97—101.

[260]李春雷，马俐. 政府信任构建与大众传媒对拆迁心理的引导机制研究——基于唐福珍自焚事件的实证分析[J]. 国际新闻界，2013（5）：62—73.

[261]邹育根. 针对地方政府的群体性事件之特点、趋势及治理——政治信任的视角[J]. 学习与探索，2010（2）：66—69.

[262]张成福，边晓慧. 重建政府信任[J]. 中国行政管理，2013（9）：7—14

[263]贺德方. 我国专家咨询制度发展的障碍与对策分析[J]. 中国软科学，2008（7）：9—18.

[264]陈珂. 公共投资建设项目决策中的公众参与问题研究[J]. 科技进步与对策，2009，26（21）：102—105.

[265]朱方伟，孙秀霞，侯剑华. 国内组织设计理论的研究热点初探[J]. 现代情报，2013，33（2）：36—41.

[266]Huseby A B, Skogen S. Dynamic risk analysis: the DynRisk concept[J]. International Journal of Project Management, 1992, 10(3): 160-164.

[267]罗翎音. 大数据：正在到来的数据革命[J]. 环球市场信息导报，2014（36）：88—91.

[268]向鹏成，武雪子. 基于 SNA 的重大工程项目社会稳定风险网络构建[J]. 建筑经济，2018（39）：42—48.